道家经典 导读

徐 华◎编著

海峡出版发行集团 | 福建教育出版社
THE STRAITS PUBLISHING & DISTRIBUTING GROUP

华侨大学教材建设资助项目

目　录

导　论

公元前 800 年到公元前 200 年间，世界上相隔千山万水的几个古老文明不约而同地发生了"超越性的突破转变"：古希腊走出了苏格拉底、柏拉图，以色列出现了犹太教的先知们，印度诞生了释迦牟尼，中国则活跃着以老子、孔子、孟子、庄子为代表的先秦诸子。闻一多在 1943 年所作《文学的历史动向》中说："人类在进化的途程中蹒跚了多少万年，忽然这对近世文明影响最大最深的四个古老民族——中国、印度、以色列、希腊——都在差不多同时猛抬头，迈开了大步。"德国著名哲学家雅斯贝尔斯则在 1949 年出版的《历史的起源与目标》一书中提出"轴心时代"这个命题。他认为："人类一直靠轴心时代所产生的思考和创造的一切而生存，每一次新的飞跃都回顾这一时期，并被它重新燃起火焰。自那以后，情况就是这样。轴心期潜力的苏醒和对轴心期潜力的回忆或曰复兴，总是提供了精神动力。"无论是欧洲的文艺复兴还是中国的宋明理学，轴心期的思想因子总是在人类历史文化的大转型时期发挥巨大的作用，轴心期文明所开辟的东西方思想传统也早已沉淀为后世文化赖以生长繁殖的肥沃土壤。

在世界历史上，中华文明是唯一绵延至今、不曾中断的文明形式。回眸人类曾经共同经历的那个蓬勃兴盛、自由多元、大放异彩的思想文化的黄金阶段，公元前 770 年到公元前 221 年间的中国，正处于春秋战国（即先秦）时期。在此之前建立的西周王朝，以一套完整的宗法制度和礼乐文化制度凝聚属下的邦国，维护周天子的权威，保持稳定的社会等级秩序，民本思想、伦理道德观念等成为周代文明的主要特色，理性的光辉也因此而得以透过神权的重幕照向大地。但随着来自西北的少数民族攻破了西周王朝最后一个王——周幽王的镐京（今陕西西安），宣告维系了270多年的西周王朝的结束。幽王之子宜臼仓皇东迁，于公元前770年继位，定都洛邑（今河南洛阳），就此开始了东周王朝。迁都后的东周无可挽回地衰落下去，地位等同于一个弱小的诸侯国，再也无力掌控天下。王纲解钮，礼崩乐坏，此后的中国大地一直到秦统一之前，便长期处于这样一种诸侯并立的政治局面，史称春秋战国。周天子至高无上的权威地位的丧失，也带来了整个社会阶层关系的剧烈变动，"天子失官，学在四夷"，一直由贵族所垄断的教育也开始分散到民间，普通人开始具有了受教育的机会。因丧失地位而沦落的旧贵族，因学习而上升的普通平民，逐渐汇聚而形成了一个庞大的士阶层。面临天下大乱，如何救世这一重大命题，每位思想者都从各自的角度积极思考并提出解决方案，历史进入了一个文化思想极其活跃、自由、解放的时代，学者人人称家，学派林立，故有"诸子百家""百家争鸣"之说。

据西汉初年史官司马谈所说，诸子百家中影响最为深远的当属儒、道、墨、法、阴阳、名六家（《史记·太史公自序·论六家要指》）。至东汉班固《汉书·艺文志》中则将"子学"作为一个时代一直延伸到西汉初年，提出"九流十家"的说法，其中包括儒家、道家、墨家、法家、名家、阴阳家、纵横家、农家、杂家、小说家。各家及代表人物包括儒家——孔子、孟子、荀子，道家——老子、庄子、列子，墨家——墨子，法家——李悝、慎到、申不害、韩非、商鞅，名家——公孙龙、惠施，阴阳家——邹衍，纵横家——苏秦、张仪，杂家——吕不韦、淮南王刘安，农家——许行，小说家——青史子，另尚有兵家——孙武、孙膑等。其人往矣，其思长存。"太上有立德，其次有立功，其次有立言"[①]，是为人生三不朽的境界。秉承立言以不朽的信念，诸子传承和创作了大量的著作，其中的一部分直到今天还得以较好地保存下来，影响后世，常读常新。

随着历史的发展，儒、道学说发挥优长，摒弃缺弊，融合百家，逐渐成为中华文化传统的核心和主干。儒家以修身为起点，进而至于齐家、治

---

① （西晋）杜预集解：《春秋经传集解·襄公二十四年》，上海古籍出版社1983年版，第1011页。

国、平天下的现实关怀；道家以修身为起点，追求无为而无不为、超越现实的精神关怀，二者恰好构成了满足人们实际需要的互补模式。儒家以修身为本，然而儒家所说的修身主要是以道德至善为最高追求。孔子称："吾十有五而志于学，三十而立，四十而不惑，五十而知天命，六十而耳顺，七十而从心所欲不逾矩。"（《论语·为政》）"志于道，据于德，依于仁，游于艺。"（《论语·述而》）孔子向往"仁"的境界，希望通过礼乐文化的学习，通过日常生活中一言一行的实践，来持之以恒地走向人格的完善。孟子则进一步认为人人都有天赋的善根，通过对善根的培养、内在的提升，就可导向仁人义士的境界。孟子还提出"恻隐之心，仁之端也；羞恶之心，义之端也；辞让之心，礼之端也；是非之心，智之端也"（《孟子·公孙丑上》）的四端之说，认为保存培养内在心性中本有的善根，就会使仁义礼智之善德充满内在生命，充斥天地之间，从而成长为充满浩然正气的顶天立地的大丈夫。荀子则认为人性本来是自然的，自私贪欲也与生俱来，即所谓"性恶"，这就必须要经过后天的雕琢和规范，因此提出"劝学""隆礼""重法"等一系列主张。至《礼记》的《大学》篇，则将修身处世之道归结为"三纲领八条目"："三纲领"即"明明德，在亲民，在止于至善"。也就是说大学的最高目的有三：一是通过学习彰明本性中本有的光明美德；二是推己及人，立己立人，使他人也能够自新向善；三是整个社会共同达到善的和谐状态。"八条目"即"格物、致知、诚意、正心、修身、齐家、治国、平天下"。用今天的话说，就是通过观察物理而达于真知正见，拥有真知才可使心意安于正道，真实发抒；心正意诚则可达到人格修养的崇高境界；个人修养好了，家庭乃至家族才能和睦安宁，国家才能有效治理，天下才能太平安宁。从而儒家学说在如何成就一个道德品质完善的人，以及如何负担起相应的社会责任方面有了更为系统化的表述。

　　儒家学说的不足在于对人的心灵和精神世界缺乏相应的关注，正如《庄子·田子方》篇所说：儒家之君子，"明乎礼义而陋乎知人心"。[①] 道家

---

　　① （西晋）郭象注，（唐）成玄英疏：《南华真经注疏》，中华书局 1998 年版，第405 页。

学说则重在透过现象追问本质，认为人类社会混乱的根源在于私智、私欲的膨胀，以及人自以为是的妄为，而不知道其实一切事物都运行在整个宇宙真正的法则和主宰——大道之中。道是绝对超验的永恒，掌握道的规律，合于道的节拍，才可以获得人生的长生久胜、家国的深根固柢。老子重在强调道的存在及其三大法则：一是绝对、独立、和谐、守中的存在化生法则。道是蕴含于万物之中的自然规律，推动生命的繁衍生息。其本身的形态又表现为虚无精微，无所不在。道"渊兮似万物之宗""道生一，一生二，二生三，三生万物。万物负阴而抱阳，冲气以为和"，既是万物的母体，又是万物独一无二的不变主宰。二是运动不息、周而复始的运动法则。世间的一切事物包括人的生命都在这个大道的化生运动之中，谁也无力阻挡这一运化的脚步。但大道的运行也有一定的规律，那就是物极必反、盈满必缺，对立之物必然相互对峙、相互转换，即所谓"周行不殆""反者道之动""有无相生，难易相成，长短相较，高下相倾""祸兮福之所倚，福兮祸之所伏"。三是无为而无不为，柔弱、谦下、不争的应用法则，即所谓"弱者道之用""上善若水，水善利万物而不争"。道表面上虚无无为，却对整个世界乃至宇宙的存在起着决定性的作用，正如器物为有，但真正决定器物之用的却是中空的部分；人的躯体为有，但真正决定人的思想行为的却是内心中无形的精气神。以无为的方式，即顺因自然而不妄为，达于无所不为的状态，反映了老子对于人生之道更为深层次的理解。掌握了道的运行规律，取法于道的规律，"人法地、地法天、天法道、道法自然"，则必将获得立身处世、治国安民的终极依据。圣人守道抱一，回归素朴，淡泊寡欲，慈心利他，顺应自然规律而不妄为，故能无所不为，立于不败之地。

至庄子则更进一步将道的哲学落实到现实生活，内化为个体心灵的追求。庄子内在的心灵净化升华之路最终指向的并非绝对自由主义，退缩避世，而是自我自觉向道的内在回归。从治国安民的层面来说，道是最高的法则，是人类的宗师，帝王得道乃为理想治世之圣人，内圣外王的根本统一方为其根本政治主张；从人生修养的层面说，庄子用庖丁解牛的寓言试图告诉世人，得道之人无论做什么事都能因任自然纹理，从而游刃有余，既不损耗自己的生命，又能轻松地把事情完成好。世人不明此理，面对纷纭复杂、困苦繁难之事，往往耗智穷力，譬如以刀砍大骨，骨不折而刀已损。《庄子》内篇的《逍遥游》《齐物论》《养生主》《德充符》《大宗师》《应帝王》便展现了这样一条超越而高明的为人处世之路。

如果说儒家的修身之说重视身心的修正规范，指向至善的目标，道家的修身则偏重于向自然之道的回归和超越中成就更大的自我空间，最终指向了至真至美的目标。总体来说，儒道两家的理论倾向虽有差异，但仍殊途同归，解决现实社会问题最重要的是要解决人的身心修养尤其是执政者的身心修养问题。

诸子之学所构成的时代学术话语可以说是中国整个学术史上最具原创性的代表。其思想的原创性一方面体现在传承古代经典的过程中加以整理和赋予新意，另一方面则体现在著书立说中的独立思考和发挥。孔子自称"述而不作"，通过对《诗》《书》《礼》《乐》《易》《春秋》六部前代典籍的整理和传授，在继承思想传统的基础上进一步表达自己的主张。老子"道"的提出，是在前代"天道""人道"等具体之道基础上的重新提炼。《老子》第一章"道可道，非常道；名可名，非常名"，首先将自己所说的"道"与通常意义上的"道"区别开来，可以言说的"道"，就不是宇宙中的恒常之道；可以命名的"名"，也不是常道之名。老子之道超越一切具体的道，超越语言和思维的逻辑，是宇宙万物的总根据和总法则。人类可以通过"致虚极，守静笃"的体悟方式"见素抱朴"，去体悟"道"的存在；可以"人法地，地法天，天法道，道法自然"，去学习取法"道"的精神；可以"圣人抱一以为天下式"，即抱道守一的人必将成为圣人而为天下人的楷模。总之，老子之道以其终极性的追问、形而上的探究，引领中国思想走入了一个极高超、极精微的境域。

诸子百家的思想涉及方方面面，为后世思想文化的发展奠定了坚实的基础。两汉经学、魏晋玄学、宋明理学、清代朴学无不是在诸子百家的思想基础之上进行的重新阐释和发挥。此一时期的思想中关于"修身治国之道"的理论，是后世的思想文化始终一以贯之的中心线，对中华民族的个体人格塑造乃至整体民族精神塑造都是不可忽视的核心力量。其中所蕴含的道德理性、气节情操已渗透到中华民族精神的骨髓之中，绵延至今。诸子中尤以孔子、孟子为代表的儒家和以老子、庄子为代表的道家对后世影响最为深刻，儒道互补的文化已成为中国文化的根基和主体。

《老子》《庄子》《列子》《淮南子》四部道家经典著作作为原始老庄道家思想和黄老道家思想的承载，距今已有两千余年。当这些思想历经悠久的历史，走入当代社会，社会语境与时代境遇都发生了翻天覆地的变化，于是也产生了不少疑问的声音，比如："久远的思想家，能对接现代吗？""二千年前的老子能解决当今的问题吗？"也有批判的声音，比如视《老子》思想为保守倒退、安于现状、不思进取、消极无为、圆滑而善于算计、愚民政策等等。

对此我们需要从两个方面看。

首先，当今世界，"全球史"作为新兴学科备受关注，而其中"中西文明互鉴"则回应着全球化大趋势的根本要求。中华文明作为世界上唯一的三千年不曾中断的文明形式，所谓未曾中断，正在于始终延续和传承了原始儒道思想。那么原因究竟何在？第一，在于汉字，作为世界上独一无二的正在广泛使用的表意文字体系，具有由一达十的丰富的想象意蕴，是其他文字无可比拟的。从汉字"水"中，一眼看去，一听声音，马上可以联想到"水德之美""上善若水"等与人的生命相联系的意蕴。正因为汉字的传承，蕴藏在汉字中的文化意蕴也同样得以延续。第二，两千多年前定型的原始儒道思想体系，与逐渐汇入中国并完成中国化的"释"家思想合流，形成儒释道为主干的中国学术思想体系。中国传统思想的核心脉络，原始儒家、原始道家、玄学、大乘佛法、宋明理学、阳明心学，仿佛深根固柢、开枝散叶的大树。第三，中国传统思想的根本特征，之一为"道"，也就是以一终极至道为核心所形成的整体互通系统；之二为"德"，即"德者，得也"，注重内在精神的提升与超越，所谓"内圣外王"。原始儒家偏于政治、伦理、道德节操之建设，以仁、义、孝、友、忠、信等思想为基础，将现实社会中的人们凝聚团结为一道德之团体。原始道家偏于心理、精神、美学、思辨、语言等思考；老聃之学"建之以常无有，主之以太一"（《庄子·天下》篇）；庄周之学"独与天地精神往来，而不敖倪于万物"。（《庄子·天下》篇）。以"道通为一"的整体思维方式，展现出作为文化体的无限宽容与包容。因此，道家经典作为中华优秀传统文化中"道"的部分，承担着中西文明对话中的核心内容，需要在当代加以厘清，给予更为深入的精读，理解其本义。同时，其所探讨的问题，也代表着对于人的深层生命的关怀，是任何时代都必须面对的问题。只有深入了解传统，才能真正实现在传统基础上的创新性转化和创造性发展。

其次，儒道思想历经两千多年的发展演变，贯穿中国历代王朝的盛衰，其中必然包含着先哲所创造的精髓，比如道家思想中"道法自然"的思维方式、"为无为"的处事理念、回归本心本性专注当下的创造精神、超越偏见的认识理论等等，都是古老东方智慧的真正体现，需要认真学习，消除误读。当然也有随着历史的发展不相适应的部分，需要我们在学习中认真加以辨析。

李约瑟博士在其《道家与道家思想》一文中说："中国人性格中有许多最吸引人的因素都来源于道家思想。中国如果没有道家思想，就会像是一棵某些深根已经烂掉了的大树。这些树根今天仍然生机勃勃。"他又说："在昆明近郊黑龙潭道观的优美庭院里，如果一个人通过供有各种神像的下面神殿攀登而上，最后就来到一座空无所有的大殿，其中没有神像，没有任何东西，只有一方大匾，上书'万物之母'——自然，万物的母亲。"① 李约瑟博士带着异域文化的眼光，打量中国的道家思想，在自然的面前，实现了汇通。下面，就让我们追随先贤的脚步，去领略道家经典的魅力吧！

---

① ［英］李约瑟：《道家与道教》（*The Tao chia and Taoism*），见《中国科学技术史》第二册（*Science and Civilisation in China* V01.2），科学出版社、上海古籍出版社1990年版，第178—179页。

第一单元 《老子》导读

第一章 老子其人其书

一、老子其人

在阅读《老子》之前，我们首先需要了解老子是谁？什么时代的人？他经历了什么？为什么会留下《老子》这部书？然而，越追问越会发现，迎面而来的是一个个难解的谜团。司马迁撰《史记·老子韩非列传》，算是最早较为详细描述老子其人其书的文献。

> 楚苦县厉乡曲仁里人也，姓李氏，名耳，字聃，周守藏室之史也。
> 孔子适周，将问礼于老子。老子曰："子所言者，其人与骨皆已朽矣，独其言在耳。且君子得其时则驾，不得其时则蓬累而行。吾闻之，良贾深藏若虚，君子盛德，容貌若愚。去子之骄气与多欲，态色与淫志，是皆无益于子之身。吾所以告子，若是而已。"孔子去，谓弟子曰："鸟，吾知其能飞。鱼，吾知其能游。兽，吾知其能走。走者可以为罔，游者可以为纶，飞者可以为矰。至于龙吾不能知，其乘风云而上天。吾今日见老子，其犹龙邪！"
> 老子修道德，其学以自隐无名为务。居周久之，见周之衰，乃遂去。至关，关令尹喜曰："子将隐矣，强为我著书。"于是老子乃著书上下篇，言道德之意五千余言而去，莫知其所终。[1]

---

[1] （西汉）司马迁：《史记》卷六十三《老子韩非列传》，中华书局1959年版，第2139—2141页。

据此，可知司马迁所了解的著书五千言的老子，就是春秋晚期的老聃，生活在距今约两千五百年前的东周后期，与孔子（公元前551～前479）同时并稍微年长于孔子。楚国人。在东周王室担任守藏室之史。见周之衰，于是去官。在归隐的途中，应关令尹喜之请，著《老子》一书。然而，正因为这篇不太翔实的文献，以及《老子》书中一些看似战国时代才有的说法，或者前后矛盾之处，都留下了很多疑点，致使后人怀疑老聃是否《老子》一书的作者？《老子》书是否真的成于一时一人？也有人认为老子就是太史儋、老子是老莱子，或者认为《老子》是太史儋写的、《老子》成书在战国后期，更有甚者认为成书于秦汉之际。在20世纪初形成疑古之风，就老子其人其书的问题，发生大范围的论争，讨论的文章总共有三十五六万字，收入顾颉刚主编的《古史辨》第四册和第六册中。

然而，随着1993年湖北荆门郭店楚墓出土竹简本《老子》，公布者认为下葬时间大约是在"公元前四世纪中期至前三世纪初"①，则这批竹简流传的时间当在公元前四世纪中叶之前的一二百年之中，也就是春秋后期或者战国早期。作为实物证据的问世，有力地证明了《老子》书大概成书于春秋后期或者战国早期。但关于老子当时是亲自撰著此书，还是弟子们汇辑的语录？是先有原始本后来慢慢增益成完整本？还是先有完整的五千字本，有人以摘抄本的形式流传？在没有更多资料的情况下，都很难定论。

《史记》中有关"孔子问礼于老聃"的记载，或以为出自儒道相争的情况下，道家后学抬高老子的杜撰。经考察，有关"孔子问礼于老聃"的记载，见于《庄子》、《吕氏春秋·当染》、《韩诗外传》、刘向《新序》、《礼记·曾子问》、《孔子家语·五帝》等文献中。这些不止是道家文献，也有不少儒家文献，如果认为孔子向老聃学习这件事，是儒家弟子贬低道家的记载，则不应见于大量儒家文献。

汉代流行的画像石刻及彩绘壁画中，"孔子见老子"也是常见的画面，

---

① 王传富、汤学锋：《荆门郭店一号楚墓》，《文物》1997年第7期。

内容大同小异，场面最为壮观的属山东嘉祥齐山画像石上的孔子见老子图。图上老子率一行人居左端迎接孔子及其弟子，老子手拄拐杖而立，孔子执见面礼躬身施礼。值得注意的是，"孔子见老子"的汉画像石大多发现于山东地区，而山东又以济宁为多，这种现象绝非偶然。孔子的故里曲阜就位于此，这里也是儒家文化的发源地。由此看来，"孔子问礼于老子"即使在孔子故里也是大家普遍认可的历史事件，并不存在抬高老子、贬低孔子的问题。

总而言之，从时间上看，老子是中国历史上第一位真正意义上的思想家。老子之后，诸子百家思想勃兴，中国思想史黄金时代的大幕徐徐拉开。老子也是中国历史上第一位影响深远的老师，他虽没有开门授徒，但辗转学习者遍天下，不仅孔子向老聃问礼学道，而且有关尹子、庄子、列子、文子、鹖冠子、荀子、韩非子以及写作《管子》《淮南子》《吕氏春秋》等著作中大批不知名的门客等等，都深受老子启迪并进一步发展了老子的思想。

二、《老子》其书

关于《老子》这本书，我们阅读时要充分考虑到，古籍流传的时间越久，问题越多，因为不断地传抄、整理、翻印，就会或多或少地变样。就像《老子》一书早期的流传，或为分散的竹简，或经分卷传抄，或加以解说、传注。其中有心无心的错漏，有意无意的窜改，正文注文的混淆，都会造成面貌的失真。而一句话、一个字的异文，都关系重大。可能直接关系到如何理解《老子》的文本原义。

《老子》一书的版本可以说是目前所有古籍中最为丰富的特例之一。从先秦的郭店楚简本《老子》甲、乙、丙，韩非子的《解老》《喻老》，到秦汉之际的长沙马王堆帛书本《老子》甲、乙，再到"齐武平五年彭城人开项羽妾冢"所得之"项羽妾本"（见傅奕古本《老子》）、北大汉简本《老子》，汉严遵的《老子指归》（今存《德经》）、敦煌出土的《老子想尔注》、唐代的景龙碑刻《道德经》、日本古抄本《老子》以及传世通行的河上公本《老子》、王弼本《老子》等等，可以说构成了一个较为完整且流动的《老子》版本形态。更有利于读者在文本发生分歧的地方，回溯版本源头，探寻老子本义。

三、老子的时代

根据出土文献，我们基本可以定位《老子》书产生的时代，也就是春秋末至战国初期。春秋是一个面临巨大社会转型的时期。西周王朝以农业为基础建立起稳定的社会秩序，包括周天子具有天赋的至高威权、分封诸侯、嫡长子继承的宗法制、以礼乐文化维系的等级制等。人们的思想便也建立在这种稳定的秩序上。至平王东迁，定都洛邑，东周王朝地位日益衰落，旧有的秩序不断被突破，新的时代价值理念尚未重建，出现诸多社会问题，具体而言，包括：

经济基础的变动。周族从一开始的蕞尔小邦，发展到后来灭商兴国，建立西周，依靠的经济基础正是农业。然而，到了东周，政在诸侯，齐、郑等国商业日渐发达，建立在商业繁荣基础上的声色大开、私欲膨胀，对原有的宗法制度、礼乐文化也形成了严重的冲击。老子说：

> 金玉满堂，莫之能守。（第九章）
>
> 难得之货，令人行妨。（第十二章）
>
> 财货有余，是谓盗夸，非道哉！（第五十三章）
>
> 身与货孰多？得与亡孰病。（第四十四章）
>
> 不贵难得之货，使民不为盗。不见可欲，使心不乱。（第三章）

正是对这种状况的严正警告。与之相关的是铁器的使用及私田的开垦，收取田税逐渐成为春秋各国经济改革的重要内容。《老子》对于在上者收税之多所造成的人民负担加重，也给与了关注。

民之饥，以其上食税之多。（第七十五章）

政治格局的变化。西周王朝的政治结构是诸侯邦国一尊于周天子，"普天之下，莫非王土。率土之滨，莫非王臣"。至东周王朝则演变为霸政时代的大国和小国的关系。由天子尊位上跌落下来的东周王室内部，也是乱象纷呈，想必老子亦有所耳闻目睹。《国语·周语上》记载：周惠王即位三年，被三位权臣赶出国，立王子颓。王子颓喜欢饮酒宴客，"乐及遍舞"，沉溺在声色享乐之中，事在公元前 675 年。公元前 520 年左右，东周王朝发生王子朝夺位，后被驱逐，而携带王室典藏文献出逃的事件，则正为老子所亲历。足见春秋以来东周王朝顶层的状况。在周天子失去最高权威约束力的情况下，大国与小国如何相处，老子指出：

大国者下流，天下之交，天下之牝。牝常以静胜牡，以静为下。故大国以下小国，则取小国。小国以下大国，则取大国。故或下以取，或下而取。大国不过欲兼畜人，小国不过欲入事人。夫两者各得其所欲，大者宜为下。（第六十一章）

意思是大国应谦下，才能成为天下的归属。小国应谦下，才能被大国所庇护。但这只不过是权宜之计，老子还提出"治大国，若烹小鲜""小国寡民"等关于"国"的种种思考。我们在解读时不能忽略其背后所隐藏的时代问题。

礼法递嬗。春秋时代继续传承着西周时代的礼乐文化，然而随着时代的发展，经济基础、政治格局的变化，更多的人只注重礼乐的形式，注重感官享受，而忘记了礼乐的本质，如孔子《论语·八佾》所谓"人而不仁，如礼何？人而不仁，如乐何？"《老子》第三十八章说：

故失道而后德，失德而后仁，失仁而后义，失义而后礼。夫礼者，忠信之薄而乱之首。

意思是说失道而后失德，失德而后失仁，失仁而后失义，失义而后失礼。因为道乃是一切德、仁、义、礼的根本。失去道之根本的"礼"，只能说缺失了忠信诚实的内容而成为祸乱的开始。从表面看，老子以激烈的言辞反对仁、义、礼，但事实上，老子反对的，乃是失去了内在精神的单纯注重形式的虚伪之"礼"。比如周礼文化中，五味、五色、五声，皆专指饮食、服饰、音乐等，本来是为了维护等级秩序，但至东周以降，则逐渐随着个人欲望的膨胀，追求享乐的世俗趣味。老子提出，这是一种错误的导向。他说："五色令人目盲，五音令人耳聋，五味令人口爽。"（《老子》第十二章）应该放弃这些基于感官的所谓的礼的形式，回归本性的淳朴。这显然也是针对当时周礼制度的弊端而发的。

政治治理多有为。班固称老子学说乃"君人南面之术"。确实，如何治理天下，成为老子的主要关注点。老子主张清静无为，这种看法的提出，似为针对当时的"妄为""多事"而提出的。以郑国为例，《左传·昭公六年》（前536年）子产为相，为挽救国家的衰落，采取了一系列的改革措施。晋大夫叔向评价说：

> 夏有乱政而作《禹刑》，商有乱政而作《汤刑》，周有乱政而作《九刑》，三辟之兴，皆叔世也。今吾子相郑国，作封洫，立谤政，制参辟，铸刑书，将以靖民，不亦难乎？……民知争端矣，将弃礼而征于书。锥刀之末，将尽争之。乱狱兹丰，贿赂并行，终子之世，郑其败乎？肸闻之："国将亡，必多制"，其此之谓乎。[1]

在叔向看来，子产的政治手段是典型的"有为"。这种有为看似积极作为，可以救一时之弊，但从长远看，必然带来人民的"争心"，乃至彼此争

---

[1] （西晋）杜预集解：《春秋经传集解·襄公二十四年》，上海古籍出版社1983年版，第1275—1276页。

夺的行为，从而导致祸乱的发生。属于末世的无奈之举，无法带来长治久安，是应该否定的。这种看法与《老子》第五十七章所提出的观点是一致的。

> 以正治国，以奇用兵，以无事取天下。吾何以知其然哉？以此：天下多忌讳而民弥贫。民多利器，国家滋昏。人多伎巧，奇物滋起。法物滋彰，盗贼多有。故圣人云："我无为而民自化，我好静而民自正，我无事而民自富，我无欲而民自朴。"

无为则好静、无事、无欲，都是"以正治国"的表现。正，代表着符合自然之正道、天地之法则。而禁令繁多、权柄多出、崇尚奇巧都属于非"正"之"奇"。两者相较，以正治国，则民自化、自治、自正、自朴。以奇治国，则民弥贫、多伪诈、多盗贼、国家昏乱。老子每句话中都用了"多"或"滋"字，意思是"过分的"。当"忌讳""利器""伎巧""法物"过分泛滥，必然带来根本的动摇。

鬼神信仰。天地之间，含阴阳之气，这很早就已经是知识界的共识。除了气之外，鬼神也是很重要的信仰。但鬼神信仰的根本在于虔诚的精神与爱民的精神。如东周王室的史官"内史过"认为："不禋于神而求福焉，神必祸之。不亲于民而求用焉，人必违之。精意以享，禋也。慈保庶民，亲也。"[1] 所以我们看到《老子》第六十章说道：

> 治大国，若烹小鲜。以道莅天下，其鬼不神；非其鬼不神，其神不伤人；非其神不伤人，圣人亦不伤。夫两不相伤，故德交归焉。

单看这一章老子所说，并不好理解。但结合当时的时代背景，就可以很清楚看出，老子主张"以道治天下"，而不盲目迷信鬼神。老子对于鬼神

---

[1] （春秋）左丘明：《国语》，上海古籍出版社 1983 年版，第 33 页。

的看法，是将其置于因果之中，认为只要以道治理天下，鬼神自然安宁。

以上了解了老子所处的时代，有助于我们还原老子言说的语境与所指。老子学说的提出，并非空中楼阁，也并没有简单地保守复古或者追逐新潮。很多语句都是在面对现实问题，进行有针对性的思考。

四、老子思想的来源

老子的思想并非一人所独造，而是充分吸收了古代思想文化的精华，如传言谚语、典籍文献、"古道者""史官""隐者"等的思想，并加以高度概括、总结和发展。

《老子》书中多出现述古之语，如第二十二章"古之所谓'曲则全'，岂虚言哉！"第四十一章"故建言有之：明道若昧，进道若退"等等，已标明出自前代之语。

老子对古代文化典籍文献中的思想也多有吸收和发展。如《国语·周语上》内史过曰：

> 《夏书》有之曰："众非元后，何戴？后非众，无与守邦。"在《汤誓》曰："余一人有罪，无以万夫。万夫有罪，在余一人。"在《盘庚》曰："国之臧，则惟女众。国之不臧，则惟余一人，是有逸罚。"如是则长众使民，不可不慎也。[①]

内史过所引录的古文献《夏书》《汤誓》《盘庚》中的话，所反映的帝王之德，正是老子所说的谦下、不争、柔弱，"是以圣人后其身而身先，外其身而身存"（《老子》第七章）之类的理念。再如周太庙门旁摆放了一尊铜铸的金人，金人背后刻写铭文，今见《说苑·敬慎》（《孔子家语》亦引其文）曰：

---

① （春秋）左丘明：《国语》，上海古籍出版社1988年版，第35页。

古之慎言人也。戒之哉！戒之哉！无多言，多言多败；无多事，多事多患。安乐必戒，无行所悔。勿谓何伤，其祸将长；勿谓何害，其祸将大；勿谓何残，其祸将然。（《家语》无此二句）勿谓莫闻，天妖伺人。（《家语》作：勿谓不闻，神将伺人）荧荧不灭，炎炎奈何；涓涓不壅，将成江河；绵绵不绝，将成网罗；青青不伐，将寻斧柯。诚不能慎之，祸之根也。（《家语》作：诚能慎之，福之根也）曰是何伤，祸之门也。（曰，《家语》作口，当从之）强梁者不得其死，好胜者必遇其敌。盗怨主人，民害其贵。（《家语》作：盗憎主人，民怨其上）君子知天下之不可盖也，故后之下之，使人慕之。执雌持下，莫能与之争者。人皆趋彼，我独守此。（趋，《家语》作取）众人惑惑，我独不从。（前句《家语》作：人皆惑之。从，作徙）内藏我知，不与人论技。（后句《家语》作：不示人技）我虽尊高，人莫我害。夫江河长百谷者，以其卑下也。天道无亲，常与善人。戒之哉！戒之哉！①

其中很多语句以及所表达的无多言、无多事、戒强梁、处卑下等思想都与《老子》书一致。

老子之前，还有值得重视的"古道者"系统。班固《汉书·艺文志·诸子略》虽然首列儒家，但所列孔子之前的儒家典籍只是《晏子》八篇。与此不同，列道家类文献，则在老子研究著作之前，列了《伊尹》五十一篇、《太公》二百三十七篇、《谋》八十一篇、《言》七十一篇、《兵》八十五篇、《辛甲》二十九篇、《鬻子》二十二篇、《筦子》八十六篇。虽然将伊尹、太公、辛甲、鬻熊、筦子归入道家，是刘向、刘歆及班固划分的结果，而且这些著作即使今天流传下来的，也多出于依托。但却反映了老子之前，实际上还有一个"古道者"的传统。他们的身份基本都是"帝王师""太史"，或者"相"。如伊尹，为商汤之相。太公，即姜子牙，为周师尚父。辛甲，为商纣王大臣，七十五谏而纣王不听，遂归于周。鬻熊，为周师；

---

① （西汉）刘向撰，向宗鲁校证：《说苑校证》，中华书局1987年版，第258—259页。

刘勰《文心雕龙·诸子》曰："至鬻熊知道，而文王咨询，余文遗事，录为《鬻子》。"① 管仲，班固《汉书·艺文志》曰："名夷吾，相齐桓公，九合诸侯，不以兵车也。"② 以上五位都是真实的历史人物，而且都是见于记载的最有智能且成功的政治家。伊尹，亦见于甲骨文的记载，死后地位崇高，作为受祭和问卜的神灵。伊尹、太公还以长寿知名。这些"古道者"，多为长寿且成功的政治家，从这一意义上说，老子思想中与现实紧密结合的部分，如"善贷且成""无为而无不为""为之于未有，治之于未乱""惠而不费""事少功多"，当有其直接的思想来源。

老子作为周守藏室之史，正如班固在追溯诸子源流的时候说："道家者流，盖出于史官。"③ 也就是说，老子作为道家学派的集大成者，其学说建立在众多古代典籍的文化涵养，以及源远流长的史官思想传统之上。史官的源起，可追溯至黄帝时代。唐刘知几《史通》云："盖史之建官，其来尚矣。昔轩辕氏受命，仓颉、沮诵实居其职。至于三代，其数渐繁。案《周官》《礼记》，有大史、小史、内史、外史、左史、右史之名。大史掌国之六典，小史掌邦国之志，内史掌书王命，外史掌书使乎四方，左史记言，右史记事。《曲礼》曰：'史载笔，大事书之于策，小事简牍而已。'"又云："史官之作，肇自黄帝，备于周室，名目既多，职务咸异。至于诸侯列国亦各有史官，求其位号，一同王者。"④ 至周代形成了多层次的史官职务体系。从现有的史料看，周代的史官执掌种类非常丰富，有守典、记事、司天、典礼、奉法、教海、占卜、制历、策命等多种。《国语·周语上》曰："瞽、史教海。"可见在当时，知天道以训人事，已成为史官的专门职责。

老子作为史官，也决定了他的精神视野，含括古往今来、四方上下，

---

① （南朝）刘勰撰，詹锳义证：《文心雕龙义证》，上海古籍出版社 1989 年版，第624 页。

② （东汉）班固：《汉书》，中华书局 1962 年版，第 1729 页。

③ （东汉）班固：《汉书》，中华书局 1962 年版，第 1732 页。

④ （唐）刘知几：《史通》卷第十一《外篇·史官建置第一》，四部丛刊本。

洞幽烛微，注重对未来的预见，注重对永恒终极规律的把握，以此来指导当下的实践，自然便具有不同于一般学者的思维方式。

司马迁《史记》本传中称老子为"隐君子也"，当时或早些时候，社会上也活跃着一些逸民隐者的身影，如《论语·宪问》篇中所记载的鲁国的守门人，评价孔子："是知其不可而为之者与？"《论语·微子》篇中还提到耦耕的长沮、桀溺、荷蓧丈人，以及"逸民"：伯夷、叔齐、虞仲、夷逸、朱张、柳下惠、少连，等等。或在当时已经形成了一个隐者的群体，在思想上主张无为、守道，不慕荣利。

由以上可见，老子及其所开创的道家思想，根植于三代文化的深厚积淀，诸如古谣谚、古道家文化、史官文化、隐者文化等，构成其思想发生的渊源。可以说，老子思想乃是对上古数千年古智慧文明的高度概括、总结和提升。

五、老子思想的要素

老子说："执古之道，以御今之有。能知古始，是谓道纪。"（《老子》第十四章）"执古之道"，乃继承他所能接受的古代文化传统；"御今之有"，再针对东周以降的时代局势和社会问题，提出了自己的思想主张。从《老子》整体的思想取向看，他试图从纷繁复杂的现象中，把握一种终极的永恒的规律，也就是"道"，作为未来社会观念重建的指导，从而达到长久不衰的平衡状态。《老子》一书的基本思想，不同人有不同的理解，为方便理解，可概括为"道尊德贵，道法自然，善贷且成，慈爱无私"这四个方面。

首先，道尊德贵。

在《老子》一书中，"道"字出现六十九次，"德"字出现三十三次，更不消说与"道"字等同的"一""大""玄""朴"乃至"有""无"等字。故后世称其为《道德经》。

"道""德"也是《老子》书中最核心的信仰，如《老子》第五十一章曰：

道生之，德畜之，物形之，势成之。是以万物莫不尊道而贵德。道之尊，德之贵，夫莫之命而常自然。故道生之，德畜之，长之育之，亭之毒之，养之覆之。生而不有，为而不恃，长而不宰。是谓玄德。

说的正是"道"作为宇宙万物生化的原动力和根本，生养万物，成就万物，可谓宇宙第一大功，然从不自以为尊显，反而自然而然受到尊崇。

与社会伦理意义上的"道德"含义不同，老子所说的"道""德"有着更为丰富、深层次的意蕴。正如老子说"孔德之容，惟道是从"，即以"道"为"德"的根本，"德"为"道"的功用。如韩非说："德者，道之功也。"（《韩非子·解老》）；王弼说："德者，得也。常得而无丧，利而无害，故以德为名焉。"（《老子》第三十八章注）道的尊贵和伟大，最高体现就是"德"，道造化万物，德蓄养万物。

"道"的证悟、"德"的修持，是老子思想的根本基础和理论出发点。老子书中多描写道体，如称"道之为物，惟恍惟惚。惚兮恍兮，其中有象。恍兮惚兮，其中有物。窈兮冥兮，其中有精。其精甚真，其中有信。"（第二十一章）"视之不见名曰夷，听之不闻名曰希，搏之不得名曰微。此三者不可致诘，故混而为一。其上不皦，其下不昧。绳绳不可名，复归于无物。是谓无状之状，无物之象，是谓惚恍。迎之不见其首，随之不见其后。"（第十四章）通过描述道体的无形、无名、无声的状态，表达如此广大且永恒的造物之母，却如此的谦卑，默默运化，自然而然，乃至毫不彰显自己的存在，故而最当为万物所尊崇。《老子》书中也多对于有德者的描述，如《老子》第十章、第五十一章都强调："生之畜之。生而不有，为而不恃，长而不宰，是谓玄德。"第三十八章有曰："上德不德，是以有德。"正是将无形的精微之道，落实到现实中发挥其作用，即为"德"。最高层次的德可谓"不自以为有德"而德自然具备的状态。

《老子》一书注意到人类思维和语言的局限性，故一面描述道体、道用，一面尽量解思维和语言之蔽，直指本真之道。（第七十一章）曰："知不知，上。不知知，病。"（第一章）曰："道可道，非常道。名可名，非常名。"

老子对"道""德"的发现和阐释，摆脱了人类对神灵的盲目依赖，也超越了世俗世界的思想局限，进入一个无限的根本之道的世界，这堪称中国思想史上一个伟大的突破。

其次，道法自然。

"道"作为最高的存在和主宰，精微、混沌、无形、无名，却能创生化育天地万物。道尊德贵，却从来没有说教和烦扰，其本身所呈现出的特性与规则，就是一种无言的垂范。"道"就像庄子所说的"大宗师"，人类应自觉领悟、遵从、取法。所以，老子反复强调，"无为之益，不言之教"，"行不言之教"，"为学日益，为道日损"，提出"人法地，地法天，天法道，道法自然"的主张。

其三，善贷且成。

人若能尊道贵德，道法自然，运用到现实之中，必然会达到理想的效果，即"善贷且成"。《老子》第四十一章说：

> 道隐无名。夫唯道，善贷且成。

"贷"的意思是"施、给予"。"善贷且成"，即道善于赋予万物生长的力量而且让他们各自成就，道却隐在无名，不为人所知。一般认为道家无为，故消极保守，然应认识到，老子思想中蕴含着最为积极的入世精神。其所注重的，是做事情的最终效果，与主体在过程中所消耗的能量。最理想的方式，应是主体无所消耗，却能达到最理想的效果。正如《老子》第八章所说：

> 上善若水，水善利万物而不争。

再如第二十七章所说：

> 善行无辙迹，善言无瑕谪，善数不用筹策，善闭无关楗而不可开，善结无绳约而不可解。

说明道之善为，不留痕迹。看似无所作为，看似处下不争，却能很好地完成世间的功业。"善贷且成"实为中国智慧的最高境界——"为无为"。

其四，无私慈爱。

老子讲"善贷且成"，讲"利而不害"，讲"小国寡民"，讲为人、与人，不能不注意到其言说背后，都隐含着一项重要的前提，就是"无私""慈爱"的精神。

人类社会的构成中，私有制为基本的规则。这正是在人类本身强烈占有欲的驱使下形成的。凡有人类之处，概莫能外。当老子提出这种慈爱、无私、利他精神的时候，如何克服人类本有的私欲，而进入这个崇高的道德境界？老子提出，遵从道的法则，无私，反而能更好地成就自我。处处厚养自己，所谓"生生之厚"，反而最后会走上早早夭折之路。这或许就是老子的思考，强调由无私行为所带来的美好结果，使之成为人所认可的一种方式。

> 既以为人己愈有，既以与人己愈多。（《老子》第八十一章）
>
> 后其身而身先，外其身而身存，非以其无私邪，故能成其私。（《老子》第七章）
>
> 我有三宝，持而保之。一曰慈，二曰俭，三曰不敢为天下先……不敢为天下先，故能成器长。（《老子》第六十七章）

慈爱，无私利他，所以能勇敢而无所畏惧。俭约，爱惜节用，所以能精神财用皆广足。不争先，所以能被天下人乐于推奉拥戴。我们也看到《老子》对当时社会现实的严厉批判，"今舍慈且勇，舍俭且广，舍后且先，死矣!"那些没有爱心又自私的勇敢之人,那些没有自我节制约束的追求富贵之人,那些处处争先、唯恐落后的执政者,都是在往死路上走而不知回头啊! 这些话在今天看来,仍觉振聋发聩。

老子讲"慈",即使在战争当中,也要有慈悲之心,如第三十一章所说:"兵者,不祥之器,非君子之器,不得已而用之,恬淡为上。胜而不美。"第六十九章说"故抗兵相加,哀者胜矣",即战争一旦不可挽回地发生了,哀兵必胜。哀,并不是悲哀的哀,而是怀有一颗慈悲与悲悯之心者,必将是最终的胜利者。但老子也特别指出,绝对不能因此而轻敌无备,如果因轻敌而导致失败乃至我方损失惨重,同样谈不上慈悲和悲悯。《老子》第五章称:"天地不仁,以万物为刍狗。"似乎老子反对"仁爱",实际上化育万物即为最大的广博之爱,但又不标榜其为爱之名,故称"不仁"。

毫无为己的私心,以无差等的慈爱之心,而运化成就万物,这是道之所以为道的大德所在。因此,学习取法道的无私,是纠正人类自私、以自我为中心的根本所在,这也堪称为人类未来的理想之途。

六、老子思想的影响

老子及其开创的道家学派,在中国思想文化传统的形成和建构中,起到了极其重要的作用。如果将中国思想文化传统比喻为一棵枝繁叶茂的大树,道家与儒家则相当于大树的主干和根基。然而其所产生的实际影响,既有积极的影响,又产生了一定的消极影响,应该加以辩证客观地审视。

从积极的影响看,老子思想相当于中国学术思想史的一个重要源头,在其之后,从老庄之学到黄老之学,从魏晋玄学到宋明理学,从清代朴学到近代以来对于老子其人其书的反思,无不映照出老子的思想光辉。中国古、近代注老子者,不下千余家,今存《老子》注本有四百余种。上自帝王将相,下至平民书生,很少不以《老子》为必读书。

老子思想所影响的各个领域,包括思想史、道教、中医、武术、围棋甚至科技、天文等方面,无不渗透着老学的光芒。然而,最根本的影响,应该说是思维方式的影响，对中华民族文化性格的塑造以及世代传承的文化基因。正如老子提倡"上德""上善"，就是要超越一般意义上的"德""善"。提倡"大音希声""大象无形""大巧若拙""大器晚成"，皆以合道为最高的智慧，以解开人为的知识体系所形成的蔽障，从而化入无边的开放的生机无限的道境，正如"鱼不可脱于渊"一样，人亦不可离于道。

《老子》已被译为二十余种文字，上千种译本，在全世界广为流传。出版发行量之大，仅次于《圣经》。无论是科学界的爱因斯坦、霍金、李约瑟、李政道，哲学界的黑格尔、尼采、叔本华、海德格尔、罗素，还是社会经济学家哈耶克，历史学家阿诺德·汤因比、威尔·杜兰，数学家陈省身，建筑学家贝聿铭，甚至美国前总统奥巴马、俄罗斯前总理梅德韦杰夫、德国前总理施罗德等等，这些在历史上做出过卓越贡献或者居重要政治地位的人们，都表示从老子的思想中深受教益和启迪。

以上可谓是积极的影响，但也应注意到，老子及道家思想的开放性特征，使得不同的人心目中有不同的对道家思想的解读，但很多人不知不觉形成歪曲的解读，已经完全背离老子的本意，从而造成消极的影响。

如老子"无为而无不为"的思想，今人往往认为其启发了后世的阴谋论。即为了达到"无不为"的目的，而施行"无为"的手段。将"不争""处下""谦退"理解成是为了更多的争，将"无私""利他"理解成为了达到"成其私"的目的而施行"无私"的手段，等等。这样就不能避免地流于所谓"阴谋""权术"的阴暗中去。我们不能忽略，老子反复强调的"无私""无我""慈"是一切手段、一切效果的前提。《老子》书中反复强调，人类应以内在自觉的慈爱之心为宝。如果失去了这份"无私"的情怀、"慈"的悲悯，"无为""不争""处下"或将变成别有用心的、带有功利目的的手段。

再如《老子》第八十章描述了"小国寡民"的理想社会，也会令人产生种种疑问，在追求大国、霸权、富强、国际地位的时代，怎么可能安于"小国寡民"？这岂不是国微言轻、受人欺凌？"使人复结绳而用之"，就是说让人们结绳记事就可以了，大结记大事，小结记小事，这岂不是让人退回到刚刚走出原始社会的蒙昧状态？"鸡犬相闻，民至老死不相往来"，明明可以听到邻国的鸡犬之声，人们却终生都不相往来。难道就只是自己过自己的日子，谁都不需要交往吗？这岂不违背了人类的群体性生存法则？正因为有诸多的疑问，今人的解读或以为老子的思想代表着一种保守消极，复归原始，反对物质进步的取向；或以为老子所描述的理想社会，是典型的"乌托邦"，是不可能实现的社会理想。那么，老子的真实理念究竟如何？

仔细分析文义，老子说："使有什伯之器而不用，使民重死而不远徙。虽有舟舆，无所乘之。虽有甲兵，无所陈之。使人复结绳而用之。"（《老子》第八十章）有国、有民的社会组织，有器具、有军队、有兵器、有交通工具的物质条件，但皆"有而不用"。既然是"有"，就代表着老子并不反对物质的进步，而"不用"则代表着无论物质如何进步，都能不被物质所奴役和异化；"不用"代表着无需争竞，不启争端；"结绳而用"，对于事件也只是简略记之，并不斤斤计较，执着于心。

老子说："甘其食，美其服。安其居，乐其俗。邻国相望，鸡犬之声相闻，民至老死不相往来。"（《老子》第八十章）有食、有服、有居、有俗，就说明物质生活已有基本的保障，能否甘、美、安、乐，则为主观的情绪心态。如果不能满足于此，希望富贵荣禄，奉养丰厚，就要不断地争求，苦心劳形，就很难甘、美、安、乐。邻国之间彼此竞争、利用，则民需向外奔驰，就很难安然相望。

因此，不能简单地将老子的"小国寡民"等同于空想的"乌托邦"。正如宋人吕惠卿说："三代以来，至于周衰，其文弊甚矣，民失其性命之情，故老子之言救之以质，以反太古之治。"李霖曰："居相比也，声相闻也，近而不交，无求之至也。是篇言小国寡民则事简民淳，可复太古之治。自结绳而下，皆太古之治也。诚举是书以化民其效可以如此。"①

也有人认为老子主张"愚民政策"，如《老子》第三章："不尚贤，使民不争。不贵难得之货，使民不为盗。不见可欲，使民心不乱。是以圣人

---

① （宋）李霖：《道德真经取善集》卷十二，影印涵芬楼正统道藏本，见《续修四库全书》第 954 册。

之治，虚其心，实其腹；弱其志，强其骨。常使民无知无欲，使夫智者不敢为也。为无为，则无不治。"第六十五章："古之善为道者，非以明民，将以愚之。民之难治，以其智多。故以智治国，国之贼。不以智治国，国之福。知此两者亦稽式。常知稽式，是谓玄德。玄德深矣、远矣，与物反矣，然后乃至大顺。"这两章的内容往往被理解为"愚民政策"的主张。然而事实上，通读《老子》其书就会发现，老子自称"我愚人之心也哉！""愚"在《老子》书当中，更多是被作为比"智"更高一个层次的、与道相合的精神状态。正如孔子所说宁武子"其智可及，其愚不可及也"。再者，老子的言说对象，首先是针对天子王侯们的，如果说愚民政策，那首先也是请天子、诸侯们学"道"学"愚"，所以也不应简单地贴上愚民政策的标签。

综观以上，老子的思想根植于春秋及其前代知识体系和文化氛围的土壤之上，既有对前代思想的广泛继承和总结，也直面春秋以降所出现的种种新的社会问题，体现了深刻的时代关怀。同时，老子思想也是一个历史性的发展的范畴，经原始道家、稷下道家、秦及汉初整合实践、东汉时期的更深层次的发展，无论是理论的发展，还是其社会影响的扩大，或者更多层面上的运用，都在潜行深化中不断被赋予了更为丰富的老学内涵。

老子之于中国乃至世界的文化贡献是多方面的，其中最主要的当在于哲学思想及思维方式的突破。今人对于老子文化贡献的总结，多集中在其哲学思想的开拓性贡献上，如陈鼓应先生主张中华文化的"道家主干说""老先孔后说"等等，其中关于老子在哲学上的贡献表述最详，曰"哲学理论的突破始于老子"，具体则称：

老子在哲学理论上的突破与创新，归纳而言，他的道论在这几个方面为发前人所未发：第一，世界本原的问题，首先由老子提出（见《老子》第一、二十五章）。第二，老子也是首次提到宇宙生成论问题（见第四十二章）。第三，老子首次提到宇宙变动的历程（见第四十、二十五章）。第四，老子首次提出道是万物所由以生成者（见第十四、二十一章等）。若是由中国哲学本身的范畴来看，涉及宇宙最究竟者之本根论或道体论，以及关涉宇宙变动历程的大化论等哲学核心范畴，不但是由老子最早提出，其后历代重要的哲学进路，也是依循着老子的理论展开。如老子所提出的本原论及生成论，成为汉代宇宙生成论及构成说的理论主轴；老子的本根论，成为魏晋本体论理论建构的基石。其后，宋明理学的理本论，则是建立在统合了老子宇宙论及本体论之整体形上体系中。因此，老子的哲学体系，不仅是在中国古代哲学中居于创始及突破地位，其理论更是投影在整个哲学史中。①

这应该是老子思想最为重要的文化贡献。

从历史的发展脉络来看，老子从各种具体的"道"，如天道、人道中提升了整体之终极之"道"，超越了至高无上的帝神，超越了具有决定意义的"天命"，成为人类与万物永恒的根柢和法则。《老子》第四章说："吾不知谁之子，象帝之先。"这在思想领域无疑是具有革命意义的发现。

"殷人尊神，率民以事神"（《礼记·表记》），奉帝俊为最高神，帝俊的事迹全部记载于《山海经》，帝俊生日，生月，生农神、工巧神、歌舞神，是一位可以和古希腊神话中的主神宙斯相媲美的全能神。19世纪末20世纪初，甲骨卜辞的发现，为殷商神格的研究带来了有力的支撑，王国维从卜辞中发现了关于"高祖夒"的记载，提出"高祖夒"即为"殷先祖之最显赫者"，"以声类求之，盖即帝喾也"，又从形近的角度，将夒与《山海经》的"帝俊"联系起来，"其或作'夋'者，则又'夒'之讹字也"。由此，王国维先生得出的结论是卜辞中的高祖夒，即帝喾，亦即《山海经》中的帝俊。②

周人事天，将天与天命、周天子的权威紧密联系，虽然发展出"天命靡常，惟德是辅"的历史观和政治观，但仍然是天命难违。由于天的神圣

① 陈鼓应：《中国哲学的创始者——老子新论》，中华书局2015年版，第93页。
② 王国维：《殷卜辞所见先公先王考》，见王国维《观堂集林》，中华书局1959年版，第411—413页。

性，周天子亦成为至高无上的人间共主。"这一套新哲学，安定了当时的政治秩序，引导了有周一代的政治行为，也开启了中国人道精神及道德主义的政治传统。"①

老子再标举整体之"道"的意义则在于，在帝神—天神—道的思想轨迹中，终于建立了以自然为最高最终极法则的认识，摆脱了对神性权威的盲目崇信，从而开启了人性解放与启蒙的新时代。

与老子的道论密切相关的，就是由"道法自然"而形成的人的思维方式的变革，以及通过思维方式的变革，达到个体智慧的充分发挥。思维方式的变革表现在由局部式思维到整体性思维的转换；由末梢式思维到根本式思维的转换；基于自然规律的预见性思维的凸显。

具体而言，由局部式思维到整体性思维的转换，如老子在对有无、祸福、美丑、高下、善恶、多少、洼盈、曲直、新旧等相对概念的探讨，并不偏执于世人所公认的一面，而是从"抱一"的整体角度看待问题。如第二章："天下皆知美之为美，斯恶已；皆知善之为善，斯不善矣……是以圣人处无为之事，行不言之教。"处无为之事、行不言之教，即归之于整体的道，从道的角度处事行教，而泯灭来自个体的偏执之见。《老子》第二十二章："曲则全，枉则直，洼则盈，弊则新，少则得，多则惑。是以圣人抱一为天下式。"老子用不少的篇幅批判这种"偏执"，如第二十四章："自见者不明，自是者不彰，自伐者无功，自矜者不长。"第七十二章："是以圣人自知不自见，自爱不自贵。"这便超越了当时很多人所服膺的"趋吉避凶""避祸求福"的理念，而显示了更高的精神视野和博大心胸。

由末梢式思维到根本式思维的转换，如《老子》第二十章："众人熙熙，如享太牢，如春登台。我独泊兮其未兆，如婴儿之未孩。""众人皆有余，而我独若遗。""俗人昭昭，我独若昏。俗人察察，我独闷闷。"这种与众人不同的价值判断，正体现了"我"的思想方式的转换，即反对世人的舍本逐末，追逐名利，锱铢必较；主张返归大道之浑朴未分、自然超然的

---

① 许倬云:《西周史》，生活·读书·新知三联书店 2001 年版，第112页。

心灵状态。

基于自然规律的预见性思维的凸显。预见，可以说是中国早期文化中一种重要的思维。从巫卜盛行的时代，到《周易》的传播，由卜筮而先知的方法，其实行的基础多少都带有神谕的色彩。当然，当时也流传着"箕子泣象箸"的见微知著、"扁鹊见蔡桓公"的防微杜渐。但真正从理论上加以总结、提升和发挥的，当属老子。他取法宇宙万物的因果规律、发展变化规律，从而提出"合抱之木，生于毫末。九层之台，起于累土。千里之行，始于足下"，"其安易持，其未兆易谋，其脆易破，其微易散。为之于未有，治之于未乱"（第六十四章）的思想；主张"图难于其易，为大于其细。天下难事必作于易，天下大事必作于细"（第六十三章）。任何事物的发展都有一个从无到有，又从有归于无，从盛而衰，又从衰而盛的发展过程。"天下万物生于有，有生于无。""夫物芸芸，各复归其根。"世间万物的发展，都体现在道的运行规律之中。只要掌握了这种基于根本的规律，自然就可以预见到其发展的方向。因此，我们通常所说的"顺其自然"，并非一种毫无主观意愿的随波逐流，而是建立在"顺道者昌，逆道者亡"的根本性规律之上。

七、中外文明互鉴中的《老子》

近代以来，随着全球化浪潮的兴起，中华文明与西方文明的交融日益加深，《老子》就是一个成功的文化传播的范例。法国学者索安说："自1820年雷慕沙翻译《道德经》以来，《道德经》已用欧洲的所有主要语言翻译了远远超过一百次。"[①] 《老子》已被译为20余种文字，在全世界广为流传。除日、英、法、德、意、荷、俄等国外，还有瑞典、丹麦、挪威、芬兰、土耳其、印度，而且还有梵文、拉丁文、希伯来文和世界语。其中除日文外，以英文和德文版本为最多（英文本90种，德文本82种）。连冰岛

---

① ［法］索安：《西方道教研究编年史》，吕鹏志等译，中华书局2002年版，第1页。

这样地广人稀的岛国都有两种以上的译本。德国尼采赞誉《老子》是思想的宝库、智慧的源泉,他说:"老子思想的集大成——《道德经》,像一个永不枯竭的井泉,满载宝藏,放下汲桶,唾手可得。"德国思想家阿尔伯特·史怀哲(1875~1965)则从比较的视角出发,认为:"康德和黑格尔是西方思想的巨人,老子则是人类思想的巨人。他以一系列基本的问题,如对生命及世界的肯定,以及最高境界的治,给了人类思想巨大的洗礼。与《老子》相比,尽管康德和黑格尔非常伟大,但他们仍然只是探讨了一些潜在的边缘的问题。"①史怀哲教授所著《有大用的中国思想史》,将印度文明、中华文明与西欧文明进行深入比较,并且给出了一个长远的预判,他说:"孔子和老子在静悄悄地、不知不觉地施加着重要的影响。非常多的学者通过作品的译本认识了他们,在他们的思想中获得了启发。开始用基本的方法来面对自身存在与世界的终极问题,并为了真正的人性而努力。中国思想对于世界的意义开始在我们的时代越来越为人们所察觉。"②

　　一部分西方学者的比较视野往往更倾向于向古老东方智慧的学习,如李约瑟《中国科学技术史》第二卷第十册《道家与道教》、罗素《中国问题》等。较为年轻一代的西方学者如〔德〕汉斯-格奥尔格·梅勒(1964~)《东西之道:道德经与西方哲学》一书,在一个更高的领域定位《道德经》所代表的古代智慧,如他说:"不能把它(《道德经》)拿来和《圣经》、《古兰经》、柏拉图著作等进行比较,《道德经》是高高在上的——它是"古代智慧"的源泉。而且,它是理解中国现代文明与文化的一把钥匙。然而,作为一部世界经典,它的关联性,并不囿于某一特定的时间或空间——它所讨论的主题,是具有全球性的重要意义的。"③并且他们试着用《道德经》的思维方法来解决当代的问题,如说:"《道德经》中所主张的核心策略是无为。或者说无造

---

① 〔德〕阿尔伯特·史怀哲:《有大用的中国思想史》,常暄译,江苏人民出版社2018年版,第146页。

② 〔德〕阿尔伯特·史怀哲:《有大用的中国思想史》,常暄译,江苏人民出版社2018年版,第258页。

③ 〔德〕汉斯-格奥尔格·梅勒:《东西之道:道德经与西方哲学》,刘增光译,北京联合出版公司2018年版,第206页。

作（non-interference）。意思就是积极的干扰，通常会导致比本打算解决的问题更多的、未知的问题……因此，要通过规避冲突，集中自身能量的方式，来处理威胁与混乱，这样会更好。"[1]

正如印度学者奥修所说，科学也要区分为外在的科学和内在的科学。中国的工业化在近代一度落后，但中国文化中关于内在的科学体认，却从一个"无用为大用"的方式启发了西方现代科学的发展。姑且不说火药的发明开始于道教的炼丹术，即使是现代物理学的发展，也受到了中国哲学的影响。美国学者卡普拉在《物理学之道》中说：中国的哲学思想，提供了能够适应现代物理学新理论的一个哲学框架，中国哲学思想的"道"暗示着"场"的概念，"气"的概念与量子"场"的概念也有惊人的类似。最新提出的"量子纠缠"理论虽然还有很多需要深入探讨的问题，但毕竟在某种程度上与《老子》《庄子》"气"的学说更加接近了。

近现代新儒家学者方东美（1899～1977）毕生致力于学术事业，融汇佛道儒，会通东西哲学与文化，建构以生命为本体，兼容并包的哲学体系，他曾自我评价："我的哲学品格，是从儒家传统中陶冶；我的哲学气魄，是从道家精神中酝酿；我的哲学智慧，是从大乘佛学中领悟；我的哲学方法，是从西方哲学中提炼。"其所著《原始儒家道家哲学》一书中反复提到："道家在中国精神中，乃是太空人。无法局限在宇宙狭小的角落里。而必须超升在广大虚空中纵横驰骋。"[2]

---

① ［德］汉斯-格奥尔格·梅勒：《东西之道：道德经与西方哲学》，刘增光译，北京联合出版公司2018年版，第207页。

② 方东美：《原始儒家道家哲学》，中华书局2012年版，第11页。

第二章　道法自然

——整体思维方式的创立

　　整体思维，又称系统思维，是对世界万物系统性的观照方式，即以整体和全面的视角把握对象。整体思维注重连续性，即注重考察有机延续的不间断发展过程；立体性，即观照整体事物内在诸因素之间错综复杂的联系；系统性，即按照客观事物本有的层次和结构观察其全貌。由整体性思维出发，观照有机统一的宇宙结构，遵从共同的演化法则，并由此导出天地一理、万物一马、宇宙全息的结论。中国古人所创造的中医文化，围棋文化，《周易》中的太极、八卦、六十四卦，中国哲学思想中的"道"、五行生克等整体结构模式等，都反映了自然界乃至人类社会的一切事物发于整体而归于整体的思维方式。《老子》中"道法自然"的提出，则相当于建立了中国传统文化中整体思想方式的理论根基。

　　"道法自然"一词出自《老子》第二十五章：

　　　　有物混成，先天地生。寂兮寥兮，独立而不改，周行而不殆，可以为天地母。吾不知其名，字之曰道，强为之名曰大。大曰逝，逝曰远，远曰反。故道大，天大，地大，王亦大①。域中有四大，而王居其一焉。人法地，地法天，天法道，道法自然。

　　① 王亦大：傅奕古本《道德经》两"王"字并作"人"，今人多认为原本作"人"，后被改作"王"，是"古之尊君者妄改"（奚侗《老子集解》、陈鼓应《老子注译及评介》），然而郭店楚简本、帛书甲乙本、河上公本、王弼本并作"王"。盖《老子》原本作"王"才是。河上公注曰："王大者，无所不制也。"王弼注曰："天地之性，人为贵，而王是人之主也。"事实上，"王"即代表了人类，所以说《老子》是最早提出"人为贵"思想的哲学家，也是没有问题的。

物，郭店楚简本作䏂，"依文义当读为'状'。状也是从爿声的。《老子》第十四章形容'道'的时候，有'是谓无状之状，无物之象，是谓惚恍'之语。'有状混成'的'状'就是'无状之状'的'状'。"① 这里"状"和"物"一样，都是老子对于所体验到的"道"的一种描述或指代。我们将这段话翻译为：

> 有一种存在是混沌无形，亘古已存。她无声无形，寥廓无际，独立无匹。从不需要依赖什么，也没有什么能与之相匹配，这个状态从无改变。运动往复，从无止息。可以作为化生天下的母体。我不知道她的名字，用一个字来概括她，就是"道"。勉强为她命名叫"大"。至大无外则能周流不息，周流不息则深远精微，深远精微则回归于道之本根。所以道大、天大、地大、王亦大。天地间有四大，王也是四大之一。天、地、人根源于大道，取法乎大道，大道的本性就是自然。

"道法自然"是老子思想的核心，然而，究竟何为"道"？从老子所观察和描述的"道"来看，至少具有以下几个方面的特征：一是混而为一的整体；二是先于天地的永恒存在；三是无声无形，无边无际，超越于人的感官；四是独一无二，是宇宙万物的终极唯一；五是运动往复，周流不息；六是相当于万物化生的母体。所以老子用"道"或者"大"来勉强概括道之存在，都不过是语言的指示而已，真正的道的存在，还是需要人用心地体悟。然而值得注意的是，道作为无限广大的整体，也作为精微无形的自然，可以说至大无外，至小无内，无所不包，是推动所有生命与宇宙生发的根本力量。正因为她的创生伟力，也因为她的隐而不露、生而不有，所以人们称之为"道尊德贵"，乃宇宙中最值得尊敬的存在。

那么何谓"自然"？"自然"一词在《老子》中仅见五处，却是一个极

---

① 裘锡圭：《老子今研》，中西书局 2021 年版，第 34 页。

为重要的，带有根本性意义的观念，所以老子哲学也被称为"自然"哲学。《老子》中所提到的"自然"，并非今人所说的自然界的"自然"，也不是西方自然科学意义上的"自然"，而是万物依靠道赋予的能量，推动自身的发展，所谓自生自化。看似并没有一个最高的主宰或者刻意人为的因素干扰，但整体上处在和谐有序、生生不息的状态，皆是"自然"。人类社会为人处事，都要顺应"自然"，这正是道家哲学的核心主张。

"道法自然"，有的时候也会被随意地解释为"顺其自然"，从而成为自己随波逐流做事情的借口。因此，我们需要仔细辨析其中的道理所在。所谓的"顺应自然"，并非简单的随波逐流，完全的无所作为，而应是充分尊重并能够顺应客观事物发展的自然规律，按规律思考和办事，同时尊重事物自身所具有的天赋潜能，使其得以充分地运作展现，而不去人为地横加干涉。这是需要今人认真体会和理解的。

"道法自然"所代表的是整体思维，是站在整体之道的立场上，既看到"有"（形），也看到"无"（神）；既看到"是"，也看到"非"；既看到眼前，又能把握长远；既看到部分，也能看到整体；既看到个体，也看到内在关联。能够从道的整体立场判断，而不从一己的偏见出发。《老子》全书八十一章几乎都贯穿了这一思维方式。

翻开《老子》第一章，我们即可领略其中的整体思维意味：

> 道可道，非常道。名可名，非常名。
>
> 无名，天地之始。有名，万物之母。
>
> 故常无欲，以观其妙。常有欲，以观其徼。[①]
>
> 此两者，同出而异名，同谓之玄。
>
> 玄之又玄，众妙之门。

---

① "无名，天地之始。有名，万物之母。故常无欲，以观其妙。常有欲，以观其徼"句，有的版本断句为"无，名天地之始。有，名万物之母。故常无，欲以观其妙。常有，欲以观其徼"。此说起于司马光、王安石、苏辙等宋人新说，校之汉代帛书本《老子》，实不符合《老子》本义。

"道可道，非常道"，《韩非子·解老》此句作："道之可道，非常道也。"长沙马王堆出土帛书本《老子》作："道，可道也，非恒道也。"《说文解字》："恒，常也。"恒、常，义同而通用。

"名可名，非常名"，帛书本《老子》作"名，可名也。非恒名也。"《说文解字》："名，自命也。"

对于这句话的理解通常是，可以用语言表达的，并不是宇宙中的整体恒常之道。可以用语言命名的，也并非宇宙整体恒常之道本身。其说首先要打破人类以自我为中心的心理，以及对人类语言、理性观念的无所不能表达、无所不能思及的执着。如苏辙曰："莫非道也。而可道者不可常。惟不可道而后可常耳。今夫仁义礼智，此道之可道者也。然而仁不可以为义，而礼不可以为智。可道之不可常如此。惟不可道，然后在仁为仁，在义为义，在礼为礼，在智为智。彼皆不常而道常不变，不可道之能常如此。"[1]天地万物无不是道，但语言带来了分别，已非整体之道。

根据帛书本出土文献，裘锡圭先生认为"常"应解释为"平常的"，依据就是古人"恒"字往往有"一般的""平常的"这一意项，如"恒物""恒医""恒士"等。道是可以言说的，但是我要讲的这个"道"，不是"恒道"，他不是一般人所讲的"道"。道也可以加以命名的。但是呢，"非恒名也"，即使我命名了，这个"名"也不能按照一般的"名"来理解。[2] 其说将帛书本中两个句末的"也"字皆得以落实，语气也更顺畅；用新出土帛书文献佐证了唐代李荣、宋代司马光等的解释。然而总体来看，其说与旧说也并非相反，而是具有异曲同工之妙。一者，老子突出自己所言说的道，不同于一般意义之道。二者，又没有完全否认道可以言说，只不过提醒读者注意不能按照通常的道来理解。

"始"，指浑朴未分的本真状态。《说文解字》："始，女之初也。"

"母"，指分化、养育、生成万物的母体。《说文解字》："母，牧也。象

---

[1] （宋）苏辙：《道德经注》卷一，元至元庚寅刊本。

[2] 裘锡圭：《老子今研》，中西书局 2021 年版，第 100—101 页。

怀子形。一曰象乳子也。"

没有施加语言和理性思考的客观外物，即"无名"的状态，是为天地本初的状态。一旦施加了语言和理性思考，就将原本客观的外物世界纳入了人的思维体系加以认知和判断，于是就有了万物不同的分别。正如王阳明《传习录》中所说：

> 先生游南镇，一友指岩中花树问曰："天下无心外之物，如此花树在深山中自开自落，于我心亦何相关？"先生曰："你未看此花时，此花与汝心同归于寂；你来看此花时，则此花颜色一时明白起来，便知此花不在你的心外。"①

花是同样的花，无人存在之际，它只是客观的存在，几番自开自落。然而一旦有人来到，则因为人的精神活动的参与，人的欣赏与判断，花就会被赋予名言意义，也就是"有名，万物之母"的状态。

道作为一个独一无二的整体，既存在无名的一面，也存在有名的一面，需要突破人类认知的局限、语言的局限，回到整体观照方式，才能体验"道"的存在。所以老子接下来谈到既要"无欲"，即扫除烦扰、虚静其心，也要"有欲"，即运用已有的知识和理性。既要观照"妙"②的一面，体验精微本真的宇宙万物实相，也要观照"徼"③的一面，也就是物象"显明"的一面。

徼与妙、有形有相与精微本真，本质上是同一的，只不过由于人的认识作用才有了不同，虽然不同，还是可以将之都称作"玄"。"玄"乃幽远深黑色之义，与"混""捉"通，意思是"同也"。所谓"玄同""玄通"，

---

① （明）王守仁：《王文成公全书》卷之三，明谢氏刻本。

② 古无"妙"字，此为"眇"的假借，即今"渺"字。帛书本、北大汉简本《老子》都写作"眇"字。王弼注："微之极也。"

③ 帛书本写作"噭"。徼、噭当为"曒"的通假字，也就是"皎"。《诗经》曰："有如曒日。"此"显明"正与"微眇"相对。

都指混同而不可分别的整体。如果能认识到宇宙万物本来就是一个不可分割的整体，是一个生生不息的独立存在，也就把握住了"众妙之门"——万物生生不息的根本法则。

本章需要注意的两个重点，一是需破除"言""名"的局限。因为发生于个体的"言""名"，是从个人或者某些人的主观某个角度出发的定位、定向、界定，往往执一偏而废全。因此，开篇的"道可道，非常道。名可名，非常名"通过否定的方式告诉人们，人类的语言是有边界的，并不能表达真实完整的"道"，若要证悟"道"的存在，就要首先去除心中对言说的执着。也有人提出，老子反对"言"，还言说了五千言，自相矛盾呀！事实上，老子并不反对"言"，他多次提到"正言若反""信言不美，美言不信""吾言甚易知，甚易行""犹兮其贵言""善言无瑕谪"等，他所主张的"言"，乃"正言""信言"，也就是按照"道"的方式，区别于世俗之言的言说。放下名言分别，方可直面真实世界。宋普济《五灯会元》卷一七《太史黄庭坚居士》中说：太史山谷居士黄庭坚，"惟孳孳于道，著《发愿文》，痛戒酒色。但朝粥午饭而已。往依晦堂，乞指径捷处。堂曰：'只如仲尼道，二三子以我为隐乎？吾无隐乎尔者。太史居常如何理论？'公拟对，堂曰：'不是！不是！'公迷闷不已。一日侍堂山行次，时岩桂盛放，堂曰：'闻木犀花香么？'公曰：'闻。'堂曰：'吾无隐乎尔。'公释然，即拜之。"[①]

为什么说人类的认知和语言，不能够真实完整地表达整体的自然之"道"呢？试想在人类时间和空间的坐标轴中，若干亿年前的宇宙大爆炸，又运行了若干亿年，才孕育出了地球上的生命体。又运行若干亿年，才出现了人类的认知革命（不超过7万年）。而语言与文字的历史，距今不过四五千年，《淮南子·本经训》曰："昔者仓颉作书而天雨粟，鬼夜哭。"[②] 可见人们将语言文字的发明视作一件惊天地动鬼神的大事件。然而即便人类能知能言，与本真世界而言，又难以尽传其真。所以老子提出"知不知"

---

① （宋）普济：《五灯会元》，中华书局1984年版，第1138—1139页。
② 张双棣撰：《淮南子校释》，北京大学出版社1997年版，第828页。

"不言之教""无为之事"，要始终对人类的"知"与"言"保留一些警惕。

另一个重点，就是强调"道"是一个不可分别的整体，称之为"玄"，甚至"玄之又玄"。无处不在，日用而不知，既有"有"（表象）的一面，也有"无"（精微）的一面。两者如同同一个果子，既有有形有名的一面，又有无形无名的一面。人们常常注意于能够感知到的有形有象的"有名"世界，而忽略无形无象但存在着的"无名"世界。正如《老子》书中既提到有国、有民、有兵、有天下、有万物等等有名的一面；又提到"大音希声""大象无形""道之为物，惟恍惟惚""道之出口，淡乎其无味""无状之状，无物之象"等等无名的一面。既强调"常无欲，以观其妙"，也强调"常有欲，以观其徼"，目的就是要从整体上把握混通为一的"大道"吧。

"道"作为《老子》第一章的核心理念，并不是指一般意义上的道理或者具体如仁义之道、经术政教之道等，而是宇宙永恒的终极大道。人类如果希望深根固柢、长生久视、长治久安，必须取法自然之"道"，因为"道"作为万物发生的源动力，也是创生万物的母体。"道"在时间上亘古而存，在空间上至大无外，至小无内，超言绝象，远远超出人类的想象和语言所能到达的范围。可以说，是人类乃至宇宙万物存在的最高法则和终极依据。老子提出的"道"，是建立在整体视野上的观照，是对宇宙中变动不居事物中的永恒存在、神秘的创造和主宰力量的发现。"道"的发现，改变了殷商时代的巫卜之风，改变了神决定世界、神决定人的命运的泛神论。

中国古代哲人在思考宇宙运行的根本规律、人类社会的根本法则的时候，古希腊的哲人也同样在深入地思考和激烈地讨论着宇宙的本源、人类和宇宙的关系、宇宙的真相等等。比较而言，老子所提供的是有形有名的世界与无形无名的世界的玄同一体，有欲与无欲两种主观心理的认知方式的玄同一体，以及"徼"和"妙"两种不同的呈现方式的玄同一体。老子并不认为自然之道杳不可及，而是认为只要调整人的内在状态，回归到虚静自然的当下，就会接通本真自然之道，只不过与通常世俗的理性思辨不同，与道接通更需要"观照"和"体悟"。这恰恰形成了东方文化的特质：圆融汇通的一元思想，观照体悟的直觉思维。

《老子》第二章同样表达的是圣人的"道法自然",超越世俗的"知"与"言",从而立足整体之道来认知、发言、处事。

> 天下皆知美之为美,斯恶矣。
>
> 皆知善之为善,斯不善矣。
>
> 故有无相生,难易相成,长短相形,高下相倾,音声相和,前后相随。
>
> 是以圣人处无为之事,行不言之教。
>
> 万物作焉而不辞,生而不有,为而不恃,功成而弗居。
>
> 夫唯弗居,是以不去。

形,比照。王弼本原作"较"。唐陆德明《经典释文》曰:"较,音角,又校,量深浅也。"然而,郭店楚简《老子》甲本作"型",帛书甲、乙本、北大汉简本并作"刑",皆为"形"字的假借。据各古本,原应作"形",今据改。倾,呈现。郭店楚简甲本写作"浧",帛书甲、乙并作"盈",北大汉简本作则改作"顷"。《淮南子·齐俗训》有:"高下之相倾也,短修之相形也。""盈"为"呈"或"逞"字的假借,一般认为是避汉惠帝刘盈的讳而改作"倾"。所以当为"呈现"之义。作,兴作。辞,司,主宰。郭店本作"忖"。帛书甲本残,帛书乙本作"始"。于省吾《老子新证》(《诸子新证》页233):"始与辞均为嗣之借字。嗣,司也。经典司字金文十九作嗣……《说文》:辞,籀文作嗣。按嗣,司也,司训主,乃通诂。万物作焉而不司,言万物作焉而不为之主也。"

这段经文的意思是,天下人都知道美之所以为美,丑的观念也就随之产生了。都知道善之所以为善,不善的观念也就随之产生了。所以有无互相生成转化,难易、长短、高下在相对中存在,音声的高低相和,先后的相伴相随,都是处在相对的语言意义之中。所以圣人按照道的规律办事,超越语言的遮蔽,万物生成而不为主宰,化生而不占有,创造而不仰仗,功成事遂,退避其位。因其善利而不争,功成而不处,反而功莫大焉,永

41

不失去。

在有形有名的世界中，命名、定义，是人类把握事物的基本方式，这种方式所造成的一个直接的影响就是"分别"。定义了"美"，自然也就随之产生了与之相对的"丑"；定义了"善"，也就随之产生了与之相对的"恶"；定义了"高"，也就随之产生了与之相对的"下"。在各种分别的基础上，便也产生了主观的执着和自以为是的判断，并进一步引发无休无止的是非争端。那么，再依靠人为主观设定的逻辑，试图解决"公说公有理，婆说婆有理"的争端，显然是不可能的。本章的要义在于，相对而生的世间知识体系，并没有一定的标准，或者说有一定的标准，也是由特定的人群制定的特定的标准，并非来源于终极宇宙法则的标准。圣人的高明之处在于，不执着于是非美丑善恶有无难易的一个方面来理解事情，而是"处无为之事，行不言之教"，不依主观之为而为，不依主观之言而言，而按照客观事物本身的运动变化去行事。

老子提出的"是以圣人处无为之事，行不言之教"，其重要价值在于启发人们进行一场思维方式的革命，即由局部式思维的方式转变到整体性思维的方式，如老子认为有无、祸福、美丑、高下、善恶、多少、洼盈、曲直、新旧等等都是相对的概念，人不应偏执于其中的一面，而是从"抱一"的整体角度看待问题。处无为之事，行不言之教，即归之于整体的道，从道的角度处事行教，泯灭来自个体的偏执之见，而能站在整体之"道"的立场上，按照自然的规律法则，去处事行教。能够这样做的人，才称得上超越凡俗的"圣人"。同时，"无为"绝不是无所作为，而是"依道"作为。"不言"，也并不是不说话，而是"依道"言说。

本章的最后，谈到了道创造万物而不为之主的伟大精神，当为法道的圣人所效仿。

在《老子》第十一章中，以连用三种比喻的形式继续阐明大道玄同、有无一体的道理。

　　　　三十辐共一毂，当其无，有车之用。

埏埴以为器，当其无，有器之用。

凿户牖以为室，当其无，有室之用。

故有之以为利，无之以为用。

　　意思是三十根辐条集中到中心的车毂，有了中间的空无之处，才有车轮的妙用。和水土制作陶器，有了中间的空无之处，才有器皿的妙用。凿出门窗制作房屋，有了中间的空无之处，才有房屋的妙用。所以，实有是可以带来利用的物质，空无也是提供妙用的关键。

　　一般人通常注意实有的东西，认为是可利用的。然而，"实有"若不是和"空无"结合起来，则实有的利用也很难实现。"实有"和"空无"本来就是一个不可分割的整体。正如宇宙之中，天地山川生物皆有形有象，但若没有空无的存在，这些实有也无法存在。正如人类的生命，身体本来实有，但若无中间精气神魂魄经络等等中空的部分，这个身体也很难发挥作用。大道无形无象，是世间最大的空无，但正如现代科学所证实的暗物质、能量流，隐藏在实有的万物之中，发挥着不可思议的作用，推动着宇宙万物的生生灭灭。透过现象，可以观察本质；穿越表层，可以拥抱真实。老子的思想为中国哲学开拓了深层次的求真视野和无限的精神空间，也让世界领略到别开生面的东方智慧。

　　《老子》第三章，则探讨了"道法自然"整体思维在现实社会治理中的实际应用。

不尚贤，使民不争。

不贵难得之货，使民不为盗。

不见可欲，使民心不乱。

是以圣人之治，虚其心，实其腹；弱其志，强其骨。

常使民无知无欲，使夫智者不敢为也。

为无为，则无不治。

这段话的意思是不崇尚贤德之名，使民不起争竞之心。不珍爱难得之物，使民不起抢夺之心。不炫耀能激起欲望的东西，使民心不被扰乱。所以圣人治理天下，使其心虚静，使其精气充盈，使其志意减少，使其骨骼强健。常使民没有自以为是的小聪明，没有贪欲之心，使自以为聪明的智者不敢妄为。以顺任自然、不妄为的方式去作为，则天下没有不得到治理的。

本章中所提到的"不争""弱其志""无知无欲"，常被作为批判老子思想保守消极、愚民的内容，这其中显然存在着时代的隔阂与误读。比如对于"是以圣人之治，虚其心，实其腹，弱其志，强其骨"，河上公注曰："说圣人治国，与治身同也。除嗜欲，去烦乱。怀道抱一，守五神也。和柔谦让，不处权也。爱精重施，髓满骨坚。"志，在《说文解字》中解释为"心之所之"。这其中包含了心中的情感、欲念、思想各个方面，所以"弱其志"，并非减弱其志向，而是减少其欲望。《左传·昭公二十五年》有："以制六志。"《庄子·人间世》："若一志，无听之以耳，而听之以心。无听之以心，而听之以气。"所表达的都是减少或者节制欲念，使内心之念专注专一。对于"常使民无知无欲"，河上公注曰："反朴守淳。"王弼注曰："守其真也。"无知无欲，并不是让人民没有知识没有欲念，而是去掉其自以为是的聪明智巧，去掉种种妄念，以回归虚静自然的内心境界。这种虚静自然真朴的内心境界，恰好与"知（智）"相反，在世俗看来是如愚人一般的，故而有了"大智若愚"一说，有了孔子所说"宁武子知可及，愚不可及也"，有了《老子》第二十章所说："我愚人之心也哉！"

所谓的"智者"，正是采取尚贤、贵难得之货、呈现可欲等等方式治理天下，在老子看来，这实际上是一种不明大道的妄为，是一种破坏淳朴民心、走向乱乱相继恶性循环的妄为。这其中值得认真思考的是，否定物欲，返璞归真，保持人民的淳朴心性，必然带来物质文明的倒退，人们生活在自给自足的小国中，终其天年。这是想象中可能的桃花源，却不能在物质文明高度发达的当今时代有一个着陆点，因此被归入不可能实现的"乌托邦"。但是另一方面，物质进步、科技进步所带来的人的异化问题，是需要当代人面对的一个非常重要的问题。

一般认为这一章是老子在批判和否定物质文明的进步，事实上，老子不是否定物质文明本身，而是否定物欲所带来的人的异化。正如《庄子·马蹄》篇有云："夫至德之世，同与禽兽居，族与万物并。恶乎知君子小人哉。同乎无知，其德不离。同乎无欲，是谓素朴。素朴而民性得矣。"这是否是要退回到与禽兽居的原始社会呢？当然不是。老庄哲学在两千多年前，就已经在警示世人，一味地追求名利物欲，必然导致人自然本性的泯灭，从而走向欲壑难填的状态。这正是世界动乱的根源。

《老子》第二十二章，则从人生理念的层面探讨了整体性思维的现实应用。

> 曲则全，枉则直，
> 洼则盈，敝则新，
> 少则得，多则惑。
> 是以圣人抱一为天下式。
> 不自见，故明；
> 不自是，故彰；
> 不自伐，故有功；
> 不自矜，故长。
> 夫唯不争，故天下莫能与之争。
> 古之所谓曲则全者，岂虚言哉！诚全而归之。

本章的意思是委屈反而能保全，弯曲反而能更好地伸直。低洼反而容易聚集，破旧反而能更新。要的少反而能多有所得，贪多反而迷惑。所以圣人守道抱一，作为天下人的榜样。不固执己见，故能明达。不自以为是，故能彰显。不自我夸耀，故能有功。不骄傲自大，故能担任尊长。正因为不争，所以天下没有人能与之争。

本章具体讲到现实的处世策略——不争。委屈容易保全，弯曲容易伸展,低洼容易充盈,破旧容易更新。执道守一才能得到宇宙真相,追求繁琐末节反而容易迷失。所以圣人只把握"道"这一根本,从容应对万变,从而成为天下人立身处世的楷模。具体来说,所谓的委屈、弯曲、低洼、破旧,就是老子一直在强调的处下、不争、柔弱、谦虚等行为方式。表现在现实生活中,就是低调做人,韬光养晦,即所谓不自我膨胀、不自以为是、不骄傲自大。

值得注意的是,老子的谦退哲学并非只是一种自我压抑、自我封闭的简单退缩,而是从处世效果出发,从行为因果出发。委屈有时反而能更好地保全,弯曲反而能更好地伸展,低洼反而能更好地聚集,承受衰败反而能更好地迎接新生。反过来看,委屈的反面是不顾一切的一时之快,弯曲的反面是任何情况下的宁折不弯,低洼的反面是高高在上,衰败的反面是光鲜耀目。从效果来说,后者虽然快意一时,但只不过如昙花一现,前者虽隐忍低调却能笑到最后。历史上韩信当初能忍胯下之辱而功成名就,到后来却因不能低调内敛导致最终被杀,一段人生,两样结局,引人深思。

不能自我克制的人生从表面上看,锋芒毕露,才华横溢,令人瞩目,实际的效果却可能是很快跌入失败的深渊。正如老子所说,锥子打磨得越锋利越不能常保尖锐;踮起脚尖站着相比别人显得更高,实际却站不稳;跨大步前进相比别人走得快些,实际却不能走得很远。正如自以为是、自我膨胀、自鸣得意、骄傲自大的人想充分显露自己,从而让别人承认自己更出色,结果却可能不被大家所认可。

东方文明对于整体思维的把握在某些方面呈现出一些相通的观点,如众所周知的盲人摸象的故事,出自印度《长阿含经》:昔镜面王让侍者引一象,令众盲者摸之,然后问盲人说"象何等类?""其诸盲子,得象鼻者,言象如曲辕;得象牙者,言象如杵;得象耳者,言象如箕;得象头者,言象如鼎;得象背者,言象如丘阜;得象腹者,言象如壁;得象胜者,言象如树;得象髆者,言象如柱。得象迹者,言象如臼;得象尾者,言象如紖。各各共诤,相互是非。此言如是,彼言不尔,云云不已,遂至斗诤。时,王见此,欢喜大笑。尔时,镜面王即说颂曰:诸盲人群集,于此竞诤讼;

象身本一体，异相生是非。"① 此为借镜面王说否定外道异学，不知真谛，各生异见，谓己为是。其实不止诸家学说如此，人们面对世界的认知，如果只是站在一己之见的立场上主观地认识和判断，必然也如同盲人摸象一般。

体悟整体自然之道，最大的影响在于对治人类以自我为中心的狂妄，正确认识人类自身和人类的知识体系，认识人类所赖以生存的宇宙，避免不知道自己的无知。感官可以到达有形、有声的世界；理性可以到达可知的世界；悟道则回归整体、本真的世界。老子于两千多年前"道法自然"的提出无疑已经完成了认识世界的思想启蒙。在此之后，以整体之"道"为根基，形成《周易》之"太极"、儒学之"中庸"、玄学之"玄"、理学之"理"、心学之"心"的一贯的整体观照模式，八八六十四卦、阴阳五行的系统思维模式，以及观照证悟和理性思考两套认识方式。

老子及其后不远的时代，产生了崇尚知识的儒家学派、墨家学派和名家学派，但经过战国三百年的历史选择，至汉武帝时代儒道法三家更多地被应用在现实的教育和政治层面上。值得我们注意的是，以惠施、公孙龙为代表的注重概念分析的名家和注重科学技术的墨家都相继被其他学说所吸收而不断式微。中西方文明的分野可以说至此正式形成。这种文明的分野可以说是历史选择的结果，而非知识精英们所能主导。

---

① ［印］佛陀耶捨著，（南北朝）竺佛念译：《长阿含经》卷十九《世纪经龙鸟品》，华文出版社 2013 年版，第 610 页。

第三章　微明

——人生预见力的养成

"微明"一语，源自《老子》第三十六章，原文如下：

> 将欲噏之，必固张之。
>
> 将欲弱之，必固强之。
>
> 将欲废之，必固兴之。
>
> 将欲夺之，必固与之。是谓微明。
>
> 柔弱胜刚强。
>
> 鱼不可脱于渊，国之利器不可以示人。

固（gū），通"姑"，姑且。《韩非子·说林上》引《周礼》曰："将欲败之，必姑辅之。将欲取之，必姑予之。"帛书本写作"古"，读为"故"。

微明，《韩非子·喻老》云"起事于无形，而要大功于天下，是谓微明"。《老子》第五十二章："见小曰明。"河上公注："萌芽未动，祸乱未见为小，昭然独见为明。"微明当指有预见力者能够在事情尚处萌芽的阶段或者隐微无形的时候便能预见到其将来的走向。

从语句上看，本章中的四句"将欲……必固……"当为老子继承古代典籍的说法，如《韩非子·说林上》引《周礼》曰："将欲败之，必姑辅之。将欲取之，必姑予之。"说明其说早已有之。不同的是，老子似乎又有了进一步的总结和发展，使之上升为一种依道行事的智慧和能力，给后人提供了宝贵的启示。

正如本章所说，当一个东西大大张开到极点，必然会走向紧缩。强盛到极点，必然会走向衰落。兴旺到极点，必然被废弃。被给予太多，必然也会被夺走。一般的人只看表象，是兴旺的、强盛的、光鲜的，但能够依道的人却能够体察其中运动变化轨迹，做出相应的预见性判断。所以本章的最后是三句意味深长的话："柔弱胜刚强"，即保持柔弱低调的状态，胜于处处争强好胜，知进不知退。"鱼不可脱于渊"，宇宙之道仿佛无边的海洋，人在其中，如鱼在海中，自由自在；人一旦脱离大道，专任己意，就像鱼脱于渊，必将面临灭亡的命运。"国之利器不可以示人"，示，有向别人炫耀之义；一味地炫耀武力，即为取张、取强，亦非保身治国的长久之道。

老子的"微明"，正相当于我们经常说的"见微知著""先见之明"的思维方法，即可以对未发生的事做出准确的预见性判断，同时可以在事物即将发生转换的时候，抓住时机，或保持已有的成效不丧失，或向好的方面转化。这种思想方法，比如在《周易·坤卦》中"履霜，坚冰至"这条卦爻辞，谓有智慧的辅佐者，脚踩清霜，就能够预见到不久的坚冰。《坤卦文言》中解释说："积善之家，必有余庆；积不善之家，必有余殃。臣弑其君，子弑其父，非一朝一夕之故，其所由来者渐矣，由辨之不早辨也。"①任何事情的发展总是在这样一个变化的过程之中，关键在于能否在其将起之时便预见到将来的走向。《礼记·中庸》篇云："凡事豫则立，不豫则废。言前定则不跲（jiá），事前定则不困，行前定则不疚，道前定则不穷。"②任何事情，事先有准备就能成功，没有准备就会失败。说话先有准备，就不会卡壳磕绊。做事情先有准备，就不会陷入困境。行为先有准备，就不会事后后悔。做人之道能预先立定目标，就不会走入穷途歧路。明朱柏庐《治家格言》云："宜未雨而绸缪，毋临渴而掘井。"③临渴掘井，到口渴才掘井，比喻事先没有准备，临时才想办法。可以说和《老子》"微明"的思想异曲同工。

① 金景方：《周易全解》（修订本），上海古籍出版社2005年版，第57页。
② （南宋）朱熹：《四书章句集注》，中华书局1983年版，第31页。
③ （清）戴翊清：《治家格言绎义》卷上，清光绪有福读书堂丛刻本。

49

值得深入思考的是，老子说的准确预见的根据是什么？又是如何做到准确预见的呢？研读《老子》书中的相关章节，我们会发现，其根据正在于"道法自然"基础上的运动变化、物极必反、因果定律。说到《老子》如何引导一种预见性思维的形成，还必须结合其哲学思想的根本基础，即"道法自然"。"道法自然"意味着，主体通过感悟"道"的存在，从而超越个体主观认知的局限，站在"道"的整体立场思考和判断，并取法依据于"道"。根据《老子》书中的概括，"大道"是"独立而不改，周行而不殆"，"大曰逝，逝曰远，远曰反"。"道"作为宇宙万物的根源性存在，以循环往复、物极则反、生生不息的方式运行，如能遵循"道"，则其思维不局限于眼前，而能够着眼于长远；不止看到局部的现象，还能够看到整体的布局；不止看表象，而且能够预见其将来的发展趋势。显然，对于整体之"道"的把握，就成为能否形成预见性思维方式的根本前提。

如《老子》第九章：

> 持而盈之，不如其已；
> 揣而锐之，不可长保。
> 金玉满堂，莫之能守；
> 富贵而骄，自遗其咎。
> 功成名遂身退，天之道。

这一章的意思是，执持盈满，不如停止。打磨尖利，不可长保其锋芒。金玉满堂，最后没有谁能带走；富贵而又骄傲，纯属自找祸患。老子言说的方式是列举日常生活中的实例，最后用一句话简单地提炼道理。

第一种情况，"持而盈之，不如其已"。盈满必然导致倾覆，盈不可久。正如很多儒家学者也如此告诫，甚至在儒家的太庙当中也树立着"欹器"这种富有象征意义的器具，时时告诫人们不可追求盈满。历史上凡执持盛满还不自知危险的例子比比皆是，比如秦始皇时期的吕不韦，当其地位权势无以复加之时，也便是面临倾覆的时候。

第二种情况，"揣而锐之，不可长保"。揣，锤击。锐，王弼本作"梲"，郭店楚简本作"群"，帛书本、北大汉简本作"允"，河上公本作"锐"。据王弼注："既揣末令尖，又锐之令利，势必摧衄，故不可长保也。"则原本亦当作"锐"。越尖锐锋利，且锋芒毕露，越不能够长久保有锋芒。

第三种情况，"金玉满堂，莫之能守"。所有的人即使是亚历山大大帝、秦始皇这样的英雄人物，一旦面临死亡，则所有的功名利禄都无法携带而去。"天下熙熙，皆为利来；天下攘攘，皆为利往。"功名富贵，可以说是普通人的奋斗目标，是高位者的身份标志。未获得者为之汲汲以求，已获得者力图保持并增益。老子谆谆告诫：满盈而不知止，势必导致倾覆；锐利而不知收，必然导致折断；搜刮而不知施与，必然导致破失。不论古今，无数活生生的实例已经证明了这些道理。

这三种情况的列举，老子所用的正是一种基于大道的预见性思维。如果怎么样，必然会怎么样，其中包含着有此因必然有彼果的规律。如果"持而盈之"，必然会面临倾覆。如果"揣而锐之"，必然会面临折断。如果只知"金玉满堂"，必然会失去更多。所总结出来的告诫就是，富贵而骄傲放纵，等于自取灾殃，功成名就，适时隐退，这才符合天地间的大道。刘向《说苑》记载：

> 孔子读《易》，至于《损》《益》，则喟然而叹。子夏避席而问曰："夫子何为叹?"孔子曰："夫自损者益，自益者缺。吾是以叹也。"子夏曰："然则学者不可以益乎?"孔子曰："否，天之道，成者未尝得久也。以虚受之，故曰得。苟不知持满，则天下之善言不得入其耳矣。昔尧履天子之位，犹允恭以持之，虚静以待下，故百载以逾盛，迄今而逾章。"又曰："日中则昃，月盈则食，天地盈虚，与时消息。是以圣人不敢当盛，升舆而遇三人则下，二人则轼，调其盈虚，故能长久也。"[1]

---

① （西汉）刘向著，向宗鲁校证：《说苑校证》，中华书局 1987 年版，第 141—142 页。

值得注意的是，老子所言"功成名遂身退"，并非反对人生的奋斗，反对功名利禄的获得，成为一名飘然于江湖山林的隐士，而是在告知后人，如何在春风得意之时，把持自己，知足知止，从而更加长久地拥有自我的真实生命。若想长久保持所拥有的人生，就要懂得转身，懂得止步，懂得放手，懂得与大道同行。如果站在自身欲望满足的角度，必然永不满足，又有几人能够看得破、跳得出、放得下？刘向曾引："《老子》曰：得其所利，必虑其所害。乐其所成，必顾其所败。"① 今本《老子》中并没有这句话，据班固《汉书·艺文志》，刘向曾有《说老子》四篇，此语大概就是当时刘向《说老子》的材料。

那么，古人何以相信"成者不得久""盈满必倾"呢？在老子的思想体系中，"道"蕴含着一定的"理"，也可以理解为"规律"。如《老子》第四十章：

> 反者，道之动。
> 弱者，道之用。
> 天下万物生于有，有生于无。

虽然只有短短的二十一个字，却说出了道的两大规律，一个是"反"，一个是"弱"。反，通"返"。万物无论如何化生，最后都将返归"道"之本根，这是时间意义上的返归。但万物无论如何化生，其运动变化都与其本根相通，这是哲学意义上的本体论。也就是说，万物守道，万物亦最终返于道。违背自然之道，脱离大道的，都是不会长久的。正如河上公注云："反本也。本者，道所以动，动生万物，背之则亡也。"这也正是常道的运动法则，万物总是在运动变化中存在的，然其运动变化并非是两点之间的物极必反，而是与根源之道紧密关联的返本归根基础上的生生不息。

---

① （西汉）刘向著，向宗鲁校证：《说苑校证》，中华书局1987年版，第246页。

再看《老子》第四十五章：

大成若缺，其用不弊。

大盈若冲，其用不穷。

大直若屈，大巧若拙，

大辩若讷。

躁胜寒，静胜热。

清静为天下正。

冲，空虚。讷（nè），说话迟钝。（冲、屈、拙、讷）看似有缺陷、空虚、弯曲、笨拙、木讷，但却"其用不弊""其用不穷"。因为他们没有如世俗所说达于极点，也便没有物极必反，所以能保持长久的作用。

躁，与静相对，《广雅·释诂三》："躁，扰也。"乃疾急扰动之义。胜（shēng），极也、尽也。寒，冻也。热，温度升高。《说文解字·火部》："热，温也。"对于此句，河上公注曰："春夏阳气躁疾于上，万物盛大极则寒，寒则零落死亡也。言人不当刚躁也。秋冬万物静于黄泉之下，极则热，热者生之源。"意谓刚躁则必然走向死亡，清静则可以孕育新的生机。

大的成就好像有所亏缺，但其作用没有疲困之时。大的盈满好像空虚，但其作用没有穷尽之时。最直的好像弯曲，最巧的好像笨拙，最雄辩的好像拙于言辞。刚躁则必然走向死亡，清静则可以孕育新的生机。清静才是天下终极的正道。司马光解释说："物成必毁，盈必溢，理之常也。有道者虽成若缺，虽盈若冲，故不弊不穷。"[①]其说较为简练地概括了道运行的轨迹。道的虚静、善贷且成，大成若缺，反而是长久的源源不断的不为己谋的"成"。一般意义上的"成"则相反。

《老子》第四十一章也同样列举了"大方无隅，大器晚成，大音希声，大象无形"，其所强调的"大"，正是出于"道"的观察视角。道即大成、

---

① （北宋）司马光注：《道德真经论》卷之三，见《道藏》第十二册，文物出版社、上海书店、天津古籍出版社 1998 年版，第 268 页。

大盈、大直、大巧、大辩、大方、大器、大音、大象……能循道处事则为具有大成、大盈、大直、大巧、大辩、大方、大器、大音、大象之德的圣人。循道处事则始终符合于自然之道本身而非处在世俗所追求的发于自身的盈满极致状态。因此,判断事物的发展轨迹,一般根据其所遵循的路径是循道还是循私。

再如《老子》第五十八章:

> 其政闷闷,其民淳淳。
> 其政察察,其民缺缺。
> 祸兮,福之所倚。
> 福兮,祸之所伏。
> 孰知其极,其无正。
> 正复为奇,善复为妖。
> 人之迷,其日固久。
> 是以圣人方而不割,廉而不刿,直而不肆,光而不耀。

刿(guì),刺伤、割伤。治理国家宽大不计较,百姓自然纯朴善良。治理国家法令严苛,百姓必怀争竞算计。祸源于福,福源于祸,谁知其最终的结果?本来就没有一定的准则。准则可能化为奇诈,善治可能变为不祥。人们迷惑已经很久了。所以圣人守道抱一,方正而不割伤,廉洁而不伤害,正直而不放纵,光明而不耀眼。

本章言圣人为政,善于掌握道的根本原则,既宽松无为,又善于把握纷繁复杂变化万千的表象之中的本质。看上去对是非曲直仿佛浑然没有察觉,实际上却引导人民自然自觉回归到淳真素朴。

圣人能做到方正而不伤人,棱角分明而不害人,正直而不放纵,光明而不耀目,这是一种什么样的境界呢?《淮南子·道应训》中讲了一个故事,齐景公问太卜:你的道能做什么?太卜回答说:"能使大地震动。"晏子往见齐景公,公问晏子:"我问太卜他的道能做什么?他说'能动地',

地可动吗?"晏子没有说话，默默退出。见太卜说:"过去我看见句星在房、心之间，就要地震吧?"太卜说:"是的。"晏子走了之后，太卜就急急忙忙去见齐景公说:"我并不能使地震，是预见将要发生地震。"这个故事中，晏子听到景公所说，默然不答，乃是不愿意指出太卜的误导而使景公怪罪。见太卜而表达出自己的看法，意思是希望太卜能够承认自己言论的过失。晏子可谓既能把握实事求是的原则，又能不伤害人，称得上是"方而不割，廉而不刿"。从这个故事中，我们也可以看出老子所说的圣人行事的方式。

本章中"祸兮，福之所倚，福兮，祸之所伏"可以说是家喻户晓的名言。这两句常被认为是讲祸福相依，讲"塞翁失马，焉知非福"，但大多数人都忽略了后面的话"孰知其极? 其无正。正复为奇，善复为妖。人之迷，其日固久"，实际上老子是在否定世间人单纯看眼前"祸"或者是"福"的现象，或者趋吉避凶的普遍心理，认为这是一种现象的迷失，而主张从这种循环转换之流的迷失中超越出来，把握宇宙的本质、道的法则，成为"方而不割，廉而不刿，直而不肆，光而不耀"的有道之人，自然不会在意于眼前的个人祸福。

另外，即使是祸福转换，在老子看来，也并不是完全由天命所决定的，而是人的行为所直接产生的因果。正如《韩非子·解老》所说:"人有祸则心畏恐，心畏恐则行端直，行端直则思虑熟，思虑熟则得事理，行端直则无祸害，无祸害则尽天年，得事理则必成功，尽天年则全而寿，必成功则富与贵。全寿富之谓福，而福本于有祸。故曰:祸兮福之所倚。以成其功也。"又:"人有福，则富贵至;富贵至，则衣食美;衣食美，则骄心生;骄心生，则邪僻而动弃理。行邪僻，则身死夭;动弃理，则无成功。夫内有死夭之难，而外无成功之名者，大祸也。而祸本生于有福。故曰:福兮祸之所伏。"[1] 指出有祸或许是件好事，如果能够看到祸事对人的砥砺磨练，是得福所必然经历的过程，就不会因为暂时的不利处境而忧心了。而得福也可能会变成坏事，过早的养尊处优，失去向上的决心而生出骄傲自大的

---

① （清）王先慎:《韩非子集解》，中华书局 1998 年版，第 135—136 页。

妄心，就离有祸不远了。从中我们看出祸福并非无常，其间的转换大部分事在人为。

运用"微明"智慧的事例在历史经典中也多有记载，比如"箕子泣象箸"，说大臣箕子见商纣王用象牙筷子，就已经预见到不久之后纣王将奢侈贪婪。再比如《左传·僖公五年》记载"宫之奇谏假道"的事件，"晋侯复假道于虞以伐虢。宫之奇谏曰：虢，虞之表也。虢亡，虞必从之。晋不可启，寇不可翫。一之谓甚，其可再乎？谚所谓辅车相依，唇亡齿寒者，其虞、虢之谓也。"① 宫之奇预见到了事件的后果，因此建议虞君不可借道给晋伐虢，一旦借道，则虢灭虞亦将被灭。再看《三国志·蜀书·诸葛亮传》"隆中对"的场景：当屡战屡败的刘备三顾茅庐，问"计将安出"的时候，诸葛亮答曰："自董卓已来，豪杰并起，跨州连郡者不可胜数。曹操比于袁绍，则名微而众寡，然操遂能克绍，以弱为强者，非惟天时，抑亦人谋也。今操已拥百万之众，挟天子而令诸侯，此诚不可与争锋。孙权据有江东，已历三世，国险而民附，贤能为之用，此可以为援而不可图也。荆州北据汉、沔，利尽南海，东连吴会，西通巴、蜀，此用武之国，而其主不能守，此殆天所以资将军，将军岂有意乎？益州险塞，沃野千里，天府之土，高祖因之以成帝业。刘璋暗弱，张鲁在北，民殷国富而不知存恤，智能之士思得明君。将军既帝室之胄，信义著于四海，总揽英雄，思贤如渴，若跨有荆、益，保其岩阻，西和诸戎，南抚夷越，外结好孙权，内修政理；天下有变，则命一上将将荆州之军以向宛、洛，将军身率益州之众出于秦川，百姓孰敢不箪食壶浆以迎将军者乎？诚如是，则霸业可成，汉室可兴矣。"② 当时正处在刘备的低谷时期，诸葛亮站在整体全局的立场上，擘画推演，预见到未来三分天下，乃至兴复汉室的可能。

一个具有微明智慧的人，能从纷繁事物中，甚至刚刚露出的征兆，或

---

① （西晋）杜预集：《春秋经传集解·僖公五年》，上海古籍出版社1983年版，第254页。

② （西晋）陈寿撰，（南朝宋）裴松之注：《三国志·蜀书·诸葛亮传》，中华书局2011年版，第913页。

者尚未萌发的苗头中，综合各种条件，预见其将来的走向，在萌芽的阶段就采取措施，以使事物得以避免糟糕的处境或者提早向好的处境转化。"文王拘而演周易，仲尼厄而作春秋"（司马迁《报任少卿书》），当周文王被拘禁在殷商王朝的牢狱之中，他的处境可谓岌岌可危，遭遇人生的至暗时刻。然而他在至暗时刻积蓄力量，推演周易，相信他在黑暗中已经看到了将来的燎原之火。孔子在周游列国而不被重用的窘境中，仍然穷且益坚，不坠青云之志，培养生徒，整理典籍，预见到未来的道业相传，同样不乏长远的眼界胸怀。

微明智慧亦可通过预见力而趋吉避凶。楚相孙叔敖生病将死，告诫他的儿子说："王数封我矣，吾不受也。为我死，王则封汝，必无受利地。楚、越之间有寝之丘者，此其地不利，而名甚恶。荆人畏鬼，而越人信禨。可长有者，其为此也。"孙叔敖死，"王果以美地封其子，而子辞，请寝之丘，故至今不失。孙叔敖之知，知不以利为利矣。知以人之所恶为己之所喜，此有道者之所以异乎俗也。"① 孙叔敖告诫他的儿子一定不要接受大王封赏的美地，而要主动请求受封最贫瘠不祥的没人愿意要的寝丘之地，果然孙叔敖的后人得以平安传承家族领地，而没有遇到被人争夺的危险。

具有微明智慧的预见之言如果不能被采纳，将会导致不可挽回的恶果。回过头想想，当初听了谏言者的意见，会避免后面多么大的麻烦，然悔之晚矣。我们可以来看一则"曲突徙薪"的故事，《汉书·霍光传》中记载：

> 初，霍氏奢侈，茂陵徐生曰："霍氏必亡。夫奢则不逊，不逊必侮上。侮上者，逆道也。在人之右，众必害之。霍氏秉权日久，害之者多矣。天下害之，而又行以逆道，不亡何待！"乃上疏言"霍氏泰盛，陛下即爱厚之，宜以时抑制，无使至亡"。书三上，辄报闻。其后霍氏诛灭，而告霍氏者皆封。人为徐生上书曰："臣闻客有过主人者，见其灶直突，傍有积薪，客谓主人，更为曲突，远徙其薪，不者且有火患。

---

① （秦）吕不韦等撰，（东汉）高诱注：《吕氏春秋·孟冬季·异宝》，《诸子集成》本，中华书局 2006 年第 2 版，第 101 页。

主人嘿然不应。俄而家果失火，邻里共救之，幸而得息。于是杀牛置酒，谢其邻人，灼烂者在于上行，余各以功次坐，而不录言曲突者。人谓主人曰：乡使听客之言，不费牛酒，终亡火患。今论功而请宾，曲突徙薪亡恩泽，燋头烂额为上客耶？主人乃寤而请之。今茂陵徐福数上书言霍氏且有变，宜防绝之。乡使福说得行，则国亡裂土出爵之费，臣亡逆乱诛灭之败。往事既已，而福独不蒙其功，唯陛下察之，贵徙薪曲突之策，使居焦发灼烂之右。"上乃赐福帛十疋，后以为郎。①

《汉书·霍光传》故事中谏言抑制霍光的徐生与那位告诫邻人要曲突徙薪的客同样都可称为具有微明智慧者，等到事后人们才发现，如果当初听了谏言，真的弯曲烟囱，移走柴火，就不会发生火灾，也不会有焦头烂额救火的事情了。

还有就是大家所熟悉的"亡羊补牢"的故事。《战国策·楚策四》中说："见兔而顾犬，未为晚也；亡羊而补牢，未为迟也。"一般认为这个故事讲的是亡羊补牢、为时未晚之意。然而阅读整个故事我们会发现，其实故事讲的远非如此。《战国策·楚策四》原文：

庄辛谓楚襄王曰："君王左州侯，右夏侯，辇从鄢陵君与寿陵君，专淫逸侈靡，不顾国政，郢都必危矣。"襄王曰："先生老悖乎？将以为楚国袄祥乎？"庄辛曰："臣诚见其必然者也，非敢以为国袄祥也。君王卒幸四子者不衰，楚国必亡矣。臣请辟于赵，淹留以观之。"庄辛去之赵，留五月，秦果举鄢、郢、巫、上蔡、陈之地，襄王流掩于城阳。于是使人发驺，征庄辛于赵。庄辛曰："诺。"庄辛至，襄王曰："寡人不能用先生之言，今事至于此，为之奈何？"庄辛对曰："臣闻鄙语曰：见兔而顾犬，未为晚也；亡羊而补牢，未为迟也。臣闻昔汤、武以百里昌，桀、纣以天下亡。今楚国虽小，绝长续短，犹以数千里，

①　（东汉）班固：《汉书》，中华书局1962年版，第2957—2958页。

岂特百里哉?"①

　　庄辛预见到了楚国必将灭亡的原因在于楚襄王宠信四子,如果能及时改正,尚可挽回。然而楚襄王不仅没有纳谏,反而大骂庄辛老糊涂了。事实证明,楚国果然大败于秦,这时再请庄辛回来已经晚了,然而为了鼓舞斗志,庄辛只能说:亡羊补牢,还不算晚。其实是十分无可奈何的建议了。如果楚襄王一开始听取谏言,也就不会出现楚国亡国破家的严重后果了。重读这则历史故事,再来看长期以来我们对"亡羊补牢"的解释似乎都有些误读了。通常的解释是,亡羊之事已经发生,赶紧补好羊圈,这样的补救也不算太晚,还是值得称赞的。而运用道家思想,我们可以看到,其实故事本身是说,能够预见到历史的发展趋势,在事情还没有发展之前,就及时做好预防工作,所谓"未雨绸缪""防微杜渐",这才是智慧的行为。等到事情已经发生,羊已经丢失,再来补羊圈,这其实是不得已而为之的做法。一旦因此出现亡国灭家的后果,再来补救,又如何来得及呢?

　　通过以上的解读,我们会发现,老子所说的"微明",主要面对的是执政的君主和他身边辅佐的大臣,要有长远的眼光,有合于自然之道的预见能力,及时预警,避开前路的灾祸陷阱,也能抓住有利的时机,及时扭转不利局面,向好的方向转化。老子的"微明"智慧,是依据道法自然、运动变化、物极必反、因果法则基础上的预见。亦即事物总在发展的过程当中,开始的因,必将决定后来的果。后来的果,又是将来的因。为之于因,自然达于无不为之果。有无、大小、多少、祸福,都是不断发展变化、相互转化的,解决问题的关键在于把握事物的因果规律。老子的思维建筑在恒道的基础上,是为宇宙全息体系的思维制高点,着眼于事物发展变化的全过程,从事物演化的结果进行反向推演、反向思考,并非刻意地损人利己,算计谋划。

　　然而,在后世对《老子》思想解读的过程中,多数会过度阐释出其中

---

　　① 　缪文远校注:《战国策新校注》,巴蜀书社 1987 年版,第 555—557 页。

的负面意义，成为"阴谋论"的理论依据。譬如《韩非子·喻老》中举例说：越王勾践被吴王夫差打败之后，入宦于吴，一味地说好话，奉送好物，让吴王放松警惕，自我膨胀，骄傲自大，出兵讨伐齐国，取得胜利。表面上看，吴国一度极其强盛，但也消耗了国力，并导致了最终的失败。韩非子用这个故事来阐释老子"将欲歙之，必固张之；将欲弱之，必固强之"的道理，认为越王勾践的阴谋导致了吴王的最终失败。事实上，以这样的故事来阐释《老子》，后人往往容易将关注点集中在越王勾践这一方，而忽略了吴王夫差自身的因素。内因是根据，外因是条件，老子本意当在于提醒执政者，不要一味地强调外因，当从个人自身的内在入手，在强大的时候保持清醒，在胜利的时候保持冷静，在风光的时候保持内敛，在兴旺的时候保持低调，所得越多，越要疏财散物。

第四章　为无为

—— 惠而不费的处事方法

大道无为，是《老子》书中的重要元素。我们可以在很多地方，看到"无为"的榜书，如北京故宫博物院高悬康熙御书的"无为"二字匾额；四川青城山影壁墙书写"大道无为"四字，说明"无为"是古人所推崇的文化理念。但关于"无为"，也存在诸多的误读。比如，无为而治，常常被理解为"不作为""不干涉"或"放任不管"，甚至《老子》的思想也被戴上了消极无为的标签。事实上，老子的"无为"，是建立在他"道法自然"这一思想基础之上的"大道无为""圣人无为""法道无为"，是与"为""有为""为无为""不敢为""无为而无不为也""不争"等一系列话语命题相关联的特定命题，需要我们加以认真的讨论和思考。

"为"字的本义究竟是什么？《说文解字·爪部》曰："母猴也。"段玉裁注曰："假借为作为之字，凡有所变化曰为。"① 《尔雅·释言》则解释为"作造，为也。"郝懿行《尔雅义疏》曰："为者，行也，成也，施也，治也，用也，使也，皆不出造作二义。造作为三字并见《诗·缁衣》篇，为与伪古字通用，凡非天性而人所造作者皆伪也，伪即为矣。"② 由此，我们可以将"无为"理解为"无人为造作"。

《老子》书中涉及"无为"的章节很多，主要包含以下几个阐释维度。

---

① （东汉）许慎撰、（清）段玉裁注：《说文解字注》，上海古籍出版社1988年版，第113页。

② （清）郝懿行撰：《尔雅义疏》，《汉小学四种》本，巴蜀书社2001年版，第985页。

其一，关于"无为"的思想依据

"无为"这一思想来源于"道"。"道常无为而无不为"，道自身虽然好像没做什么，虚静、柔弱、无形无相、谦下不争，但以一种伟大的力量推动创造了整个世界，取得了无不能为的实际效果。因此，按照"道法自然"的原则，"无为"是人类最应该取法的处事方式。如《老子》第三十七章：

> 道常无为而无不为。
>
> 侯王若能守之，万物将自化。
>
> 化而欲作，吾将镇之以无名之朴。
>
> 无名之朴，夫亦将无欲。
>
> 不欲以静，天下将自定。

本章言道"无为而无不为"，意谓道以"无为"的方法，达到了"无不为"的效果。治理天下为己任的侯王若能守道，遵循"无为"的方式方法，必然也能达到"无不为"的效果。

其二，关于"无为"的心理基础

认识到"无为"是"道"的运行方式，但作为人类要想真正做到"道法自然"，学习"无为"的方式方法，还必须经历必要的心理转化阶段。

如《老子》第十六章：

> 至虚，极。守静，笃。
>
> 万物并作，吾以观其复。
>
> 夫物芸芸，各复归其根。
>
> 归根曰静，静曰复命。（下略）

郭店简甲作"至虚，亙（恒）也。兽（守）中，□（笃）也"。王弼注曰："言致虚，物之极笃；守静，物之真正也。""至虚""守静"都应为内在的状态。

本章主要谈修道的途径。第一要有致虚守静的功夫。致虚，就是消解由自我意识所生发出的种种杂念、妄心、偏见、心机，这些往往如茅草堵塞其心，如灰尘蒙盖其心，所以需要打扫房子以使大道来舍，需要时时勤拂拭，以使心镜光明。守静，就像水，流动、搅动都无法照出外物，只有沉静下来，才可以真实地毫不扭曲地反映外物。然而，心神如猿如马，稍有诱惑，便攀援牵引，不知所归。能守住沉静，如如不动，实在是需要修持的功夫。六祖慧能大师说：不是风在动，不是幡在动，是仁者的心在动。也正是集中在静心的功夫。《庄子·天道》中说："圣人之静也，非曰静也善，故静也；万物无足以铙心者，故静也。水静则明烛须眉，平中准，大匠取法焉。水静犹明，而况精神！圣人之心静乎！天地之鉴也，万物之镜也。"正是致虚守静的最好诠释。

第二，致虚守静方可"观复"。所谓"观复"，就是以心镜观照万物之运动变化，生生灭灭，循环往复。通过这种整体的直观，可以发现，无中生出万有，万有终皆归于无，是一个永恒的定律。正如繁花茂叶，终将归根；正如巨波涌浪，终将归海。繁花与海浪，不过是暂时的变化形态，复归才是恒常之态。天地间万物包括人类，都有一个终极的归属，那便是常道。

第三，"观复"则能"知常"。"万物静观皆自得"，既然明白了宇宙万物运动变化的根本道理，就要懂得透过现象，观察本质。无论表象如何变动，都能持守恒常之道，以不变应万变；能宽容万物，随时处变，不斤斤计较；能公正客观地处理世事，不偏执隅见。合于常道，自然能够长久。

再如《老子》第四十八章：

为学日益，

　　为道日损。

　　损之又损，以至于无为。

　　无为而无不为。

　　取天下常以无事，

　　及其有事，不足以取天下。

　　为学，郭店楚简本、帛书本"学"字下有"者"字，意思是学习知识的人。这里的知识尤指"政教礼乐之学"（河上公注）。日益，知识日日增加。为道，修养自然之道的人。日损，知识日日减少。

　　学问知识，如果是向外探求的，必然会日益增多，而又无法穷尽宇宙真正的道理。因为外在世界本身是纷繁多元的，人类所构造的知识体系又层累复杂。《庄子·秋水》开篇即说："吾生也有涯，而知也无涯。以有涯随无涯，殆已。已而为知者，殆而已矣。"都是从这个意义上来说的。孔子倡导"学而时习之""学而不厌"，所学的对象首先是确定的知识，如仁、义、礼、法，如典籍，如师教之类。这些知识对于提高人的基本修养是必要的，但知识越多，也越容易导致人自然真性的丧失。

　　所以老子说"为道日损，损之又损，以至于无为"，在学习知识的同时，还要有自净其意的能力。外在知识的学习造成内心的累积拥塞，若欲守道返朴，明心见性，则需要不断地清除内心长期以来积累的固定的识见，减损情欲妄作的纷扰，回复婴儿般的纯净，回归于天赋本真的道境。

　　然而也要注意，老子说"为道日损"，并非反对外在知识的学习。其所谓"损"乃是在已经有所学有所知的基础上再进一步做减法，从而使人的修养呈现螺旋式上升。同时，"为学日益"与"为道日损"相并列，意在提出"修道"是与"为学"不同的学习方式，应该认识到其不同的途径和方法。若以"为学"的方式"修道"，则无异于南辕北辙。

　　为学容易，修道则难。做加法容易，做减法则难。虽然老子说"吾言甚易知，甚易行"，但世间恰恰"放下"这两个字最难。《庄子·山木》篇设置了一个十分有趣的情景：市南宜僚见鲁侯曰："君其涉于江而浮于海，望之而不见其崖，愈往而不知其所穷。送君者，皆自崖而反，君自此远矣。"在靠自觉的基础上达不到放下的状态，那么就想象着这样一幅自我远离的画面吧，当一个人漂荡在无垠巨海又不知所之的时候，还有什么不能放下的呢？还有什么是属于你的呢？

回到当下清静平常心，是修道心，也是人超越自身的一个根本路径。困难之处就在于一念萌，念念萌，精微繁变，《列子·黄帝》篇也说："嗜欲深者天机浅。海上之人有好沤鸟者，每旦之海上，从沤鸟游，沤鸟之至者百住而不止。其父曰：'吾闻沤鸟皆从汝游，汝取来，吾玩之。'明日之海上，沤鸟舞而不下也。故曰：至言去言，至为无为；齐智之所知，则浅矣。"① 一旦这个海上之人心中萌生了取与占有的念头，鸥鸟便能感应到他的变化，而盘旋不下。

而当时的学者大多认识到，灵台清净，自然而虚。虚则大道来舍，虚则与道相合，虚则不为意念所反制。故《韩非子·解老》曰："所以贵无为无思为虚者，谓其意无所制也。""虚者之无为也，不以无为为有常，不以无为为有常则虚，虚则德盛，德盛之谓上德。故曰：上德无为而无不为也。"②

《老子》第二十章谈修道人之心与世俗人之心有何不同。曰：

> 绝学无忧。
> 唯之与阿（ē），相去几何？善之与恶，相去若何？
> 人之所畏，不可不畏。
> 荒兮其未央哉！众人熙熙，如享太牢，如春登台。
> 我独泊兮其未兆，如婴儿之未孩。
> 儽儽（léi）兮若无所归。
> 众人皆有余，而我独若遗。
> 我愚人之心也哉！沌沌兮！

---

① （东晋）张湛：《列子注》，《诸子集成》本，中华书局 2006 年版，第 21 页。
② （清）王先慎：《韩非子集解》，中华书局 1998 年版，第 131 页。

俗人昭昭，我独昏昏；俗人察察，我独闷闷。

澹（dàn）兮其若海，飂（liù）兮若无止。

众人皆有以，而我独顽似鄙。我独异于人，而贵食（sì）母。

唯与阿，善与恶，正是世俗所谓"学"的内容。正如以礼为中心的知识体系会讲应答的态度，唯代表恭敬，阿代表傲慢。恭敬与傲慢则会引起对方的欢喜与愤怒，欢喜与愤怒作为情绪的变化，其实本不必发生。绝去俗学的分别计较，自然也不会产生这些喜怒为用的情绪。司马光《道德真经论》解释说："唯则为恭，阿则为慢。在有道者观之，唯阿善恶同归于无，相去无几。"[①] 人之所畏，不可不畏，这里的"人"当指有道的圣人，他所畏惧的是什么呢？畏惧的是世俗和众人的热衷名利，天下熙熙，皆为利来，天下攘攘，皆为利往，而且行进如驰，不知停止；畏惧的是俗人自以为昭昭的精明算计、分别计较；畏惧的是"众人皆有以"，以，有为、有用。这些都不可不畏惧啊！本章中的"我"代表的是不同于世俗众人的学道者，我独守道抱一，未发形兆，就像未识言笑的婴儿，好像没有居所的流浪者，好像一无所有的人。我的心若愚人之心，无所别析，像湛然寥阔的大海，像风自由飞扬无牵无挂。以世俗的功利之心看来，我是那么顽劣无用，卑下无闻。我与众人的不同之处在于，我独贵用道。

对于老子为何要"绝学"？元代道士杜道坚说："圣人之道，自得之学也。世俗之道，外得之学也。圣人不务外得，故曰绝学无忧。人之所畏，指后之众人俗人者而言也。故不可不畏，众人俗人，熙熙有余，昭昭察察，皆有以为矣。何尚？荒兮其未央哉，享太牢，登春台，外得可知也。"[②]

---

① （北宋）司马光注：《道德真经论》卷一，见《道藏》第十二册，文物出版社、上海书店、天津古籍出版社 1998 年版。

② （元）杜道坚：《道德玄经原旨》卷一，《续修四库全书》第 954 册，上海古籍出版社 2002 年版，第 493 页。

其三，关于无为的方法层面

1. 为之于未有，治之于未乱。

老子强调"无为"是"道"的特性之一，落实到现实实践中，其含义之一即指"为之于未有"。见《老子》第六十四章：

> 其安易持，其未兆易谋，其脆易泮（pàn），其微易散。
>
> 为之于未有，治之于未乱。
>
> 合抱之木，生于毫末；九层之台，起于累土；千里之行，始于足下。
>
> 为者败之，执者失之。是以圣人无为故无败，无执故无失。
>
> 民之从事，常于几成而败之。慎终如始，则无败事。
>
> 是以圣人欲不欲，不贵难得之货。学不学，复众人之所过。
>
> 以辅万物之自然而不敢为。

其安易持，郭店楚简本作"其安也，易持"。帛书本作"其安也，易持也"。意谓事物在安稳的时候比较容易持守。未兆，未有形兆，未露端倪。脆，小而易断也。（《说文解字·月部》）泮，散开、解体。这几句都是指事情在尚未发生或初露端倪的时候相对容易处理。

九层，郭店楚简本、帛书本均作"九成"。九成，即九重，言极高。《吕氏春秋·音初》篇有："有娀氏有二佚女，为之九成之台。"累土，帛书乙本作"虆（蔂）土"，盛土的筐笼。《淮南子·说山》有："针成幕，蔂成城，事之成败，必由小生。"高诱注："蔂，土笼也。"执，本义为捕捉罪人，引申为拿着，握着。几成，接近完成。慎终如始，自始至终保持谨慎戒惧。欲不欲，想要别人所不想要的。学不学，一读作"教不教"。教、学二字本同源，《礼记·学记》有"学学半"，前一"学"字即为"教"的意思。《老子》这句话为"学不学"，则"复众人之所过"的是众人自己，圣人不过是引导众人通过学道来纠正自己的过失。从这个意义上来说，和"教不教"的意思也是相通的。在此仍保持通行本中的"学不学"。

本章亦见于郭店楚简本，但从开头到"始于足下"为一章，其后则为另一章，两章不相连接。所以，我们现在所看到的有可能是后来拼接到一起的。

从本章的内容看，前后两部分看似不太一致，但也存在内在的关联。前半部分说万事万物都遵循一个基本的规律，就是从无到有，从小到大。如果能够把握这个规律，前瞻性地看待所面临的事物和问题，就可以做到"为之于未有，治之于未乱"。这正是《老子》书中"无为"一词的重要含义之一。即在还没有发生危险，还只是脆弱的萌芽，还只是微小的苗头的时候，就能敏锐地预见到其未来的走向，从而在还非常容易的时候进行及时处理。这样做的结果是，看上去没有多少作为、没费多少力气，就已经把可能演变为大的祸患的因素消解殆尽，也就等于轻而易举地避免了未来祸患的发生。与之相反，等到祸患已经养成的时候，再来积极有为地治理，结果可想而知，不但祸患治理不好，还要耗费巨大的精力、物力、财力。

本章的后半部分则阐述了开始的时候，小心谨慎，能够遵循道的规律去做事，但发展到最后，或放松懈怠，任意而为，或执着用力，必将面临失败。更何况自始至终都肆意妄为，就更不用说了。谨慎而循道，能以道为贵，守道不失，而不以难得之货为贵。能引导众人学道，以纠正他们追逐物欲而违背自然之道的过失，从而复归于道。这也就能从萌芽中杜绝将来祸患的发生。

《老子》第六十三章曰：

> 为无为，事无事，味无味。
> 大小多少，报怨以德。
> 图难于其易，为大于其细。
> 天下难事必作于易，天下大事必作于细。
> 是以圣人终不为大，故能成其大。

夫轻诺必寡信，多易必多难。是以圣人犹难之，故终无难。

"为无为，事无事，味无味。"杜道坚曰："为无为，法自然也。事无事，顺天理也。味无味，乐恬淡也。"① 王弼注曰："以无为为居，以不言为教，以恬淡为味，治之极也。"此言"无为"，是和"不言""恬淡"相应的，去掉个人主观偏见，回归于道，把握道的规律、道的本质，循道而为。

"大小多少。"四个字两两相反，包含了丰富的含义。河上公注曰："欲大反小，欲多反少，自然之道也。"我们可以理解为，大都是从小发展来的，多都是从少发展来的。想要做好大事必须先从小事的时候做起。想要处理好多的问题必须要从问题少的时候着手。即防微杜渐，避免后面大的困难局面。其中隐含着"道法自然"整体思维，以及发展的眼光、预见性眼光。

"报怨以德。"什么是老子所说的"报怨以德"呢？历史上曾经有过针锋相对的讨论。先说孔子对于"以德报怨"的批评。《论语·宪问》："或曰：'以德报怨，何如？'子曰：'何以报德？以直报怨，以德报德。'"② 有学生问孔子："有人说以德报怨，您认为这个看法怎么样？"孔子说："那用什么来报德呢？以事实来回应怨责，以德来报答恩惠就可以了。"显然，孔子对于老子所说的"以德报怨"很不以为然。皇侃《论语注》曰："所以不以德报怨者，若行怨而德报者，则天下皆行怨以要德报之，如此者，是取怨之道也。"③ 朱熹《论语集注》中进一步阐释说："德，谓恩惠也。言于其所怨既以德报之矣，则人之有德于我者又将何以报之乎？于其所怨者，爱憎取舍，一以至公而无私，所谓直也。于其所德者，则必以德报之，不可忘也。"④ 再回过头来看《老子》书中"报怨以德"的本义，与孔子及其后学

---

① （元）杜道坚：《道德玄经原旨》卷四，《续修四库全书》第 954 册，上海古籍出版社 2002 年版，第 521 页。

② （清）刘宝楠：《论语正义》卷十七，《诸子集成》本。

③④ （清）程树德撰，程俊英、蒋见元点校：《论语集释》，中华书局 1990 年版，第 1017 页。

者所说实际并不是一回事。河上公注"报怨以德"的意思是"修道行善，绝祸于未生也"。意思是发生很困难的事，甚至别人对自己的"怨恨"，一定是有原因的。所以重要的不是如何对别人的怨做出反应，而是要反观自省，查找原因，从源头上解决问题，改变自己处理事情的方式，使事情向好的方向去发展，也杜绝困境的再发生。从这个意义上看，老子说的"德"并非孔子所说的伦理意义上"道德"的"德"（恩惠好处），而是道家通常所说的"德者，得也"，即"得道"的"德"。老子所说的"报"，含有"对待"的意思。老子主张以合道的方式来处理来自外界的怨恨情绪。什么是合道的方式呢？必然是考虑到事情发生发展变化的因果，从因上解决问题，而不是等怨的果来了，再去想自己如何应对。贾谊《新书·退让》中记载"梁楚瓜田之争"的故事对此进行了形象化的解读。

> 梁大夫宋就者，为边县令，与楚邻界。梁之边亭与楚之边亭皆种瓜，各有数。梁之边亭人劬力而数灌，其瓜美。楚庽（yǔ）而希灌，其瓜恶。楚令固以梁瓜之美，怒其亭瓜之恶也。楚亭恶梁瓜之贤己，因夜往，窃搔梁亭之瓜，皆有死焦者矣。梁亭觉之，因请其尉，亦欲窃往报搔楚亭之瓜，尉以请。宋就曰："恶！是何言也。是构怨召祸之道也，恶，何称之甚也。若我教子，必诲暮令人往，窃为楚亭夜善灌其瓜，勿令知也。"于是梁亭乃每夜往，窃灌楚亭之瓜。楚亭旦而行瓜，则此已灌矣，瓜日以美，楚亭怪而察之，则乃梁亭也。楚令闻之大悦，具以闻。楚王闻之，怵然丑以志自惛也，告吏曰："微搔瓜者，得无他罪乎？"说梁之阴让也。乃谢以重币，而请交于梁王。楚王时则称说梁王以为信，故梁楚之欢由宋就始。《语》曰："转败而为功，因祸而为福。"《老子》曰："报怨以德。"此之谓乎。①

按照这则故事的理解，老子"报怨以德"的意义正在于"转败而为功，

---

① （西汉）贾谊：《新书》，中华书局2000年版，第284页。

转祸而为福"，充分体现了道家依据道法自然的原则，从因上改变事件发展
走向的思维方法。

"图难于其易，为大于其细。"这相当于全章结论性的关键话语。圣人
的无为，就是在事情还比较容易处理，还比较微小的时候，将它处理好，
从而避免了后面"怨"或者困难局面的发生。看上去没费什么力气，好像
什么也没做一样，既无苦心劳形，又无知其不可为而为之，但从实际的效
果看，却早已经不知不觉将问题处理好了。

"天下难事必作于易，天下大事必作于细。是以圣人终不为大，故能成
其大。"这句经文相当于继续论证圣人无为的合道理性。天下事几乎都遵循
从小到大、从易到难的发展规律，因此圣人选择从微小时、容易时做起。
圣人从来不等到事情已经成为祸患了再来焦头烂额地补救。

《老子》书中的"无为"思想具有应用于现实的可操作性，但需注意，
得有一个必要的前提，就是能够站在道的整体立场上进行前瞻性的预见。
"为之于未有，治之于未乱。"简而言之，就是个人看似没做什么，没费什
么力气，但却能通过合乎道的轨迹的"为"，达到"事少而功多""惠而不
费""四两拨千斤"的效果。不同于"知其不可为而为之"的强硬之"为"，
老子"无为"思想给后人一个很重要的启发，就是关于人的思维方式和行
为方式的思考。同样是处理事情，一般的人会在发展到相当困难的时候，
才下大力气去整治，虽然看上去是积极有为的，但实际上效果却事倍功半。
而有道的人则会深刻洞察事物发展的根本规律，见几知微，防微杜渐，将
未来的祸患轻而易举地消弭于无形无迹之中。这种思维方式和行为方式可
以说是在预见性思维、整体性思维指导下的"为无为"。

老子的这种思维方式和行为方式，既来源于传统，也进一步影响了传
统。《黄帝内经·素问·四气调神大论篇》有言："是故圣人不治已病治未
病，不治已乱治未乱，此之谓也。夫病已成而后药之，乱已成而后治之，
譬犹渴而穿井，斗而铸锥，不亦晚乎。"①《鹖冠子·世贤》第十六："赵悼

_____

① （清）张志聪集注：《黄帝内经集注·素问集注》，浙江古籍出版社2002年版，
第13页。

襄王与庞煖讨论治国，庞煖曰：王独不闻魏文王之问扁鹊耶？曰：子昆弟三人，其孰最善为医？扁鹊曰：长兄最善，中兄次之，扁鹊最为下。魏文侯曰：可得闻邪？扁鹊曰：长兄于病视神未有形而除之，故名不出于家。中兄治病，其在毫毛，故名不出于闾。若扁鹊者镵（chán）血脉，投毒药，副肌肤，间而名出，闻于诸侯。"这个故事所讲述的正是"不治已病治未病"的道理。扁鹊三兄弟之中，长兄代表着中医的最高境界，其医术的高超恰恰体现在"为无为"。

2. 合道而为，无自妄为。

这一点在《老子》书中被反复强调，如《老子》第六十章：

> 治大国若烹小鲜。
>
> 以道莅（lì）天下，其鬼不神。
>
> 非其鬼不神，其神不伤人；
>
> 非其神不伤人，圣人亦不伤人。
>
> 夫两不相伤，故德交归焉。

治大国若烹小鲜，就是治理大的国家要像烹调小鱼小虾一样，不能频繁变更政令使其搅动，搅动多了就会糜烂。王弼注曰："不扰也，躁则多害，静则全真，故其国弥大，而其主弥静，然后乃能广得众心矣。"这里的不扰，是否就是不干预呢？恐怕非是。老子的一切理念建立在"道法自然"的基础之上，"道法自然"具有一个本质的含义，就是顺应万物的自然规律，发挥万物之所长。《淮南子·齐俗训》中有："尧之治天下也，舜为司徒，契为司马，禹为司空，后稷为大田师，奚仲为工。其导万民也，水处者渔，山处者木，谷处者牧，陆处者农。地宜其事，事宜其械，械宜其用，用宜其人，泽皋织网，陵阪耕田，得以所有易所无，以所工易所拙。是故离叛者寡，而听从者众。"[①] 一个好的政治家，善于发挥不同人的长处，用

---

① 张双棣撰：《淮南子校释》，北京大学出版社 1997 年版，第 1128 页。

最适当的方式任其自然发展，使其完成最好的自己。虽然不扰，实际上已经在事先完成了最为合理的引导，因地制宜，因人制宜，因时制宜，因事制宜，鬼神亦各安其位。所以，这一意义上的无为即有合道清静之为，无个人自以为是的妄为。

再如《老子》第二十七章：

> 善行无辙迹，
>
> 善言无瑕谪（xiá zhé），
>
> 善数（shǔ）不用筹策，
>
> 善闭无关楗（jiàn）而不可开，
>
> 善结无绳约而不可解。
>
> 是以圣人常善救人，故无弃人；
>
> 常善救物，故无弃物，是谓袭明。
>
> 故善人者，不善人之师；
>
> 不善人者，善人之资。
>
> 不贵其师，不爱其资，虽智大迷，是谓要妙。

本章没有提到"无为"，但主要表达了合道者的"善"为。善行、善言、善计、善闭、善结都相当于善为的比喻。河上公注曰："善行道者，求之于身，不下堂，不出门，故无辙迹。"其说显然不合理，老子何曾不下堂，不出门？王弼注曰："顺自然而行，不造不始，故物得至而无辙迹也。"其说更为贴切。善于做事的人，顺自然而行，不会留下自己妄为的痕迹，一切仿佛顺应道的大势自然完成一般。其他的四"善"也是同样的道理。所以圣人善于借助大道之势，不以自己私见成见判断行事，这就是掌握了智慧之道啊！宋林希逸曰："谓以自然为道则无所容力，亦无所着迹矣。"[①]唐陆希声曰："善行者以道，道大则德广，故无轨辄可躔迹；善言者名正则

---

① （南宋）林希逸：《老子鬳斋口义》，《续修四库全书》第 954 册，子部道家类，上海古籍出版社 2002 年版，第 377 页。

实得，故无瑕颣可指谪；善计者以度，度明则数简，故不用筹策而能为巧历；善闭者塞其兑则心不生，故无关楗而不可阖；善结者结以信则心不离，故无绳约而不可释。故记曰：墟墓之间，未施哀于民而民哀，社稷宗庙之间，未施敬于民而民敬。"①

3. **善贷且成，因势制宜。**

《老子》第四十一章：

> 上士闻道，勤而行之；
> 中士闻道，若存若亡；
> 下士闻道，大笑之。不笑不足以为道。
> 故建言有之：明道若昧，进道若退，夷道若颣，
> 上德若谷，大白若辱，
> 广德若不足，建德若偷，质真若渝。
> 大方无隅，
> 大器晚成，大音希声，大象无形。
> 道隐无名。夫唯道，善贷且成。

闻道，对道有所了解。《说文解字·耳部》："闻，知声也。"《大学》曰："心不在焉，听而不闻。"则闻是比听见、看见更深一步的了解。

建言，指古人之语。颣（lèi），不平。《说文解字·糸部》："颣，丝节也。"

建德，一般释为刚健之德（俞樾、陈鼓应）。然需要注意的是，道家并不以"刚健"为正面之语，故"建"当训"有所树立"为是。《庄子·山木》篇曰："南越有邑焉，名为建德之国。其民愚而朴，少私而寡欲。知作而不知藏，与而不求其报。不知义之所适，不知礼之所将。猖狂妄行，乃蹈乎大方。"因此，王弼注曰："建德者，因物自然，不立不施。"

---

① （唐）陆希声：《道德真经传》，《宛委别藏》本，江苏古籍出版社 1988 年版，第 40 页。

大器晚成，此句众本异文较多，郭店楚简乙本作"大器曼成"，帛书乙本作"大器免成"，北大汉简作"大器勉成"。河上公注、王弼注、《韩非子》、《吕氏春秋》均作"大器晚成"。解释也众说纷纭。一般公认的说法是"晚，迟也"。意谓"贵重的器物总是最后完成"。但从上下句看，却很难说得通。笔者认为，"曼""免""勉""晚"等字形虽变易，但其意义却是相近的，即"大器"在冥冥不可见之中完成，正如西汉严遵《老子指归》所说："万物生之，莫知所以。勉勉而成，故能长久。"如此方可与"大方""大音""大象"之说相统一。

贷，施也，借也，向人求物也。

本章所言在两个方面：一者，道为宇宙最高的法则，得道则有德。然而道却是最不容易为人所把握的。最主要的原因在于人们缺乏对道的信仰和敬畏。上士怀抱着虔诚的信仰，闻道则勤而行之，这是最高层次的学道者。中士闻道则半信半疑，没有坚定的立场，一旦面临现实的诱惑，便抛弃了学道。下士更是完全不能理解，于是加以讥笑和嘲讽。可见，若欲学道，必先抱有对道的信仰，并愿意落实到行动之中，才有可能真正得道。

二者，道隐无名。若欲学道，必先了解道的根本精神，而不要只注重其外在的表象。如果只注重表象，必然对道及得道之人产生种种的误读。如认为学道则退身、保守，学道则苟且、怠惰，学道则淡泊寡欲，学道则空虚处下，皆与世人的价值观不同，很难为人所接受。那么，何谓道的根本精神？即"善贷且成"。道自己并非主宰，而是赋予万物能量，能量运作，万物自己生长完成自己的生命过程。道的能量运作方式，便是一种大势。圣人侯王能借助这种大势就可以完成最高明的社会治理了。

本章所列"建言有之"的十二条，体现的是道家"正言若反"的特点。合道之言与世俗通常的认识似是相反的。仔细品味，若能从这相反的话语中读出真意来，或许就是真正的"闻道"了。

《老子》"善贷且成"的思想，后来成为兵家和黄老学者所发挥的"借势而为""因势而为"。《孙膑兵法》中有："善战者，因其势而利导之。"《史记·孙子吴起列传》："后十三岁，魏与赵攻韩，韩告急于齐。齐使田忌将而往，直走大梁。魏将庞涓闻之，去韩而归，齐军既已过而西矣。孙子谓田忌曰：'彼三晋之兵素悍勇而轻齐，齐号为怯，善战者因其势而利导之。兵法，百里而趣利者蹶上将，五十里而趣利者军半至。使齐军入魏地为十万灶，明日为五万灶，又明日为三万灶。'庞涓行三日，大喜，曰：'我固知齐军怯，入吾地三日，士卒亡者过半矣。'乃弃其步军，与其轻锐倍日并行逐之。孙子度其行，暮当至马陵。马陵道狭，而旁多阻隘，可伏兵，乃斫大树白而书之曰'庞涓死于此树之下'。于是令齐军善射者万弩，夹道而伏，期曰'暮见火举而俱发'。庞涓果夜至斫木下，见白书，乃钻火烛之。读其书未毕，齐军万弩俱发，魏军大乱相失。庞涓自知智穷兵败，乃自刭，曰：'遂成竖子之名！'"孙膑的成功，在于他借助庞涓的心理所形成的战场上的势来取得胜利。虽然兵家和黄老各有成就，但和老子思想相比，仍有不小的区别。老子的"善贷且成"旨在利益他人，无我无私，上善若水，是建立在利他的伦理底线之上的。

4. 理想社会的无为而治。

《老子》第八十章：

> 小国寡民，使有什伯人之器而不用，
> 使民重死而不远徙。
> 虽有舟舆，无所乘之；
> 虽有甲兵，无所陈之；
> 使民复结绳而用之。
> 甘其食，美其服，安其居，乐其俗。
> 邻国相望，鸡犬之声相闻，民至老死不相往来。

伯，通"佰"（bǎi）。什伯人之器，即十百人之器，众多的、各式各样的物品器具。王弼本作"什伯之器"，帛书本、北大汉简本、河上公本"什伯"下有"人"字。不远徙，王弼本、河上公本皆作"不远徙"，帛书甲、帛书乙、北大汉简本作"而远徙"。《广雅·释诂》："远，疏也。"《论语·

学而》："远耻辱也。"远，离也。远徙，避免迁徙，安居乐业之义。在这一意义上，远徙和不远徙，本义是相同的，盖后人为使文义明确而修改所致。

本章代表了老子的政治理想，用古人的话说，就是"至治之极"。然而，其所描述的理想社会，在后人尤其是今人的眼里，却是非常的不可思议。老子的主张似乎是导向人类社会的隔绝、原始、消极的状态。

那么，老子的真实理念究竟如何？

"小国寡民"，而非"大国众民"，重点不在于国之大小，而在于私欲之大小，此正对治于积极不休的贪欲争竞之心。

有国、有民的社会组织，有器具、有军队、有兵器、有交通工具的物质条件，但皆有而不用。既然是"有"，就代表着物质的进步，而"不用"，则代表着无论物质如何进步，都能不被物质所奴役和异化，代表着无需争竞，不启争端。

有食、有服、有居、有俗，说明物质生活已有基本的保障，能否甘、美、安、乐，则为主观的情绪心态。如果不能满足于此，更希求富贵荣禄，奉养丰厚，就要不断地争求，苦心劳形，就很难甘、美、安、乐。邻国之间，追求彼此的竞争、利用，则民需向外奔驰，就很难安然相望。唐代杜光庭说："君无境上之会，民无身外之求，虽接风烟，何烦来往？在身则各安其分，外绝贪求。于国则各畅其生，民无劳役，乐道顺性，道之至乎！"[①]

正因为老子面临的是周代末期礼崩乐坏、逐利纵欲、国家制度体系走向分崩离析的社会环境，因此他在批判现实的同时，必然会针对如何重建社会、什么是理想的社会提出自己的理念。这种理念当然也有历史经验的积淀、不忘初心的复归情怀，但更多应该是对未来理想社会的构想。老子的表述非常明确，未来的社会应该是甘、美、安、乐的社会。实现这种理想社会的途径，是基于清静自然、无为而治的政治机制，以及由这种政治机制而形成的民风氛围。显然老子所关注的重点，并不仅仅是物质层面的重建，而是心灵生态的重建。返璞归真乃是心灵重建的唯一途径。

---

① （唐）杜光庭：《道德真经广圣意》卷五十，见《续修四库全书》子部宗教类第1291 册，上海古籍出版社 2002 年版，第 207 页。

　　这样一种素朴而回归真性的人类存在形态，在《庄子》中称为"至德之世"。《庄子·胠箧》曰："子独不知至德之世乎。昔者容成氏、大庭氏、伯皇氏、中央氏、栗陆氏、骊畜氏、轩辕氏、赫胥氏、尊卢氏、祝融氏、伏牺氏、神农氏，当是时也，民结绳而用之。甘其食，美其服，乐其俗，安其居，邻国相望，鸡犬之音相闻，民至老死而不相往来。若此之时，则至治已。"《庄子·马蹄》曰："夫至德之世……恶乎知君子小人哉？同乎无知，其德不离。同乎无欲，是谓素朴。素朴而民性得矣。"所以，老子关于社会政治思想的最大贡献在于，他两千多年前即指出人类将面临的重大共性问题，即物质的发展带来人心的异化问题。

　　总而言之，《老子》为无为的思想，包含有"道"的理论基础、"体道"的心理基础，再加上"无为"的思想方法，我们至少可以从这三个层面来理解。其中的心理基础，即回归内心的真朴自然，扫除妄念，专注当下，所为者成，当是作为"无为"最主要的主观因素。

第五章 柔弱胜刚强

——谦谦者无不利

《吕氏春秋·不二》篇记载:"老聃贵柔,孔子贵仁,墨翟贵廉,关尹贵清,子列子贵虚,陈骈贵齐,阳生贵己,孙膑贵势,王廖贵先,儿良贵后。"[①] 这是《吕氏春秋》的编者在先秦学术史总结中对老子思想的简要概括。用一个"柔"字来概括老子思想,说明了作者对《老子》用世思想的关注。但老子的"柔""弱"究竟何意,历来也颇多误读。让我们以《老子》书本身与老子思想体系为基础来加以重新解读。

一、《老子》柔弱释义

首先,《老子》第十章中提到"柔",与人的内在修道相联系,文曰:

> 载营魄抱一,能无离乎?
> 专气致柔,能婴儿乎?
> 涤除玄览,能无疵乎?
> 爱民治国,能无以知乎?
> 天门开阖,能为雌乎?
> 明白四达,能无知乎?
> 生之,畜之。生而不有,为而不恃,长而不宰,是谓玄德。

---

① (秦)吕不韦编,(东汉)高诱注:《吕氏春秋》,《诸子集成》本,中华书局 2006 年版,第 213 页。

"载营魄，抱一，能无离乎？"载，运也。（成玄英《老子义疏》）营魄，魂魄。（河上公注）魂性雄健，好受喜怒，魄性雌柔，好受惊怖。惊怖喜怒，皆损精神。故修道之初，先须拘魂制魄，使不驰动也。抱，守也。一，道始所生，太和之精气也。（河上公注）能无离乎，能不离于道吗？道立于一。《说文解字》：惟初太极，道立于一，造分天地，化成万物。《老子》第三十九章："天得一以清，地得一以宁，神得一以灵。"

"专气致柔，能婴儿乎？"专，帛书本作"抟"，结聚也。气，道气也。所谓凝神专注。致，得也。柔，和也。《管子·内业》："抟气如神，万物备存。"尹注：抟谓结聚也。河上公注："专守精气使不乱，则形体能应之而柔顺。能如婴儿，内无思虑，外无政事，则精神不去也。"成玄英《老子道德经开题序诀义疏》："专，精专也。气，道气也。致，得也。柔，和也。只为专精道气，致得柔和之理。故如婴儿之无欲也。"虽然诸家对于"专"的释义尚有分歧，但"专""抟"皆可表达内在精神的凝聚而不分散，所谓凝神专注于当下的事物，气息柔和之意。

"涤除玄览，能无疵乎？"涤，洗。除，清除。玄，神合于道。览，鉴，镜子。心如无物不照、无物留存的明镜。能不能做到没有灰尘杂念呢？

"天门开阖，能为雌乎？"天门，指天之中枢北极紫微星。指人之鼻、口。（河上公注）《老子》第十二章："五色令人目盲，五音令人耳聋，五味令人口爽，驰骋畋猎令人心发狂。"在外界对感官的扰动中，能为雌乎？心能保持它的静谧吗？

本章中的"柔"，指的是修道者内在气息的柔和，身、心、意合一的柔顺状态。正如《维摩经·香积佛品》有曰："以难化之人，心如猿猴，故以若干种法制御其心，乃可调伏。"[1]瑜伽有调身的体位法、调息的呼吸法、调心的冥想法等，以达至身心的清净。气功中的先放下万缘，排除杂念，将目光集中在眉心之间，然后眼观鼻，鼻观口、口观心、心观下丹田。最后将意念止于下丹田，气归于下丹田。心归于脐下以凝神，气归于脐下以

---

[1] （后秦）僧肇等注：《注维摩诘所说经》，上海古籍出版社2011年版，第159页。

调息。此二者可以说境界相似。老子的柔，首先是守道在心的安静、自然，精气神的内守凝聚专一，此为老子尚柔的第一层意思。其相反的状态，则如强梁、贪求、智巧、使气、烦躁、散乱等等。

其次，老子的"柔""弱"指与谦下、不争、冲虚相联系的"道"的品质或圣人的柔和随顺的处事方式。如《老子》四十章："反者道之动；弱者道之用。天下万物生于有，有生于无。"《老子》第四章："道冲而用之，或不盈。渊兮，似万物之宗。挫其锐，解其纷，和其光，同其尘，湛兮似或存。吾不知谁之子，象帝之先。"冲（zhōng），"盅"的通假字，中心虚空。《说文解字·皿部》："盅，器虚也。"渊，深邃。湛（zhàn），深邃寂静，隐而未形。《老子想尔注》曰："如此湛然，常常在不亡。"此两章都是将"弱""虚"而作用无穷，作为"道"的根本特征。道之所以强大，化生万物，正在于其以柔弱为运动的方式。《老子》中多处提到的"无有""无为""处下处玄不争""无形""无象""无所不在""无不能为"，都是极致柔弱的作用和表现。在《老子》书中，与"弱"字相近义的词常常出现，如柔、曲、隐、小、虚、静、雌、辱、后、无、无为、无名、不争，等等。而与"弱"相反的词也常常出现，如强、直、现、自大、矜、伐、盈、躁、雄、白、先、有、有为、有名、争，等等。实际相当于两种不同的行为方式。比较而言，老子主张持守在"弱"的一方。一方面，与道之本根相合，可以长久。另一方面，物极必反，过度的膨胀强梁总会导致迅速的覆亡。而无论多么强大，都保持低调谦下，则可长久以存。"天下万物生于有，有生于无"，"无"相当于最极端的"弱"。但无中可以生有，可以孕育化生万物，不可谓不极端的"强大"。附钞于郭店楚简本《老子》丙本之后的《太一生水》也强调了"天道贵溺（弱），削成者以益生者"。

第八章曰："上善若水。水善利万物而不争，处众人之所恶，故几于道。居善地、心善渊、与善仁、言善信、正善治、事善能、动善时。夫唯不争，故无尤。"最高境界的善，便包含着处下，不争高，从而与柔弱相联系。处下如同谦下，即使尊贵，也处下不争，愈显其崇高广大。

从造字的意义上说，《说文解字》："柔，木曲直也。""弱，桡也。上象桄曲，彡象毛髦桄弱也。"段玉裁注："凡木曲者可直，直者可曲，曰柔。""桄者，曲木也。引申为凡曲之偁。直者多强，曲者多弱。"柔弱者善处下。正如《周易·谦卦》的六爻皆吉，程颐释义曰："地体卑下，山之高大而在地中，有外卑下而内蕴高大之象，故为谦。"在此意义上看，老子的柔弱，除了内心合道的心气柔和，还指向强大者保持低姿态，处下不争，以曲为伸，以退为进的处事方法。

老子所崇尚的"柔"并不是软弱，老子的"柔""弱"都是以"恒道"作为思想的依据，其最终的落脚点，还是"道法自然"，人如何取法自然之道，如何更好地生存于宇宙之间，故而人应取法柔弱之道。内心的柔，合道而神凝；处事的柔，谦下不争以退为进，保存实力迂回前进，专注一事坚持而不放弃，更多是为人处世智慧的体现。

二、柔弱何以胜刚强？

不知道从什么时候开始，传统武术和散打之间，到底谁更厉害，一直以来都是众说纷纭。太极拳打不过跆拳道的说法也在广泛传播。太极拳当中贯穿了老子贵柔的智慧。贵柔是老子学说的一个核心要素，需要认真体会其中的深意。若以胜败论太极，就违背了老子学说中以不争为争的根本精神。那我们究竟该如何认识老子所说的"柔弱胜刚强"思想呢？

我们先来看看究竟什么是老子说的"柔弱胜刚强"？《老子》第四十三章：

> 天下之至柔，驰骋天下之至坚。
> 无有入无间。
> 吾是以知无为之有益。
> 不言之教，无为之益，天下希及之。

本章中所说的"至柔"，当指无形无象之道。至坚，则为世界上最坚固之物。王弼注释说："虚无柔弱，无所不通，无有不可穷，至柔不可折，以此推之，故知无为之有益也。"即使像金刚石一样坚硬的物质，无形的道依然可以流行其中。在没有间隙的情况下，一个有形之物不能进入另一个有形之物，而无形之物却能进入任何最坚固的东西。这是世人皆知的普遍道理。老子用这个经验说明柔弱的反而是最有力量的。道之在天下，精气神之在人的身体中，正如"无有入无间"。正如水作为柔弱的象征，即使是在尖利的刀下，依然无法斩断水，正说明了柔弱的力量。阳光普照，可以遍及大地。《淮南子·道应训》曰："扶桑受谢，日照宇宙，焜焜之光，辉烛四海。阖户塞牖，则无由入矣。若神明，四通并流，无所不及，上际于天，下蟠于地，化育万物而不可为象，俯仰之间而抚四海之外，昭昭何足以明之！故老子曰：天下之至柔，驰骋于天下之至坚。"①

最为极致的柔，当属"无"，看不见摸不着的存在之道，"神明"之用，精微难测，不但为"实有"的主宰者，而且成为宇宙和生命能量的无穷来源。"无"之妙用，宛如神明。《老子》第十一章说："有之以为利，无之以为用。"落实到现实政治与人生中，则可以表现为不言、无为、虚静等诸多方面。此为"柔弱胜刚强"的第一层含义。

其次，柔弱胜刚强当指柔弱的胜于刚强的。如《老子》第七十六章说：

> 人之生也柔弱，其死也坚强。
> 万物草木之生也柔脆，其死也枯槁。
> 故坚强者死之徒，柔弱者生之徒。
> 是以兵强则不胜，木强则折。
> 强大处下，柔弱处上。

不胜，失败。《列子·黄帝》《文子·道原》篇引皆作"灭"。然帛书本、河上公本皆作"不胜"。折（shé），王弼本作"兵"，各本异文众多。

---

① 张双棣撰：《淮南子校释》，北京大学出版社1997年版，第1303页。

河上公本作"共",帛书甲作"恒",帛书乙作"竸"。北大汉简本作"核"。《列子·黄帝》《文子·道原》作"折"。河上公注说:"木强大,枝弱共生其上也。"王弼注曰:"物所加也。"高明《帛书老子校注》根据帛书作"恒""竸"认为都是"烘(hōng)"字的假借。"木强则烘",犹言木强则为樵者伐取。原始文本究竟为何字,已不可考。根据《老子》文义,本句当为"木强大就容易被砍伐、折断"之义。所以俞樾、刘师培、奚侗等人皆主张作"折"字。今据改。

本章的意思是人活着的时候,和气内充,身体柔软。死了则和气断绝,身体僵硬。草木活着的时候柔软,死了则和气断绝,形体枯萎。所以坚硬争强属于夭折之类,柔弱细微属于生存之类。军队一味取强必遭失败,树木壮盛则必遭折断。强大者反不如柔弱者更长久。

通过这些生活经验的观察,老子得出柔弱是与生相伴的,刚强是与死相伴的道理。与此相关的故事附会在老子身上的还有很多,比如《说苑·敬慎》篇中,老子的老师常摐生病,老子前去问候,常摐张口而指示老子说:"我的舌头还在吗?"老子说:"是的。"又问:"我的牙齿还在吗?"老子说:"已经没有了。"这个故事表达"舌以柔存,齿以刚亡"的意蕴。刚强者必先灭亡,柔弱者可以长久存身,所以人在现实生活中应尽量避免取强、逞强,而应以柔弱作为生命的常态。

其三,"柔弱"与谦退、处下、不争、弯曲的态度相联系。如《老子》第七十八章:

> 天下柔弱莫过于水,而攻坚强者莫之能胜,以其无以易之。
> 弱之胜强,柔之胜刚,天下莫不知,莫能行。
> 故圣人云:"受国之垢,是谓社稷主;受国之不祥,是谓天下王。"
> 正言若反。

垢,耻辱。《庄子·让王》篇:务光称伊尹"强力忍垢"。《左传·宣公十五年》有云:"国君含垢。"所以自古帝王自称孤、寡人、不穀。

正言若反，正见之言却好像是反话。河上公注曰："此乃正直之言，世人不知以为反言。"天下没有什么比水更柔弱，而整治坚硬的东西却没有什么能胜过水，因为没有什么可以代替它。弱能胜强，柔能胜刚。天下无人不知，却没有人能实行。所以圣人说："能忍受全国的污辱，这样的人方可成为社稷的主宰。能承受全国的灾殃，这样的人方可成为天下所拥戴的君王。"这些正见之言，有悖世俗常情，却合乎大道。

本章以水为喻，水极柔弱却能发挥无物可以替代的力量，以此来说明柔弱胜于刚强的道理。第八章云："水善利万物而不争，处众人之所恶，故几于道。"第六十六章云："江海所以能为百谷王者，以其善下之，故能为百谷王。"柔弱者善处下不争，反而天下莫能与之争。不争者，不争强，不争高，不争好处。处下者，将自己的位置放低，承受别人所不愿承受的，包容别人所不愿包容的，如此方能成为天下所拥戴的王者。《淮南子·道应训》记载：宋景公之时，荧惑（火星）在二十八宿的心宿的位置，预示着天将降灾。大臣子韦说："荧惑，天罚也。心，宋分野。祸且当君。虽然，可移于宰相。"公曰："宰相，所使治国家也，而移死焉，不祥。"子韦又说："可移于民。"公曰："民死，寡人谁为君乎？宁独死耳！"子韦曰："可移于岁。"公曰："岁，民之命。岁饥，民必死矣。为人君而欲杀其民以自活也，其谁以我为君者乎？是寡人之命固已尽矣，子韦无复言矣！"子韦还走，北面再拜曰："敢贺君！天之处高而听卑。君有君人之言三，天必有三赏君。今夕星必徙三舍，君延年二十一岁。"① 宋景公作为一国之主，面临灾异他宁愿自己承担，而绝不转嫁给别人，以躲避灾异。所谓勇于承担"国之不祥"。

综合而言，老子所说"柔弱"并不是毫无主见的"软弱"，而是符合于"道"的规律的一种作为。我们至少可以从中得到三个方面的启示。

一者，柔弱胜刚强，并非柔弱战胜刚强，而是柔弱比刚强更长久，更有韧性。刚的东西容易折断，过早夭折，柔的东西却难以摧折。江河入海，

---

① 张双棣撰：《淮南子校释》，北京大学出版社1997年版，第1303页。

百折不回，最终必然成功。木秀于林，风必摧之，小草却不惧狂风。柔弱意味着生命的长久。"刚强"之所以与死亡相伴，是因为其过分的自我显露，当外力逼近的时候，形成硬碰硬的局面，只能两败俱伤。所谓"揣而锐之，不可长保"（《老子》第九章）。

二者，柔弱之所以胜于刚强，最主要的原因在于"恒道"乃是以"柔弱"的方式发生作用，与之相关联的多为"无""虚""静"等至柔至弱的状态。"道"创始万物、生之育之，但却"生而不有，为而不恃，长而不宰"，并没有使用强力去干预，而是推动万物任其自然发展。所谓"至柔"之道，乃"无有入无间""润物细无声"之妙用。

三者，"柔弱"是从思维方法和处事方法层面而言的，包括"无为""守静""谦下"等等皆如此。但又不止这些，更全面地说，"无为"的结果是更好地"为"，"守静"的结果是更集中精神，"谦下"的结果是"善利万物"。与此相应，柔弱的结果是更好地保存自己的实力，并呈现自身的力量。所以，柔弱胜于刚强，可以理解为柔弱的方法胜于强硬的方法。

由此可见，"老聃贵柔"代表着一种深邃的生命关怀，切不可以软弱轻之。《红楼梦》众多人物中，王熙凤素以刚强著称，然而这个人物充分说明了刚强者必先亡的道理。

老子学说的主旨常常被解读为"保守""消极""权谋"，或者认为其一味退后，不知向前；或者认为其故意示弱，以达有利之目的。然而，再回到《老子》文本本身，如果没有贯穿其中的"道"，或许，其所说就真的是"保守""消极""权谋"了。但是因为其"反"其"弱"皆以大道为根本、为根据，其用意显然是为了更长久地存身，更好地发挥作用。

柔弱的方式会减少无谓的消耗，积蓄内在的力量，让人更接近于道性自心，从而使生命更长久，事业更高远。强者一时成功，却无法立于不败之地。

《淮南子·人间训》中记载：昔者（晋）智伯骄，伐范、中行而克之，又劫韩魏之君而割其地，尚以为未足，遂兴兵伐赵，韩魏反之，军败晋阳之下，身死高梁之东，头为饮器，国分为三，为天下笑，此不知足之祸也。

《淮南子·道应训》记载，狐丘丈人对孙叔敖说："人有三怨，子知之乎？"孙叔敖曰："何谓也？"对曰："爵高者士妒之，官大者主恶之，禄厚者怨处之。"孙叔敖说："吾爵益高，吾志益下；吾官益大，吾心益小；吾禄益厚，吾施益博。是以免三怨，可乎？"[1] 故《老子》曰："贵必以贱为本，高必以下为基。"孙叔敖可谓熟谙大道深意之入世者。

_____

[1]　张双棣撰：《淮南子校释》，北京大学出版社 1997 年版，第 1270—1271 页。

第六章　上善若水

——利他而成己的道家伦理

　　《老子》强调为人处世的大智慧，但根本上说是建立在利他而成己这一伦理准则基础上的大智慧。什么是伦理？即人们心目中认可的社会行为规范，人与人相处的各种道德准则。总之，伦理代表着处理人与人、人与社会之利益关系的秩序、规范、是非准则。

　　《韩非子·喻老》篇记载："越王入宦于吴，而观之伐齐以弊吴。吴兵既胜齐人于艾陵，张之于江、济，强之于黄池，故可制于五湖。故曰：将欲翕之，必固张之；将欲弱之，必固强之。晋献公将欲袭虞，遗之以璧马；知伯将袭仇由，遗之以广车。故曰：将欲取之，必固与之。起事于无形，而要大功于天下，是谓微明。处小弱而重自卑谓损弱胜强也。"又《韩非子·说难》篇记载："昔者郑武公欲伐胡，故先以其女妻胡君以娱其意。因问于群臣：吾欲用兵，谁可伐者？大夫关其思对曰：胡可伐。武公怒而戮之，曰：胡，兄弟之国也，子言伐之何也？胡君闻之，以郑为亲己，遂不备郑，郑人袭胡，取之。"亦见于《史记·郑世家》。这两段历史故事中，越王勾践和郑武公看上去颇具道家智慧，但他们的所作所为自私自利，充满了阴谋欺诈。他们运用老子思想中"微明"的智慧，是否就说明老子思想也是一种自私的欺诈的思想呢？当然不能。联系到老子思想中的伦理基础，就可以看出，老子学说的本义是建立在道家伦理基础之上，倡导合于常道的理想人格与理想社会，但后世的误读，或者将其应用到谋取个人私利上，所产生的效果就需要仔细加以甄别了。

　　如《老子》第七章：

天长地久。

天地所以能长且久者，以其不自生，故能长生。

是以圣人后其身而身先，外其身而身存。

非以其无私邪（yé）？故能成其私。

不自生，天地所以独长且久者，以其安静，施不荣报，不如人居处汲汲求自饶之利，夺人以自与（河上公注）。后其身，先人而后己（河上公注）。帛书本作"退其身"。外其身，薄己而厚人（河上公注）。无私，无私者无为于身也（王弼注）。

本章的意思是天地能够长久地存在，原因是天地不自私，故能长久。圣人取法天地，先人而后己，自己反而被世人所推崇；不考虑自己的名利得失乃至生死，自己反而能很好地保存。难道不是因为圣人的无私反而能更好地成就他自己吗？

老子发现，天地虽然不如"道"之永恒，但也是我们所能感知的最长久的存在。天地能够保持长久的原因在于无私，这是与人类最大的区别。一般人的占有欲、自我的意识，可以说伴随着人的成长，逐渐成为本性之一部分，乃至演化为贪欲、我执。从表面上看是在为自我谋取更多，其实反而更快地损害了自己的生命。圣人则能取法天地，取法大道，无私利他，谦下身退，亦能不考虑个人得失利害甚至生死。这样做的结果，反而使圣人之行顺应道的规律，更长久地保存自身，更好地成就自己。

老子说：以其无私，故能成其私。也有人解读为，老子是个心机很深的权谋家，他的无私，是为了更好地成就其自私。如果我们探索此章之义，不难发现，老子的言说正代表了中国人的因果思维。如果无私，结果自然会更好地成就其私。而并非先有自私的念头，再以无私的手段去获取其私。所以，在老子看来，一切都是自然而然的，有因必有果。中国古语常常说：物极必反，盛极必衰，祸福相依。人的生命也是一样，短短百年，如白驹过隙。追求美好的长久、生命的永年，虽成为人类的共同期望，却是个奢望。唯道家思想将法道之长久作为思想的目的。

再如《老子》第八章：

> 上善若水。
>
> 水善利万物而不争，处众人之所恶，故几于道。
>
> 居善地，心善渊，与善仁，言善信，政善治，事善能，动善时。
>
> 夫唯不争，故无尤。

"水善利万物而不争"句中的"不争"，帛书甲本作"有静"。高明认为："有静，犹言取于清静也。"① 河上公注云："众人恶卑湿垢浊，水独静流居之也。"似乎正是对"有静"的诠释。

故几于道，水性几乎和道性相同。道无形水有形。圣人当取法。

居善地，"善"犹好的。处于低下之地，不争高光荣宠，在水来说，是好的地方。心善渊，"渊"深也，藏也。言内心像渊深静水，深藏若虚。

与善仁，"与"帛书本作"予"。"仁"帛书甲本脱，乙本作"天"。高明认为今传本的"仁"字为后人所改，原本当作"天"。据河上公注云：万物得水以生，与虚不与盈也。天道正是施惠万物而不求回报，生长万物无所收取的。况且"渊""天""信"皆真部字，谐韵。②

言善信，纳影照形，不失其真，体现最高的真实诚信。政善治，水顺任自然而变化，万物无不滋润，一如道家所主张的无为而治。事善能，处事能方能圆，曲直随形，体现最高的处事境。动善时，夏散冬凝，雾露泉源，相时而动，因地制宜。

本章意谓，达到最高层次善德，就像水一样。水善于利养万物而能静居于下，所以接近于道的性质。自居善地以下的七善，皆比喻水的静虚不争，善利万物之德。正如王弼注云："言水皆应于此道也。"

世间所说的善也有不同。同样是爱心利他，墨子主张"兼相爱，交相

---

① 高明：《帛书老子校注》，中华书局1996年版，第254页。

② 高明：《帛书老子校注》，中华书局1996年版，第257页。

利"，孔子主张有远近亲疏的爱；孟子则说："老吾老以及人之老，幼吾幼以及人之幼。"老子提出的"上善"，则超越了差别，不求回报，就像阳光普照大地，无不广被；就像雨露润泽万物，无不滋育。阳光雨露却从不追求世间万物有什么回报。这大概就是最高境界、最高层次的善了。

虽然一般的人都很厌恶身处低下，但正如"水往低处流"，具备上善之德，不仅境界最高，而且乐于处下，不与人争，正体现中华民族自古崇尚的谦德。《尚书》曰："满招损，谦受益。"《周易》唯一六爻皆吉的卦，便是谦卦。无论身处什么位置，只要懂得谦的道理，就会与吉祥相伴。

老子以水喻道，以水德喻上善之德，列举了水有七善，也是具有上善之德的圣人所具备的品质。老子从水中学习到了"无私利他而不争"的完美品德，同时又注重实现这种善德的方式方法，做到"惠而不费"，利益他人的同时更好地成就自己。

又《老子》第八十一章：

> 信言不美，美言不信。
>
> 善者不辩，辩者不善。
>
> 知者不博，博者不知。
>
> 圣人不积。
>
> 既以为人己愈有，既以与人己愈多。
>
> 天之道，利而不害。圣人之道，为而不争。

信，真实。善者不辩，辩者不善，善于行道者并不需要巧辩，巧辩者并不善于行道。知者不博，博者不知，知"道"之士，并不博知万物。博知万物者并不真知"道"。顾欢曰："知道之人，忘言绝学，所以'不博'。博学之士，耽滞名教，所以'不知'。"[1]

积，蓄藏。《庄子·天道》篇陆德明注曰："积，谓滞积不通。"

---

[1] （南齐）顾欢编纂：《道德真经注疏》，董建国点校，凤凰出版社 2016 年版，第 93 页。

既，尽。见《老子》第三十二章"名亦既有"，河上公注。《诗经·鄘风·载驱》"既不我嘉"，郑玄笺。

为而不争，帮助辅佐而不争夺。为，帮助、辅佐。见《诗经·大雅·凫鹥》"福禄来为"，郑玄笺。

本章的意思是揭示真正有道理的话并不动听，动听的话并不能揭示真正的道理。善于行道者并不需要巧辩，巧辩者并不善于行道。知"道"之士，并不博知万物，博知万物者并不真知"道"。圣人不会积藏，全心全意为别人，自己反而拥有更多。全心全意给予别人，自己反而得到更多。天道是利益万物而不会伤害他们的，圣人之道则亦帮助辅佐而不会去争夺。从中我们可以看到显著的"利他而成己"的特点。

今传本《老子》书，以"道可道，非常道。名可名，非常名"开篇，指出人类的名教言说知识体系，并不能表达指称真正的"道"。以"信言不美，美言不信。善者不辩，辩者不善。知者不博，博者不知"结束，再次强调华丽的文辞、巧妙的雄辩、广博的知识，都只是人类知识体系的佼佼者，却并非真实大道的真知实行者。意在引导人们突破自我的局限，超越人类现有知识体系所形成的对真知的知识蔽障，从而寻求常道之境的契合悟入，获得生命的永恒依据。

老子的"小国寡民"，描述了理想的政治生活应该是一种自然自在自得的状态，相对于在欲望利益的驱使下、日日勾心斗角的生活，这种自得其所的状态，无疑是十分美好的。然而，人类若要实现这种理想，必然要清除自私自利、自高自大、自以为是的根子，化解追逐、竞争、侵夺、杀戮等等行为的源动力。假如人人都能具有"既以为人己愈有，既以与人己愈多"的无私利他精神，也就自然不存在争夺的驱动力了。综观《老子》书中"上善若水，水善利万物而不争""上德不德""天地所以能长且久者，以其不自生""吾所以有大患者，为吾有身，及吾无身，吾有何患？""夫唯无以生为者，是贤于贵生"所表达的，都是对这种忘我忘身、无私利他的精神的呼唤。"天之道，利而不害。圣人之道，为而不争。"无私利他，是合于大道精神的做法。

再如《老子》第六十七章：

天下皆谓我道大，似不肖。

夫唯大，故似不肖。

若肖，久矣其细也夫！

我有三宝，持而保之。

一曰慈，二曰俭，三曰不敢为天下先。

慈，故能勇；俭，故能广；

不敢为天下先，故能成器长（zhǎng）。

今舍慈且勇，舍俭且广，舍后且先，死矣！

夫慈，以战则胜，以守则固，天将救之，以慈卫之。

不肖，不似。"天下人皆谓我道虚无广大，似无所象似。"（唐玄宗《御注道德真经》）慈，爱也。（《说文解字·心部》）与儒家的仁爱不同，慈爱，更像父母爱子发自内心的爱。俭，约也。（《说文解字·人部》）本义为人能从思想行为上节制约束自己。慈故能勇，慈爱故能无所畏惧。慈爱源于无私利他，故能无欲则刚。俭故能广，俭约故能少虚耗浪费，故能无为而无不为。成器长，成为官长。天将救之，以慈卫之，帛书本作"天将建之，以慈卫之"。

本章的意思是天下人都说我的道广大虚无，不似世间的任何一物。正因为其广大虚无，所以才是独立无偶的存在。如果似世间的具体之物，那就早已成为细枝末节而非"道"了。

我有三件法宝，持守而保养之：一是慈爱，二是俭约，三是不争先。慈爱，无私利他，所以能勇敢而无所畏惧。俭约，爱惜节用，所以能精神财用皆广足。不争先，所以能被天下人乐于推奉拥戴。现在的君主往往舍弃慈爱而尚勇尚武，舍弃俭约而追求精神财用充足，舍弃谦退而处处争先居功，死定了！慈爱，是一切的关键。以之战斗则能取胜，以之防守则能坚固。老天将要佑助谁，就让谁能拿起慈爱这一利器。

人所看重，就会成为心之所向。每个人都有自己看重的东西，这大概就可称之为"宝"。《左传·襄公十五年》记载有人献玉给宋国的大臣子罕，子罕没有接受。献玉的人说："以示玉人，玉人以为宝也，故敢献之。"子罕回答说："我以不贪为宝，尔以玉为宝，若以与我，皆丧宝也，不若人有其宝。"献玉者以玉为宝，子罕以不贪之德为宝，老子则总结自己的"三宝"，一曰慈，二曰俭，三曰不敢为天下先。

接下来从三个方面来解说，为什么以此三者为宝。

慈故能勇。《老子》第七十三章有云："勇于敢则杀，勇于不敢则活。"据此言，老子似乎是怯懦的退缩者，不主张勇敢。然而全面地把握《老子》一书的思想，就会发现，他反对的是卤莽的"勇"、自私的"勇"，而崇尚以慈爱之心、利他之心为出发点的勇猛精进、无所畏惧。

俭故能广。一般的注解常将"俭"狭义地解释为物质上的节俭，然《说文解字》释"俭"为"约"，意思是人能从思想行为上节制约束自己。也就是说，这里的"俭"相当于《老子》第五十九章所说的"啬"，既包括精神层面的爱惜精气神，也包括物质层面的爱惜民力物力。只有这样，才能精神财物皆广足。与之相反则为精神的"大费"，物质的奢侈，同样都会带来快速的亏耗和衰败。《韩非子·解老》："周公曰：冬日之闭冻也不固，则春夏之长草木也不茂。天地不能常侈常费，而况于人乎？故万物必有盛衰，万事必有弛张，国家必有文武，官治必有赏罚。是以智士俭用其财则家富，圣人爱宝其神则精盛，人君重战其卒则民众。民众则国广，是以举之曰：俭故能广。"[①]

不敢为天下先，故能成器长。正如上一章所说，江海谦下，才成为众流所归的百谷王。君主谦下，才能成为民心所向的王。不敢为天下先，当特指不敢居高自傲，不敢位尊自大。

最后，我们看到老子对当时社会现实的严厉批判："今舍慈且勇，舍俭且广，舍后且先，死矣！"那些没有爱心又自私的勇敢之人，那些没有自我

---

① （战国）韩非著，陈奇猷校注：《韩非子新校注》，上海古籍出版社 2000 年版，第 421 页。

节制约束的追求富贵之人，那些处处争先、唯恐落后的执政者，都是在往死路上走而不知回头啊！这些话在今天看来，仍觉振聋发聩。

三宝之中，"慈"是关键。"夫慈，以战则胜，以守则固。天将救之，以慈卫之。"神爱世人，天道助人，然毕竟整个人类的长久之道，当以人类自己内在自觉的慈爱之心来卫护。

老子的无私利他以成就自身的思想，引申到政治上，则反对为了权力而取天下，并执着于占为己有。如第二十九章："将欲取天下而为之，吾见其不得已。天下神器，不可为也。为者败之，执者失之。"不得，不得天道人心。（河上公注）引申到战争方面，老子主张不得已而为之，反对主动挑起战争。如《老子》第三十章："以道佐人主者，不以兵强天下。其事好还。师之所处，荆棘生焉。大军之后，必有凶年。善者果而已，不敢以取强。果而勿矜，果而勿伐，果而勿骄。果而不得已，果而勿强。物壮则老，是谓不道，不道早已。"郭店楚简甲本："以道佐人主者，不欲以兵强于天下。善者果而已，不以取强。果而弗伐，果而弗骄，果而弗矜，是谓果而不强，其事好。"河上公注解释"果"，曰："善兵者，当果敢而已不休。"《老子想尔注》解释"果"字曰："果，诚也。为善至诚而已，不得依兵眂恶以自强。"王弼注解释"果"字："果，犹济也。言善用师者，趣以济难而已矣，不以兵力取强于天下也。"其意见基本一致，即老子主张用兵止战，而非满足自己的利益。

这和《老子》第三十一章的表述也是相互吻合的：

> 夫佳兵，不祥之器，物或恶之，故有道者不处。
> 君子居则贵左，用兵则贵右。
> 兵者不祥之器，非君子之器。
> 不得已而用之，恬淡为上。
> 胜而不美，而美之者，是乐杀人。
> 夫乐杀人者，则不可以得志于天下矣。
> 吉事尚左，凶事尚右。

　　　偏将军居左，上将军居右，言以丧礼处之。

　　　杀人之众，以悲哀泣之。战胜，以丧礼处之。

　　"夫佳兵"帛书甲乙本作"夫兵者"。兵家之道在于取胜得利，道家之军事思想则是不得已而用兵，老子思想尤其充满慈爱的人本主义精神。"国之大事，在祀与戎。"（《左传·成公十三年》）祭祀与战争，是春秋时代中国古代国家治理体系中最重要的两件大事。但随着周天子权威的丧失，"五霸""七雄"时代的到来，以武力相征伐逐渐成为常态，而且"春秋无义战"，以争夺土地、人口为目的的战争比比皆是。庄子描绘其为"蜗角之争"，对人类的战争行为充满了厌恶和否定。老子反对战争的野蛮行为，语气中充满了鄙视和厌恶。这种态度也可见于当时兵家的典籍，如《孙膑兵法·见威王》中有云："然夫乐（yào）兵者亡，而利胜者辱。"（银雀山汉简）然而客观地说，现实中只要有国的存在，就不可能没有军队和战争。因此，老子为执政者们提出几个要点。首先，兵革是会带来凶灾的不祥之物，动用军队就应当按凶事来对待，因此应当格外慎重。其次，凡用兵当出于不得已，绝不主动挑起战争。其三，即使不得已而用兵，也应不以争夺、占有为目的。正如上章所言，当以扶危济困，解除战乱为目的。因此，即使胜利了，也没有什么好洋洋得意的，也应为那些战争中的死难者表示哀悼，祈求和平。因此，老子战争理念的根本精神是人道、和平、慈爱。

　　说到这里，我们需要思考老子慈爱价值理念的根源与合理性。

　　首先，能够以无私的慈爱为视天地万物的眼光，与中国传统文化中尚公的精神相吻合。甲骨文中就已经出现了"公"字。与公相对的价值概念则为"私"，"自私"。《说文·八部》："公，平分也。"私则表示占为己有。面对自私还是尚公这一对矛盾的价值理念，中国文化传统的思考与选择往往为公，如：《老子》"上善若水""非以其无私邪，故能成其私"。《礼记·礼运》："大道之行也，天下为公。"《韩非子·五蠹》："古者仓颉之作书也，自环者谓之私，背私谓之公。"长沙马王堆帛书本《黄帝书·道法》："至公者明，至明者有功。至正者静，至静者圣。无私者知（智），至知（智）者为天下稽。"这也是黄老道家的核心思想。

其次，人类本性中自私的基因与生俱来，倡导慈爱价值理念能否合于人性之自然的问题。英国学者理查德·道金斯《自私的基因》一书，1976年首次出版之后便畅销全球，是 20 世纪经典名著之一。书中提出大胆创见：我们生来是自私的，任何生物，包括我们自己，都只是求生的机器。南极洲的帝企鹅有一种胆怯的行为，它们伫立在水边，由于有被海豹吃掉的危险，在潜入水中之前踌躇犹疑。但只要有一只先潜入水中，其余的就会知道水中是否有海豹。自然没有谁肯当试验品，所以大家都在等，有时甚至相互往水中推。随后美国学者米特尔多夫·萨根经过多年的研究，撰写了《不自私的基因》一书，书名虽相反，内容却相近。萨根提出，自私源出于人的本性，利他主义则为后天培养的美德。人类重视自己的隐私、利益，那么老子所倡导的为人、利他，又如何能实现呢？对此，我们看《老子》第十三章曰：

> 宠辱若惊，贵大患若身。
>
> 何谓宠辱？
>
> 宠为下，得之若惊，失之若惊。是谓宠辱若惊。
>
> 何谓贵大患若身？吾所以有大患者，为吾有身。
>
> 及吾无身，吾有何患。
>
> 故贵以身为天下，则可寄于天下。爱以身为天下，乃可以托于天下。

宠，《国语·楚语》："其宠大矣。"韦昭注："宠，荣也。"若，有也。有、若，篆字字形相近。贵，重也（唐陆德明《经典释文》）。畏也（河上公注）。宠为下，河上公本作"辱为下"，郭店楚简本、帛书甲乙本皆作"宠为下"。当以"宠为下"为正。

本章的意思是宠和辱都会让人心惊。世人重视大祸患就像重视自己的身体一样。什么是宠辱都心惊？得辱就不用说了，就是得宠，也更是不好的事。因为得到了也会担心失去，失去了更是心忧如焚。这就是宠辱都会让人心惊。什么是重视大祸患像重视自己的身体？我之所以有大忧患，是因为太看重自身了。如果我忘记了自己的存在，自然也就不会担心祸患降临。所以像重视自身一样重视天下人，则可将天下托付给他。像爱惜自身一样爱惜天下人，则可将天下寄予他。有身，对自我的过分重视。无身，无我忘我。无我为公，方能宠辱不惊。超越小我，我将无我，天下为公。

老子建立道家思想价值理念的方法是追求忘我、无我，才能更好地实现自我。这里说的"无身"，并不是"没有身体"，而是不以自我得失为目的、不自私自利的心理取向。不在意个人的私利，自然无所谓对于个人得失的忧患。从这个意义上说，老子学说主张克服自我的私欲私心，以一种博大的胸怀，利益他者，所谓"上善若水"，以水之利他，成为圣人利他无我的榜样。老子无我精神的决定因素在于个体自我对于自我执念的消解，一方面，克服与生俱来的自私自利之心；其次，树立以天下心为心的公益公利公心。

然而，需要注意的是，在老子看来，道法自然，万物皆自然而然。回归自然而然，是为理想的生存状态。但不论是人还是各种生物，自我生存的本能，自我的意识还是不可忽视的。唯有人，通过文化的传承，在文化中变化气质，克服私欲，树立起无私无我的人格，其实已经超越了万物的本能本性。道无私创造万物，大象无形以示现无我精神。人类通过修道，超越自我本性，进入体道人格，自然已经不是本能意义上的人格、世俗意义上的人格。

也有的人会认为，自我就是这样的客观存在，关于自我的意识也同样像客观一样存在。正如面对众人讲话时不由自主地紧张，遇到压力事件时候的焦虑，均是对于自我的过分关注，过分在意别人对自己的看法所导致。还有就是焦虑、担心、无助、害怕等情绪的发生，无不源于自我的拘泥和执着。反过来，忘我则无私，忘记自我，全身心地投入到当下，往往可以获得意想不到的成功，超常发挥本我的潜在能力。因此，消解掉"我"的作用，是回归道性人格的关键所在。这也是利他而成己的内在轨迹吧。

我与天下、宇宙万物的关系，随着个体的认识而不同。在道家学者看来，执着于自我得失的人仿佛视自己为钢针，无论如何都无法融入水中。而能够消解自我执念的人，则仿佛盐或者糖，融入水中，不见盐或者糖的形态，却将盐或者糖的成分融入到了更为广大的世界，成就了更大的自我。

后世儒家伦理与道家伦理相融合，成为士大夫所追求的人生境界。譬如北宋范仲淹有《岳阳楼记》，其文曰："庆历四年春，滕子京谪守巴陵郡。越明年，政通人和，百废具兴，乃重修岳阳楼，增其旧制，刻唐贤今人诗赋于其上。属予作文以记之。予观夫巴陵胜状，在洞庭一湖。衔远山，吞长江，浩浩汤汤，横无际涯；朝晖夕阴，气象万千。此则岳阳楼之大观也，前人之述备矣。然则北通巫峡，南极潇湘，迁客骚人，多会于此，览物之情，得无异乎？若夫淫雨霏霏，连日不开，阴风怒号，浊浪排空；日星隐曜，山岳潜形；商旅不行，樯倾楫摧；薄暮冥冥，虎啸猿啼。登斯楼也，则有去国怀乡，忧谗畏讥，满目萧然，感极而悲者矣。至若春和景明，波澜不惊，上下天光，一碧万顷；沙鸥翔集，锦鳞游泳；岸芷汀兰，郁郁青青。而或长烟一空，皓月千里，浮光跃金，静影沉璧，渔歌互答，此乐何极！登斯楼也，则有心旷神怡，宠辱偕忘，把酒临风，其喜洋洋者矣。嗟夫！予尝求古仁人之心，或异二者之为，何哉？不以物喜，不以己悲；居庙堂之高则忧其民；处江湖之远则忧其君。是进亦忧，退亦忧。然则何时而乐耶？其必曰先天下之忧而忧，后天下之乐而乐乎？噫！微斯人，吾谁与归？时六年九月十五日。"[①] 范仲淹的"不以物喜，不以己悲"，"先天下之忧而忧，后天下之乐而乐"，都体现了儒道融合所形成的以天下之忧乐为忧乐的尚公去私之心。

宋儒张载有横渠四句，曰："为天地立心，为生民立命，为往圣继绝学，为万世开太平。"[②] 在其所树立的人生目标中，没有一项是为了自我得失，显然已经将自我的价值实现完全融入到了天地生民文化的事业中去，

---

① （宋）吕祖谦辑：《皇朝文鉴》卷第二，宋嘉泰四年新安郡斋刻本。
② 原文当作："为天地立心，为生民立道。为去圣继绝学，为万世开太平。"参见李锐《横渠四句教小考》，《史学史研究》2017 年第 3 期。

而去除了私心私欲。

总之，道家思想中智慧的谋略必须建立在伦理基础上加以体会，方能把握其本真的一面。

第七章　治人事天莫若啬

——深根固柢的养生之道

　　提起养生，首先让人想起关于 1 和 0 的生命思考。1 好比健康，后面金钱、房子、车子、权力、家庭都好像 0。1 要是没了，后面的 0 就全都没有了意义。养生首先就是与健康相关的话题。《老子》当中也涉及了丰富的养生思想，但又不只是养生，还包含着深刻的关于生命质量提升的哲学意味。

　　先说关于"养生"的一般理解，有的人认为要多吃好的，美酒厚味。有的人认为尽量舒适享乐，豪宅名车。有的人将时间和精力花在保健品和健身上。在中国流传了两千年的道教则以修道成仙为目标，或者通过炼丹服药的方式来寻求长生。

　　老子是中国古代的长寿者，关于他长寿的传说很多，那么他关于养生的主张如何呢？

　　通过研读《老子》文本中的相关章节，我们可以总结归纳一下。

一、深根固柢，护养厚德

　　人的生命正如一棵大树一样，根柢浅必然先枯萎，植根深厚则覆阴千里。什么是生命的根柢呢？在老子看来，正是人生命之中天生的"道气""道性"，能厚养少消耗，则必然可以"深根固柢，长生久视"。

　　《老子》第五十九章：

　　　　治人事天莫若啬。

　　　　夫唯啬，是以早服。

早服谓之重积德。

重积德则无不克。

无不克则莫知其极。

莫知其极，可以有国。

有国之母，可以长久。

是谓深根固柢，长生久视之道。

治人，管理自身和治理国家。事天，取法自然之道。

啬，爱惜、节省。治国当爱民力，不为奢泰；治身当爱惜精气，不白白耗费。《韩非子·解老》："书之所谓治人者，适动静之节，省思虑之费也。所谓事天者，不极聪明之力，不尽智识之任。苟极尽则费神多，费神多则盲聋悖狂之祸至，是以啬之。啬之者，爱其精神，啬其智识也。故曰：治人事天莫如啬。"[1] 服，复也。尽早回复于合道的内在状态。早服，谓之重（chóng）积德，思虑静，故德不去。心神虚，和气日入。重积德，则无不克。重积德而后神静，神静而能合道，合道而后能生大智慧。生大智慧则圆照明达，无不能胜。视，活、生存。《吕氏春秋·重己》："无贤不肖，莫不欲长生久视。"高诱注："视，活也。"[2]

本章的意思是治理国家和人民，修养自己身心中的"道"，没有比一个"啬"字更重要的了。只有做到了"啬"，才能早得道。早得道可以说是积累厚德。厚积德则没有什么不能战胜的。没有什么不能战胜，则潜力不可穷极。不可穷极则可以担当治理国家的大任。掌握了治国的根本之道，就可以长治久安。这就是深根固柢、长生久存之道。

"啬"为爱惜，有而不随便使用之义。老子提出"啬"，不仅是物质上的，更是精神意义上的。人是治国的根本。精气神是人的根本。元气又相当于精气神的根本。每个人拥有天赋的元气，尤以婴儿最为满盈。随着人

---

① （战国）韩非著，陈奇猷校注：《韩非子新校注》，上海古籍出版社 2000 年版，第 394 页。

② （秦）吕不韦编，（东汉）高诱注：《吕氏春秋》卷第一，静嘉堂文库藏元刊本。

长大步入社会，元气会随着后天的使用而逐渐消耗。随着自己的欲望向外攀援的越多，追逐的越多，先天之气的耗费也就越多，也即所谓"甚爱必大费"。一旦耗费殆尽，则生命也就走到了尽头。正像燃烧的蜡烛，蜡烛燃烧完了，火也就熄灭了。通常我们说"元气大伤""耗费精力"，都是这种状况。所以《韩非子·解老》有言："众人之用神也躁，躁则多费，多费之谓侈。圣人之用神也静，静则少费，少费之谓啬。啬之谓术也生于道理。夫能啬也，是从于道而服于理者也。众人离于患，陷于祸，犹未知退，而不服从道理。"①

也应注意，有道的圣人懂得"啬"道，并不是说有能力而不愿意发挥，当作为而不作为。"啬"道实际上是一种"深根固柢"，追求长久的策略。所谓"好钢用在刀刃上"，将有限的精气神用在当为之事上，不轻易地耗费。再者，懂得如何"惠而不费"，即以最小的消耗，达到最佳的效果，所谓"无为而无不为"。

老子养生的"啬"建立在"深根固柢"这一生命思想的基础上。《韩非子·解老》曰："所谓有国之母，母者，道也。""树木有曼根，有直根。根者，书之所谓柢也。柢也者，木之所以建生也。曼根者，木之所以持生也。德也者，人之所以建生也。禄也者，人之所以持生也。今建于理者，其持禄也久，故曰深其根。体其道者，其生日长，故曰固其柢。柢固则生长，根深则视久，故曰：深其根，固其柢，长生久视之道也。"② 也就是说，道相当于生命的直根，扎根深的大树活得才会长久。能够体道，就相当于人的生命的根柢深深扎根在大地上，是同样的道理。

与此相应，《老子》第三十三章：

知人者智，自知者明。

---

① （战国）韩非著，陈奇猷校注：《韩非子新校注》，上海古籍出版社2000年版，第395页。

② （战国）韩非著，陈奇猷校注：《韩非子新校注》，上海古籍出版社2000年版，第399页。

胜人者有力，自胜者强。

知足者富，强行者有力。

不失其所者久，死而不亡者寿。

不失其所者久，河上公注："人能自节养，不失其所受天之精气，则可以久。"死而不亡者寿，王弼注："虽死而以为生之道不亡，乃得全其寿，身没而道犹存，况身存而道不卒乎。"

知人者，智而已，不得谓明。自知者，能返听无声，内视无形，故为明。战胜别人，有力量而已，不得谓强。战胜自己，克制约束自己，则天下没有能与之争者，故为"强"。少私寡欲，则常若有余，是谓知足者"富"。勤勉力行，专注而不懈，可谓"有志"。抱一守道，可谓不失其所。身死而精神长存，则为"寿"。

本章是从对比的角度，言人能行道与不能行道的差别所在。

通常能够了解别人，已经算是有智慧了。因为了解别人是非常不容易的事，正如《庄子·列御寇》中说："凡人心险于山川，难于知天。天犹有春秋冬夏旦暮之期，人者厚貌深情。"但比了解别人更难更重要的当是了解自己，因为了解自己更需要洞悉自我内心的精微，明了心念繁生的自我与寂静真实的自我，明了宇宙自然之大道内在于心的真实体验。所以"自知者明"，显然高于"知人"的智者，是出于得道者的"明白四达"。

通常能战胜别人，已经是备受赞美的孔武有力者。但比战胜别人更重要的应该是战胜自己。所谓战胜自己，当为克制私欲，避免扰乱攀援；内向省视，寻求自知之明；回归清静，坚定内心，守道抱一等一系列的自我修养。《庄子·齐物论》开篇言南郭子綦修道之言"今者吾丧我"，意思正是忘却了作为个体的私我，而与无边的永恒之道同体。《世说新语·品藻》篇名士殷浩曰："我与我周旋久，宁作我。"皆为强大的自胜者。

通常物质占有积累得越多，就越被认为富有。然"金玉满堂，莫之能守"，财富的积累终归是身外之物，所以只能算暂时的保存者，而非真正的富有者。维持生命的基本物质保障，本来是很容易达到的。如《庄子·逍遥游》中所说："鹪鹩巢于深林，不过一枝；偃鼠饮河，不过满腹。"更多的财富积累和占有，不过是私欲贪求的结果。有道之人则以得道为富有。得道则内心充实，万物皆备于吾心，守道抱一，常足且知足，是为真正的富有。这也正是我们通常所说"知足常乐"的本义。

通常所说的"有志"，为个人心之所向，心愿所往，即"志者，心之所之也"（《说文解字》），但一旦"志"只与个人的私欲贪婪相联系，与个人的利益得失相联系，则多欲必多志，又志在必得。有道者之"志"则不同，乃是"上士闻道，勤而行之"。以坚定的内心、专注的精神、不懈的意志，勤勉行道。这才是真正的"有志"。

通常认为美好事物永不失去即为"久"，生命得以最大限度的延长即为"寿"。于是千方百计保持所得而不愿失去，于是各种养生保健、丹药进补、营养美食，希望肉体生命的延长。有道者则不然，他能从根本上认识到万事万物都有其根源，都有其因果，都只能自然而然地发生发展。若能永远以大道之法则作为依据，则不会失去任何事物，是为"不失其所"。肉体的生命只是暂时的存在，但与大道一体的精神生命则永远都不会消亡，能够不失道之本根，能够身死而归于大道，则无疑就是真正的"寿"。

同样的语词，经过老子的全新诠释，便具有了更深刻的涵义。学道之人根本的问题在于，能否知道、守道、行道。

《老子》第五十五章：

> 含德之厚，比于赤子。
> 蜂虿虺蛇不螫，
> 猛兽不据，攫鸟不搏。
> 骨弱筋柔而握固。未知牝牡之合而朘作，精之至也。
> 终日号而不嗄，和之至也。
> 知和曰常，知常曰明，
> 益生曰祥，心使气曰强。
> 物壮则老，谓之不道，不道早已。

益生，违背自然，厚养其生。祥，这里指凶灾、怪异的预兆。祥之一字，本兼有吉凶二义，《书序》云：亳有祥桑穀。此以妖怪为祥也。《周语》云：袭于休祥。此以福善为祥也。（见《尔雅·释言》郝懿行义疏）此句王弼注曰："生不可益，益之则夭也。"心使气，精气妄动。河上公注曰："心当专一和柔，而气实内，故形柔。而反使妄有所为，和气去于中。"

含怀道德之厚，就像初生的婴儿，此状态是为最佳的养生状态。人为地贪生厚养反而凶异。心使精气妄动叫做逞强。过分追求壮盛必然导致过早地衰老，这是不符合道的规律的。不符合道的规律必然导致过早消亡。所以《周易》中提到"君子以厚德载物"，其中"厚德"的意义，如果我们追溯到"重积德""含德之厚"，所指当为生命的根柢，而非单纯的美德、伦理道德。

二、勿处死地

《老子》第五十章：

> 出生入死。
> 生之徒十有三，死之徒十有三，人之生动之死地，十有三。
> 夫何故？以其生生之厚。
> 盖闻善摄生者，陆行不遇兕虎，入军不被甲兵。
> 兕无所投其角，虎无所措其爪，兵无所容其刃。
> 夫何故？以其无死地。

"出生入死"，前人主要有三种解读：第一种认为，人始于生而卒于死（韩非子注）。第二种认为，"出生，谓情欲出于五内，魂定魄静，故生也。入死，谓情欲入于胸臆，精神劳惑，故死"（河上公注）。第三种认为，出离生地，进入死地（王弼注）。根据下文所说，当以第一种为是。人始于生

而卒于死。始之谓出，卒之谓入，故曰：出生入死。（韩非子解）

徒，相伴。十有三，十三，指四肢九窍。容，与"庸"通，即用也。清俞樾《诸子平议》曰："容与庸通，庸为用，故容亦用也。"[①]

生生之厚，对生命的奉养过于丰厚。"故嗜欲使人气淫，好憎使人精劳，不疾去之则志气日耗。夫人所以不能终其天年者，以其生生之厚，夫唯无以生为者，即所以得长生。"（《文子·九守》）摄生，养生。善摄生者，真正善于养生的人，是无我的人。无我则无死地。无我则不会将自我置于外物的控制之下。死地，死亡之地。三国魏嵇康《答难养生论》："然则欲与生不并久，名与身不俱存，略可知矣。而世未之悟，以顺欲为得生，虽有后（厚）生之情，而不识生生之理。故动之死地也。"[②]

本章意思是世人皆出于生地入于死地。自然长寿者，有四肢九窍。自然短命的，也是四肢九窍。本来可以长寿，却因自蹈死地而中道夭折的，同样是四肢九窍。大家的身体结构都一样，却寿夭不齐，是什么原因呢？因为自我奉养太过丰厚，反而伤害了自己的生命。听说真正善于养生的人，在陆地上行走不会遇到凶猛的野兽，上战场不会遭遇兵器。因为犀牛无处下角，猛虎无处下爪，兵器无处用刃。什么原因呢？因为无死亡之地。

通常我们都希望能够长寿，尽其天年，但很多人把厚自奉养作为追求长寿的手段。吃美食厚味，穿奢华富丽，总之要让自己的生命安逸享乐。但在老子看来，这样恰恰会伤害生命，导致富贵之病，使之走在通往过早死亡的路上。关于这种富贵厚养之病，西汉初年枚乘的名作《七发》云：楚太子身体虚弱，精神萎靡。客以赋体铺排，分别描述音乐、饮食、乘车、游宴、田猎、观涛的享乐生活，都无法引起太子的兴趣，俟经客以要言妙道开导，太子才觉精神一振，豁然病除。这正体现老子所说，真正的善养生者，应该是"无死地"。

所谓"无死地"，即把自我的生死置之度外，不为己谋，不为己虑，正如《老子》第七章："以其不自生，故能长生。""后其身而身先，外其身而

---

① （清）俞樾：《诸子平议》卷八《老子平议》，春在堂全书，光绪九年重定本。
② 戴明扬校注：《嵇康集校注》，人民文学出版社 1962 年版，第 169 页。

身存。"第十三章："吾所以有大患者，为吾有身，及吾无身，吾有何患？"第七十五章："夫唯无以生为者，是贤于贵生。"也就是说，越在意自己，越千方百计地厚养自己的生命，反而更伤生。而越无私忘我，越不把自己当回事，越不把生死当回事，反而会更加长久地存身。知道生命有常理，则守道抱德而不厚其生，知死亦常理，则乐天处变而不忧其死。生死都不能动其心，则无物可伤害之，所以"兕无所投其角，虎无所措其爪，兵无所容其刃"。之所以无所伤害，源于通达道理的全生远害，这才是真正的善于养生。正如手里的沙子攥得越紧，流失得就会越多。摊开手掌，沙子会好好地留在自己的手上。

但值得注意的是，不刻意地厚养生命，不执着于自我，无私忘我，并不就等于善养生者。真正的善养生者，还需静观天地，体悟自然之道，并内化于心，外化于行，正如《庄子·达生》篇所说："圣人藏于天，故莫之能伤也。"大道之大，无所不在，无所不容，亦无所谓伤害。将自己的内在生命合于永恒大道，淡泊宁静，纯真自然地生活，这其中隐藏着深邃的自然法则，也蕴含着简单朴实的生命道理。

正如现实中孩子反复生病，究其原因，可能是吃得太饱，穿得太暖，吃得太甜，过于干净等等，由过分的珍爱而起，是同样的道理。

成人的世界中，各种病患的发生，也多源于我执执我。《黄帝内经·素问》中指出"心藏神，肺藏魄，肝藏魂，脾藏意、肾藏志"[1]。当源于自我的情绪反过来作用于自己，正像猛虎犀兕一般形成对自我的伤害，也是各种病患发生的根源所在。真正善于养生的人，却是无我的人。无我则无死地。无我则不会将自我置于外物和各种情绪的控制之下。陆行不遇兕虎，入军不被甲兵。兕无所投其角，虎无所措其爪，兵无所容其刃，是那些在人生路上能放下我执，避开由于自己过度贪求造成反噬和伤害的人。

---

[1] （清）张志聪集注：《黄帝内经集注·素问集注》，浙江古籍出版社 2002 年版，第 189 页。

三、为于无为，保健预防

《老子》第六十四章："其安易持，其未兆易谋，其脆易泮，其微易散。为之于未有，治之于未乱。"说的就是"为无为"的道理。引申到医学方面，就形成了中医"治未病"和"保健医学"的理念。中国传统医学更重视预防保健。战国时赵悼襄王与庞煖讨论治国。

> 煖曰："王独不闻魏文王之问扁鹊耶？曰：子昆弟三人，其孰最善为医？扁鹊曰：长兄最善，中兄次之，扁鹊最为下。魏文侯曰：可得闻邪？扁鹊曰：长兄于病视神未有形而除之，故名不出于家。中兄治病，其在毫毛，故名不出于闾。若扁鹊者镵脉，投毒药，副肌肤，闲而名出，闻于诸侯。"[①]

扁鹊三兄弟长兄最善，中兄次之，扁鹊最为下。长兄能够"于病视神未有形而除之"，所以是最高明的上医。中兄治病，能在病在毫毛的时候，治好病人，所以医术稍次，称为中医。扁鹊是给病人施药动手术，所以只是等病人已经生病了再治，因此，医术又更下。这或许是扁鹊的谦逊之词。历史上还有很多关于扁鹊治病的例子，如《韩非子·喻老》中记载：

> 扁鹊见蔡桓公，立有间，扁鹊曰："君有疾在腠理，不治将恐深。"桓侯曰："寡人无。"扁鹊出，桓侯曰："医之好治不病以为功。"居十日，扁鹊复见曰："君之病在肌肤，不治将益深。"桓侯不应。扁鹊出，桓侯又不悦。居十日，扁鹊复见曰："君之病在肠胃，不治将益深。"桓侯又不应。扁鹊出，桓侯又不悦。居十日，扁鹊望桓侯而还走。桓侯故使人问之，扁鹊曰："疾在腠理，汤熨之所及也；在肌肤，针石之

---

① （战国）鹖冠子著，（宋）陆佃解：《鹖冠子》卷下《世贤》第十六，学津讨原本。

所及也；在肠胃，火齐之所及也；在骨髓，司命之所属，无奈何也。今在骨髓，臣是以无请也。"居五日，桓公体痛，使人索扁鹊，已逃秦矣，桓侯遂死。故良医之治病也，攻之于腠理，此皆争之于小者也。夫事之祸福亦有腠理之地，故曰："圣人蚤从事焉。"

扁鹊能够看到蔡桓侯的病刚刚发生于毫发之时，想要为他医治，以免后面发展严重。无奈蔡桓侯只看到自己眼前很健康的状态，不能具有微明的智慧。韩非子正是用这个故事来比喻凡事早从事的思想乃至"治未病"的医学理念。

中国古代保健医学远远发达于治疗医学，或许是因为深受老子道家思想的影响。长沙马王堆出土《导引图》已经包含了十分完善的健身动作，行气导引，乃至呼吸吐纳等等，都包含着古人预防疾病、保健健身为重的理念。流传至今的八段锦、五禽戏都反映了中国古代的保健医学成果。

四、清净其心，减少内耗

正如大道运行生生不息，其中根本，在于无我无虑无私无欲。

《老子》第四章：

> 道冲而用之，或不盈。
> 渊兮，似万物之宗。
> 挫其锐，解其纷，和其光，同其尘。
> 湛兮似或存。
> 吾不知谁之子，象帝之先。

冲，河上公注："冲，中也。"通"盅"。《说文解字·皿部》："盅，器虚也。""挫其锐，解其纷，和其光，同其尘"，旧说认为此四句与第五十六章重复，当为错简。然而长沙马王堆帛书本中本章已有此四句，故保留。

挫、解，皆指摧折、消除。和、同，收敛、混同。纷，纷争。湛，深邃寂静，隐而未形。《老子想尔注》曰："如此湛然，常常在不亡。"

老子的"道"，作为天地万物的大宗师，是人类应该取法的最高存在。正如老子说："人法地，地法天，天法道，道法自然。"在这种思维的指引下，就要时时描述"道"的性质、规律，以资学习。然而，大道无垠，谁都无法证明其如何存在，老子是怎样知道"道"的性质、规律呢？"或""似""吾不知""象"之类的词语，说明老子并不是通过理性认知的，而是通过直观感悟的方式证悟，以诗一样的语言加以描述。

道，是不生不灭的永恒存在，而且，创世之功至伟，相当于所有一切的老祖宗。但道最值得人类尊敬和学习的是，她从未以老祖宗自居，道发生作用的方式，虚寂无形，却生生不息。以深沉安静（渊乎）、隐然无形（湛兮）的无为方式达到无所不为、无所不成（万物之宗、象帝之先）的结果。道虚而用，给后人的启示是，虚静其心才能激发生命本身的潜能和创造力，这对于千载而下的躁动之心，无疑是一剂清凉药。

《老子》第六章：

> 谷神不死，是谓玄牝。
> 玄牝之门，是谓天地根。
> 绵绵若存，用之不勤（尽）。

谷神，有两种主要解释：1. 谷，中央无者也。（王弼注）2. 谷，通"榖"。河上公注："谷，养也。人能养神则不死也。神，谓五藏之神也。肝藏魂，肺藏魄，心藏神，肾藏精，脾藏志，五藏尽伤，则五神去矣。"谷神，虚而能生养之道的化称。

"绵绵（mín mín）若存"，绵，昏的假借字。昏昏，即冥冥不可见之义。《庄子·在宥》有云："至道之极，昏昏默默。"正因冥冥不可见，所以说若存。

大道永恒，化生万物，具有伟大的却看不见的力量。正因为其无形无象，很难为常人所理解，所以老子以形象的方式加以描述。她像山谷一样虚怀，虚怀而无所不容；她像伟大的母体，生生而化育无穷，但却仿佛不存在一样，令人毫无觉察。

实有之物，虽然有形有象，但却是有限的、可穷尽的。惟有至虚大道，无形无象，仿佛永远都不会穷尽的源泉，像奇妙的母体，具有神奇的创造之动力。《周易》说"天地之大德曰生"，天地间最伟大的道德就是生命的化育长养，或许只有"道"代表了这种最高的德行。

《老子》第五十三章：

> 使我介然有知，行于大道，唯施是畏。
>
> 大道甚夷，而民好径。
>
> 朝甚除，田甚芜，仓甚虚，服文彩，带利剑，厌饮食，财货有余。
>
> 是谓盗夸。非道也哉！

介然，大也（韩非子、河上公注）；《说文》："介，画也。"《易系词传》："忧悔吝者存乎介。"介谓辨别之端。此处"介然"当释作"清楚地知道"。施，独畏有所施为，失道意。（河上公注）"所谓貌施（yí）也者，邪道也。"（韩非子注）"朝甚除，服文彩，带利剑，厌饮食，财货有余，是谓盗夸"，在外在的虚名浮利上耗费心力，损耗精气神，这只能叫天地之盗而非得"道"。本章的意思是，假使我有大智慧，就能遵从大道，唯独害怕误入歧途。大道是多么平坦，而人们却那么喜欢走邪行的小路。把宫室修治得富丽堂皇，农田却都长满了杂草，粮仓也空虚无粮。而作为在上的执政者却穿着华丽的衣服，带着锋利的宝剑，饱足于饮食，家里积藏着那么多的财货。这就叫做大盗啊。他看似成功得意，却无异于背离了大道，而走入非常危险的邪径。

"道"字是中国思想家的一个伟大发明。在中国文字体系中，早有"路""径"等字表示所行之路，但都不如"道"字这么注重思考、选择。"道"，从辵，从首。"首"字像侧面人头之形。"辵"为走走停停之意。人行走在路上，并不是盲目地走，而是边走边思考，边选择正确的道路。老子的学说更是将"道"的意义发挥到了极致，老子的"道"代表了宇宙之中终极的正道、法则。

本章所言亦为关于"道"的思考和选择。大道宽阔、平坦而正直，终身没有危险，可以直达目的地。邪径狭窄、崎岖而歪斜，时刻面临各种诱惑和危险，最后不知所终，死路一条。有大智慧的人，必然依循大道。然而世间的名利客，往往抵挡不住邪径上众多的诱惑，不由自主地背离大道，还浑然不觉，甘之如饴。作为普通人，误入歧途是可悲的；作为侯王，担负着一国的安危，误入歧途，则是可恨的。老子称他们为天下之大盗，语气中充满了对这些人的哀其不幸，怒其不争。庄子说："窃钩者诛，窃国者为诸侯。"一个行走在邪道上的侯王，无疑相当于窃国大盗。一旦选择走上追求名利欲望的邪径，也就离开了清净其心、合道利生的生命智慧，也便走上了人生的死亡之途。

《老子》第二十八章：

> 知其雄，守其雌，为天下谿。
>
> 为天下谿，常德不离，复归于婴儿。
>
> 知其白，守其黑，为天下式。
>
> 为天下式，常德不忒，复归于无极。
>
> 知其荣，守其辱，为天下谷。
>
> 为天下谷，常德乃足，复归于朴。
>
> 朴散则为器，圣人用之，则为官长，故大制不割。

雄，雄性、刚健、尊崇、动、争先、争高。雌，雌性、柔弱、卑下、静、不争、处下。谿（xī）：同"溪"，水流汇聚之处。易顺鼎《读〈老子〉札记》："为天下谿，为天下谷，谿、谷同意，皆水所归。"常德，帛书本作"恒德"，永恒不变之德。式，法式。"守其黑，为天下式。为天下式，常德不忒，复归于无极。知其荣"句，易顺鼎、马叙伦、高亨等认为此二十三字为"后人窜入之语"。然今帛书本已有其文。河上公本、王弼本均有此句之注，故不能遽断其无。

忒（tè），差错也。朴，木未雕曰朴。《说文解字·木部》："木素也。"本真也。器，盛物之器。大制不割，完善的政治当是无所分割破坏的。

本章的意思是，知其雄健有力，守其雌柔安静，如溪水般柔而顺受。如溪水般柔而顺受，则恒常之德就不会离开，复归于婴儿的专静和柔。知其明白，守其暗昧，为天下之法式。为天下之法式，常德就不会有偏差。复归于无极的本根。知其荣华，守其低下，如虚而处下的山谷。如虚而处下的山谷，常德才更充足。复归于朴素的真实。素朴被分散，则表现为各自不同的"器"。圣人之治依从浑朴未分的大道，则自然被推戴为天下的首领。所以完善的政治当是无所分割破坏的。

班固称老子思想为"君人南面之术"（《汉书·艺文志》），是相对准确的。老子所谈论的一大部分内容都是关于现实政治，告诫的对象也直接指向君主。这一章为老子对于何谓"完善政治"的理论阐释。

首先，完善的政治当有守道之君。虽知地位尊显，但守之以谦下；虽知雄健有力，但守其雌柔安静；虽聪明清楚，但守之以默默暗昧。如是则天下归之，如水流入深溪，如百川到海。如此，一个最显著的效果是，避免了高居尊位的执政者固执己见，滥用职权，同时充分发挥人民的禀赋潜能。

其次，完善的政治要遵循"道"之自然规则而不斤斤计较于具体是非。所谓"不割"，意思大概是不分别、不计较、不偏执之类，"朴散则为器"，原本浑然整体的大道，离析分别则为具体的事物，由离析分别，而产生种种高下是非，由高下是非之计较，而产生种种的争夺占取。这也正是老子为什么老是强调"见素抱朴""不尚贤，使民不争。不贵难得之货，使民不为盗。不见可欲，使民心不乱"。

"大制不割"的反面，当为"小制有割"。老子所处的时代，自西周王朝就已经实行严格的宗法等级制度，上下尊卑，以礼乐规格加以分别，以此维护政治的秩序。然而，东周以降，礼崩乐坏，面临着强取豪夺、战争不断的社会局面。虽然老子之后的荀子强调"生而有分"是人类社会的现实，但不能否认老子的"不割"，通过君主回归浑朴大道的倡导，使民心民风皆复归于自然淳朴。这种政治思想在一般人看来，带有理想化的色彩，不易实行。但汉初休养生息，实行黄老政治，文帝、景帝以身作则，倡导朴素，反对奢华，对于整个社会风气的复归产生十分显著的影响。实践证明亦并非完全的不切实际。

《庄子·天地》篇有"抱瓮灌畦"的寓言，写子贡访问南方的楚国，路遇一位丈人灌溉田地，他抱持一个水罐，一步步走到井边，取了水，再抱到田里去浇。这样一趟一趟地来回走，费力大而功效极低。子贡问："老人家，您为什么不用'桔槔'这样的汲水工具来灌溉呢？一天能浇一百畦，又快又省力。"老人听后回答说："吾闻之吾师，有机械者必有机事，有机事者必有机心，机心存于胸中，则纯白不备。纯白不备，则神生不定。神生不定者，道之所不载也。吾非不知，羞而不为也。"这个故事在老子"不割"思想基础上进一步发挥，作为个体的人的内在修养，浑然不分、抱朴守一的人生追求，显然与老子作为政治思想的本义又有新的发展。

多一分雄强争夺、虚荣计较，就多一分精气神的虚耗。多一分安静雌伏、守道浑朴，就多一分精气神的内养。

总而言之，老子的养生观可以概括为"以道养生"。

一者，护养精气神，德厚自然长生久视。

二者，无我利他，勿处执着私欲之死地。

三者，为于无为，重视保健，防病于未然。

四者，清净其心，专注当下，减少虚耗。

附录1：

老子《道德经》（王弼注本，清武英殿聚珍版）

○上篇·道经

第一章

道可道，非常道；名可名，非常名。无名天地之始，有名万物之母。故常无欲，以观其妙；常有欲，以观其徼（jiào）。此两者同出而异名，同谓之玄，玄之又玄，众妙之门。

第二章

天下皆知美之为美，斯恶（è）已；皆知善之为善，斯不善已。故有无相生，难易相成，长短相较，高下相倾，音声相和，前后相随。是以圣人处无为之事，行不言之教，万物作焉而不辞，生而不有，为而不恃，功成而弗居。夫唯弗居，是以不去。

第三章

不尚贤，使民不争；不贵难得之货，使民不为盗；不见（xiàn）可欲，使民心不乱。是以圣人之治，虚其心，实其腹；弱其志，强其骨。常使民无知无欲，使夫智者不敢为也。为无为，则无不治。

第四章

道冲而用之或不盈，渊兮似万物之宗。挫其锐，解其纷，和其光，同其尘。湛兮似或存，吾不知谁之子，象帝之先。

第五章

天地不仁，以万物为刍（chú）狗；圣人不仁，以百姓为刍狗。天地之间，其犹橐籥（tuó yuè）乎？虚而不屈，动而愈出。多言数（shuò）穷，不如守中。

第六章

谷神不死，是谓玄牝（pìn），玄牝之门，是谓天地根。绵绵若存，用之不勤。

第七章

天长地久。天地所以能长且久者，以其不自生，故能长生。是以圣人后其身而身先，外其身而身存。非以其无私耶（yé）？故能成其私。

第八章

上善若水。水善利万物而不争，处众人之所恶（wù），故几（jī）于道。居善地，心善渊，与善仁，言善信，正善治，事善能，动善时。夫唯不争，故无尤。

第九章

持而盈之，不如其已。揣（chuǎi）而棁之，不可长保。金玉满堂，莫之能守。富贵而骄，自遗其咎。功遂身退，天之道。

第十章

载（zài）营魄抱一，能无离乎？专气致柔，能婴儿乎？涤除玄览，能无疵乎？爱民治国，能无知（zhì）乎？天门开阖（hé），能无雌乎？明白四达，能无为乎？生之、畜（xù）之，生而不有，为而不恃，长（zhǎng）而不宰，是谓玄德。

第十一章

三十辐共一毂（gǔ），当其无，有车之用。埏埴（shān zhí）以为器，当其无，有器之用。凿户牖（yǒu）以为室，当其无，有室之用。故有之以为利，无之以为用。

第十二章

五色令人目盲，五音令人耳聋，五味令人口爽，驰骋畋（tián）猎令人心发狂，难得之货令人行妨。是以圣人为腹不为目，故去彼取此。

第十三章

宠辱若惊，贵大患若身。何谓宠辱若惊？宠为下，得之若惊，失之若惊，是谓宠辱若惊。何谓贵大患若身？吾所以有大患者，为吾有身，及吾无身，吾有何患！故贵以身为天下，若可寄天下；爱以身为天下，若可托天下。

第十四章

视之不见名曰夷，听之不闻名曰希，搏之不得名曰微。此三者不可致诘（jié），故混而为一。其上不皦（jiǎo），其下不昧。绳绳（mǐn mǐn）不可名，复归于无物，是谓无状之状，无物之象。是谓惚恍。迎之不见其首，随之不见其后。执古之道，以御今之有。能知古始，是谓道纪。

第十五章

古之善为士者，微妙玄通，深不可识。夫唯不可识，故强（qiǎng）为之容。豫焉若冬涉川，犹兮若畏四邻，俨兮其若容，涣兮若冰之将释，敦兮其若朴，旷兮其若谷，混兮其若浊。孰能浊以静之徐清？孰能安以久动之徐生？保此道者不欲盈，夫唯不盈，故能蔽不新成。

第十六章

致虚极，守静笃（dǔ），万物并作，吾以观复。夫物芸芸，各复归其根。归根曰静，是谓复命。复命曰常，知常曰明，不知常，妄作，凶。知常容，容乃公，公乃王（wàng），王（wàng）乃天，天乃道，道乃久，没（mò）身不殆。

第十七章

太上，下知有之。其次，亲而誉之。其次，畏之。其次，侮之。信不足焉，有不信焉。悠兮其贵言。功成事遂，百姓皆谓我自然。

第十八章

大道废，有仁义；慧智出，有大伪；六亲不和，有孝慈；国家昏乱，有忠臣。

第十九章

绝圣弃智，民利百倍；绝仁弃义，民复孝慈；绝巧弃利，盗贼无有。此三者，以为文不足，故令有所属，见（xiàn）素抱朴，少私寡欲。

第二十章

绝学无忧。唯之与阿（ē），相去几何？善之与恶，相去若何？人之所畏，不可不畏。荒兮其未央哉！众人熙熙，如享太牢，如春登台。我独泊兮其未兆，如婴儿之未孩。儽儽（lěi）兮若无所归。众人皆有余，而我独若遗。我愚人之心也哉！沌沌兮！俗人昭昭，我独昏昏；俗人察察，我独闷闷。澹（dàn）兮其若海，飂（liù）兮若无止。众人皆有以，而我独顽似鄙。我独异于人，而贵食（sì）母。

第二十一章

孔德之容，惟道是从。道之为物，惟恍惟惚。惚兮恍兮，其中有象；恍兮惚兮，其中有物。窈（yǎo）兮冥兮，其中有精；其精甚真，其中有信。自古及今，其名不去，以阅众甫。吾何以知众甫之状哉？以此。

第二十二章

曲则全，枉则直，洼则盈，敝则新，少则得，多则惑。是以圣人抱一，为天下式。不自见（xiàn）故明，不自是故彰，不自伐故有功，不自矜故长。夫唯不争，故天下莫能与之争。古之所谓曲则全者，岂虚言哉！诚全而归之。

第二十三章

希言自然。故飘风不终朝（zhāo），骤雨不终日。孰为此者？天地。天地尚不能久，而况于人乎？故从事于道者，道者同于道，德者同于德，失者同于失。同于道者，道亦乐得之；同于德者，德亦乐得之；同于失者，失亦乐得之。信不足焉，有不信焉。

第二十四章

企者不立，跨者不行，自见（xiàn）者不明，自是者不彰，自伐者无功，自矜者不长。其在道也，曰余食赘（zhuì）行。物或恶（wù）之，故有道者不处（chǔ）。

第二十五章

有物混（hùn）成，先天地生。寂兮寥兮，独立不改，周行而不殆，可以为天下母。吾不知其名，字之曰道，强（qiǎng）为之名曰大。大曰逝，逝曰远，远曰反。故道大，天大，地大，王亦大。域中有四大，而王居其一焉。人法地，地法天，天法道，道法自然。

第二十六章

重为轻根，静为躁君。是以圣人终日行不离辎（zī）重。虽有荣观，燕处超然，奈何万乘（shèng）之主，而以身轻天下？轻则失本，躁则失君。

第二十七章

善行无辙迹，善言无瑕谪（xiá zhé），善数（shǔ）不用筹策，善闭无关楗（jiàn）而不可开，善结无绳约而不可解。是以圣人常善救人，故无弃人；常善救物，故无弃物，是谓袭明。故善人者，不善人之师；不善人者，善人之资。不贵其师，不爱其资，虽智大迷，是谓要妙。

第二十八章

知其雄，守其雌，为天下谿。为天下谿，常德不离，复归于婴儿。知其白，守其黑，为天下式。为天下式，常德不忒（tè），复归于无极。知其荣，守其辱，为天下谷。为天下谷，常德乃足，复归于朴。朴散则为器，圣人用之则为官长（zhǎng）。故大制不割。

第二十九章

将欲取天下而爲之，吾见其不得已。天下神器，不可为也。为者败之，执者失之。故物或行或随，或歔（xū）或吹，或强或羸（léi），或挫或隳（huī）。是以圣人去甚，去奢，去泰。

第三十章

以道佐人主者，不以兵强天下，其事好（hào）还。师之所处，荆棘生焉。大军之后，必有凶年。善有果而已，不敢以取强。果而勿矜，果而勿伐，果而勿骄，果而不得已，果而勿强。物壮则老，是谓不道，不道早已。

第三十一章

夫佳兵者，不祥之器。物或恶（wù）之，故有道者不处（chǔ）。君子居则贵左，用兵则贵右。兵者，不祥之器，非君子之器。不得已而用之，恬淡为上，胜而不美。而美之者，是乐（yào）杀人。夫乐杀人者，则不可以得志于天下矣。吉事尚左，凶事尚右。偏将军居左，上将军居右，言以丧（sāng）礼处之。杀人之众，以哀悲泣之，战胜，以丧礼处之。

第三十二章

道常无名，朴虽小，天下莫能臣也。侯王若能守之，万物将自宾。天地相合以降甘露，民莫之令而自均。始制有名，名亦既有，夫亦将知止。知止可以不殆。譬道之在天下，犹川谷之于江海。

第三十三章

知人者智，自知者明。胜人者有力，自胜者强。知足者富，强行者有志，不失其所者久，死而不亡者寿。

第三十四章

大道泛兮，其可左右。万物恃之而生而不辞，功成不名有，衣养万物而不为主，常无欲，可名于小；万物归焉而不为主，可名为大。以其终不自为大，故能成其大。

第三十五章

执大象，天下往；往而不害，安平太。乐（yuè）与饵，过客止。道之出口，淡乎其无味，视之不足见（jiàn），听之不足闻，用之不足既。

第三十六章

将欲歙（xī）之，必固张之；将欲弱之，必固强之；将欲废之，必固兴之；将欲夺之，必固与之，是谓微明。柔弱胜刚强。鱼不可脱于渊，国之利器不可以示人。

第三十七章

道常无为而无不为，侯王若能守之，万物将自化。化而欲作，吾将镇之以无名之朴。无名之朴，夫亦将无欲。不欲以静，天下将自定。

○下篇·德经

第三十八章

上德不德，是以有德；下德不失德，是以无德。上德无为而无以为，下德为之而有以为。上仁为之而无以为，上义为之而有以为，上礼为之而莫之应，则攘（rǎng）臂而扔之。故失道而后德，失德而后仁，失仁而后义，失义而后礼。夫礼者，忠信之薄而乱之首。前识者，道之华而愚之始。是以大丈夫处其厚，不居其薄；处其实，不居其华。故去彼取此。

第三十九章

昔之得一者，天得一以清，地得一以宁，神得一以灵，谷得一以盈，万物得一以生，侯王得一以为天下贞。其致之。天无以清将恐裂，地无以宁将恐发（fèi），神无以灵将恐歇，谷无以盈将恐竭，万物无以生将恐灭，侯王无以贵高将恐蹶（jué）。故贵以贱为本，高以下为基。是以侯王自谓孤寡不谷。此非以贱为本耶（yé）？非乎？故致数（shuò）舆（yù）无舆。不欲琭（lù）琭如玉，珞（luò）珞如石。

第四十章

反者，道之动；弱者，道之用。天下万物生于有，有生于无。

第四十一章

上士闻道，勤而行之；中士闻道，若存若亡；下士闻道，大笑之，不笑不足以为道。故建言有之：明道若昧，进道若退，夷道若纇（lèi）。上德若谷，大白若辱，广德若不足，建德若偷，质真若渝（yú）。大方无隅（yú），大器晚成，大音希声，大象无形。道隐无名，夫唯道善贷且成。

第四十二章

道生一，一生二，二生三，三生万物。万物负阴而抱阳，冲气以为和。

人之所恶（wù），唯孤寡不谷，而王公以为称（chēng）。故物，或损之而益，或益之而损。人之所教（jiào），我亦教之。强梁者不得其死，吾将以为教父。

第四十三章

天下之至柔，驰骋天下之至坚，无有入无间，吾是以知无为之有益。不言之教，无为之益，天下希及之。

第四十四章

名与身孰亲？身与货孰多？得与亡孰病？是故甚爱必大费，多藏必厚亡。知足不辱，知止不殆，可以长久。

第四十五章

大成若缺，其用不弊。大盈若冲，其用不穷。大直若屈，大巧若拙，大辩若讷。躁胜寒，静胜热。清静为天下正。

第四十六章

天下有道，却走马以粪；天下无道，戎马生于郊。祸莫大于不知足，咎莫大于欲得，故知足之足，常足矣。

第四十七章

不出户，知天下；不阒牖，见天道。其出弥远，其知弥少。是以圣人不行而知，不见而名，不为而成。

第四十八章

为学日益，为道日损。损之又损，以至于无为，无为而无不为。取天下常以无事，及其有事，不足以取天下。

第四十九章

圣人无常心，以百姓心为心。善者，吾善之；不善者，吾亦善之，德善。信者，吾信之；不信者，吾亦信之，德信。圣人在天下歙歙（xī xī），为天下浑其心。百姓皆注其耳目，圣人皆孩之。

第五十章

出生入死。生之徒十有三，死之徒十有三。人之生动之死地，亦十有三。夫何故？以其生生之厚。盖闻善摄生者，陆行不遇兕（sì）虎，入军不被（pī）甲兵，兕无所投其角，虎无所措其爪（zhǎo），兵无所容其刃。夫何故？以其无死地。

第五十一章

道生之，德畜（xù）之，物形之，势成之。是以万物莫不尊道而贵德。道之尊，德之贵，夫莫之命而常自然。故道生之，德畜之。长之、育之、亭之、毒之、养之、覆之。生而不有，为而不恃，长（zhǎng）而不宰，是谓玄德。

第五十二章

天下有始，以为天下母。既得其母，以知其子；既知其子，复守其母，没（mò）身不殆。塞（sè）其兑，闭其门，终身不勤。开其兑，济其事，终身不救。见（jiàn）小曰明，守柔曰强。用其光，复归其明，无遗身殃，是为习常。

第五十三章

使我介然有知，行于大道，唯施（yí）是畏。大道甚夷，而民好径。朝（cháo）甚除，田甚芜，仓甚虚。服文彩，带利剑，厌饮食，财货有余，是谓盗夸。非道也哉！

第五十四章

善建者不拔，善抱者不脱，子孙以祭祀不辍。修之于身，其德乃真；修之于家，其德乃余；修之于乡，其德乃长（zhǎng）；修之于国，其德乃丰；修之于天下，其德乃普。故以身观身，以家观家，以乡观乡，以国观国，以天下观天下。吾何以知天下然哉？以此。

第五十五章

含德之厚，比于赤子。蜂虿（chài）虺（huǐ）蛇不螫（shì），猛兽不据，攫（jué）鸟不搏。骨弱筋柔而握固。未知牝牡之合而全作，精之至也。终日号而不嗄（shà），和之至也。知和曰常，知常曰明，益生曰祥，心使气曰强。物壮则老，谓之不道，不道早已。

第五十六章

知（zhì）者不言，言者不知（zhì）。塞（sè）其兑，闭其门，挫其锐；解其分，和其光，同其尘，是谓玄同。故不可得而亲，不可得而疏；不可得而利，不可得而害；不可得而贵，不可得而贱，故为天下贵。

第五十七章

以正治国，以奇用兵，以无事取天下。吾何以知其然哉？以此。天下多忌讳，而民弥贫；民多利器，国家滋昏；人多伎（jì）巧，奇物滋起；法令滋彰，盗贼多有。故圣人云："我无为而民自化，我好静而民自正，我无事而民自富，我无欲而民自朴。"

第五十八章

其政闷闷，其民淳淳；其政察察，其民缺缺。祸兮福之所倚，福兮祸之所伏。孰知其极？其无正。正复为奇，善复为妖，人之迷，其日固久。是以圣人方而不割，廉而不刿（guì），直而不肆，光而不耀。

第五十九章

治人事天莫若啬（sè）。夫唯啬，是谓早服。早服谓之重（chóng）积德，重积德则无不克，无不克则莫知其极，莫知其极，可以有国。有国之母，可以长久。是谓深根固柢（dǐ），长生久视之道。

第六十章

治大国若烹小鲜。以道莅（lì）天下，其鬼不神。非其鬼不神，其神不伤人；非其神不伤人，圣人亦不伤人。夫两不相伤，故德交归焉。

第六十一章

大国者下流。天下之交，天下之牝。牝常以静胜牡，以静为下。故大国以下小国，则取小国；小国以下大国，则取大国。故或下以取，或下而取。大国不过欲兼畜（xù）人，小国不过欲入事人，夫两者各得其所欲，大者宜为下。

第六十二章

道者万物之奥，善人之宝，不善人之所保。美言可以市，尊行可以加人。人之不善，何弃之有！故立天子，置三公，虽有拱璧以先驷马，不如坐进此道。古之所以贵此道者何？不曰以求得，有罪以免耶（yé）？故为天下贵。

第六十三章

为无为，事无事，味无味。大小多少，报怨以德。图难于其易，为大于其细。天下难事必作于易，天下大事必作于细，是以圣人终不为大，故能成其大。夫轻诺必寡信，多易必多难，是以圣人犹难之。故终无难矣。

第六十四章

其安易持，其未兆易谋，其脆易泮（pàn），其微易散。为之于未有，治之于未乱。合抱之木，生于毫末；九层之台，起于累土；千里之行，始于足下。为者败之，执者失之。是以圣人无为，故无败；无执，故无失。民之从事，常于几成而败之。慎终如始，则无败事。是以圣人欲不欲，不贵难得之货。学不学，复众人之所过。以辅万物之自然，而不敢为。

第六十五章

古之善为道者，非以明民，将以愚之。民之难治，以其智多。故以智治国，国之贼；不以智治国，国之福。知此两者，亦稽（jī）式。常知稽式，是谓玄德。玄德深矣，远矣，与物反矣，然后乃至大顺。

第六十六章

江海所以能为百谷王者，以其善下之，故能为百谷王。是以欲上民，必以言下之；欲先民，必以身后之。是以圣人处上而民不重，处前而民不害，是以天下乐推而不厌。以其不争，故天下莫能与之争。

第六十七章

天下皆谓我道大，似不肖（xiào）。夫唯大，故似不肖。若肖，久矣其细也夫。我有三宝，持而保之。一曰慈，二曰俭，三曰不敢为天下先。慈，故能勇；俭，故能广；不敢为天下先，故能成器长（zhǎng）。今舍慈且勇，舍俭且广，舍后且先，死矣！夫慈，以战则胜，以守则固，天将救之，以慈卫之。

第六十八章

善为士者不武，善战者不怒，善胜敌者不与，善用人者为之下。是谓不争之德，是谓用人之力，是谓配天古之极。

第六十九章

用兵有言，吾不敢为主而为客，不敢进寸而退尺。是谓行（xíng）无行（háng），攘（rǎng）无臂，扔无敌，执无兵。祸莫大于轻敌，轻敌几丧吾宝。故抗兵相加，哀者胜矣。

第七十章

吾言甚易知，甚易行，天下莫能知，莫能行。言有宗，事有君。夫唯无知，是以不我知。知我者希，则我者贵，是以圣人被（pī）褐怀玉。

第七十一章

知不知，上；不知知，病。夫唯病病，是以不病。圣人不病，以其病病，是以不病。

第七十二章

民不畏威，则大威至。无狎（xiá）其所居，无厌（yà）其所生。夫唯不厌（yà），是以不厌（yàn）。是以圣人自知，不自见（xiàn）；自爱，不自贵。故去彼取此。

第七十三章

勇于敢则杀，勇于不敢则活。此两者，或利或害。天之所恶（wù），孰知其故？是以圣人犹难之。天之道，不争而善胜，不言而善应，不召而自来，绰（chǎn）然而善谋。天网恢恢，疏而不失。

第七十四章

民不畏死，奈何以死惧之！若使民常畏死，而为奇者，吾得执而杀之，孰敢？常有司杀者杀，夫代司杀者杀，是谓代大匠斲（zhuó）。夫代大匠斲者，希有不伤其手矣。

第七十五章

民之饥，以其上食税之多，是以饥。民之难治，以其上之有为，是以难治。民之轻死，以其求生之厚，是以轻死。夫唯无以生为者，是贤于贵生。

第七十六章

人之生也柔弱，其死也坚强。万物草木之生也柔脆，其死也枯槁。故坚强者死之徒，柔弱者生之徒。是以兵强则不胜，木强则兵。强大处下，柔弱处上。

第七十七章

天之道，其犹张弓与！高者抑之，下者举之；有余者损之，不足者补之。天之道，损有余而补不足。人之道则不然，损不足以奉有余。孰能有余以奉天下？唯有道者。是以圣人为而不恃，功成而不处，其不欲见（xiàn）贤。

第七十八章

天下莫柔弱于水，而攻坚强者莫之能胜，其无以易之。弱之胜强，柔之胜刚，天下莫不知，莫能行。是以圣人云："受国之垢，是谓社稷主；受国不祥，是为天下王。"正言若反。

第七十九章

和大怨，必有余怨，安可以为善？是以圣人执左契，而不责于人。有德司契，无德司彻。天道无亲，常与善人。

第八十章

小国寡民，使有什伯（bǎi）之器而不用，使民重（zhòng）死而不远徙（xí）。虽有舟舆，无所乘之；虽有甲兵，无所陈之；使人复结绳而用之。甘其食，美其服，安其居，乐其俗。邻国相望，鸡犬之声相闻，民至老死不相往来。

第八十一章

信言不美，美言不信；善者不辩，辩者不善；知（zhì）者不博，博者不知（zhì）。圣人不积，既以为人，己愈有；既以与人，己愈多。天之道，利而不害。圣人之道，为而不争。

第二单元　《庄子》导读

第八章　庄子其人其书

　　庄子（约前369～前286年），姓庄，名周。庄子是老子之后一位影响巨大的道家学者。庄子其人其书有许多争议，但主要事实是比较清楚的，庄子的思想取向也是比较清楚的。庄子继承老子之学，并进一步发扬光大，自汉以来，老庄连称，影响深远。唐代于公元742年（天宝元年）诏号庄子为"南华真人"，所著《庄子》一书为《南华真经》。

　　关于庄子生平的记载，最早见于《史记·老子韩非列传》中的简短传记，其文曰：

　　　　庄子者，蒙人也，名周。周尝为蒙漆园吏，与梁惠王、齐宣王同时。

　　　　其学无所不窥，然其要本归于老子之言。故其著书十余万言，大抵率寓言也。作《渔父》《盗跖》《胠箧》以诋訿孔子之徒，以明老子之术。《畏累虚》《亢桑子》之属，皆空语无事实。然善属书离辞，指事类情，用剽剥儒、墨，虽当世宿学不能自解免也。其言洸洋自恣以适己，故自王公大人不能器之。

　　　　楚威王闻庄周贤，使使厚币迎之，许以为相。庄周笑谓楚使者曰："千金，重利；卿相，尊位也。子独不见郊祭之牺牛乎？养食之数岁，衣以文绣，以入大庙。当是之时，虽欲为孤豚，岂可得乎？子亟去，无污我。我宁游戏污渎之中自快，无为有国者所羁，终身不仕，以快吾志焉。"

这一段传记材料，提供了以下几个方面的信息：

一是关于庄子的姓名，即"名周"。汉代避汉明帝讳，而有时称为"严周"。唐代陆德明《经典释文·庄子序录》中注有："太史公云：字子休。"①成玄英、司马贞等也提到："庄子，字子休。"然庄子"字子休"之说，不见于先秦典籍的记载，其说晚出，未知所据。姑列于此。

二是关于庄子的籍贯。司马迁说"蒙人也"，但并没有具体说"蒙"在何地。《庄子·列御寇》篇称庄子居宋。《韩非子·难三》：故宋人语曰："一雀过羿，羿必得之，则羿诬矣。以天下为之罗，则雀不失矣。"此语亦见于《庄子·庚桑楚》篇，则战国后期已认为庄子为宋人。至汉代也多认为庄子为宋人，如《史记索隐·老子韩非列传》引刘向《别录》："宋之蒙人也。"所以庄子当为战国中叶宋国蒙县人，应是没有太大异议的。此外，还存在此蒙县究竟是战国时曾属梁，还是汉代属梁国的不同解读，如班固《汉书·地理志》称"蒙县属梁国"，隋唐典籍有称"梁之蒙县人也"。②至于蒙县究竟在今天的什么地方，历来说法很多，据潘建荣《庄子故里考辨》总结有山东曹县说、河南商丘说、河南民权说、山东东明说和安徽蒙城说等。③各有依据，争论不休。综观各家所说的今地，对照战国时期地理分布，实际上可以看出是以今河南商丘为中心，包括位于商丘西北的民权、位于商丘北部的曹县、位于商丘南部偏东的蒙城县，位于商丘北部偏西的东明县，正好构成了一个庄子的活动圈，以战国时代的宋国为中心，北到魏国，南抵楚国。④其向南的足迹已经接近老子故里之苦县，故庄子对于老子学说应该是比较有机会学习到的。

三是关于庄子的生卒年。《史记》中说是"与梁惠王、齐宣王同时"，梁惠王，即魏惠王，于公元前369年至公元前319年在位。齐宣王于公元前319年至公元前301年在位。又《史记》和《庄子·秋水》篇均载楚威王聘庄子为相、庄子拒绝这件事，楚威王公元前339年至公元前329年在位。另

---

① ②　（唐）陆德明：《经典释文》卷第一《序录》，中华书局1983年版，第17页。

③　参阅潘建荣主编：《庄子故里考辨》，中国书籍出版社2008年版。

④　参见谭其骧：《中国历史地图集》第一册，中国地图出版社1982年版。

外就是《庄子·徐无鬼》篇记载庄子送葬，过惠子之墓。惠施卒年在魏襄王九年前。① 魏襄王九年，即公元前310年。若以庄子出生于梁惠王元年计算，则本年大概六十岁左右。又陆德明《经典释文·庄子序录》引"李颐云：与齐愍王同时"②，齐愍王以公元前300年至公元前284年在位。诸如以上，关于庄子的生卒年，并无确凿的记载，通过推理，所知大约为生活在公元前369年至公元前284年之间。然而上距老子，已经约两百年的间隔了。

四是关于庄子的著作和学术思想。庄子之学无所不包，原本著书十余万言，见于司马迁《史记》记载。《汉书·艺文志》载录《庄子》一书共五十二篇。今传本共三十三篇，分作内七篇、外十五篇和杂十一篇。陆德明《经典释文·庄子序录》云："庄生宏才命世，辞趣华深，正言若反，故莫能畅其弘致，后人增足，渐失其真。"又"凡诸巧杂，十分有三。《汉书·艺文志》收录《庄子》五十二篇，即司马彪、孟氏所注是也。言多诡诞，或似《山海经》，或类占梦书。故注者以意去取其内篇众家并同自余或有外而无杂。"③从陆德明《经典释文·庄子序录》看，其所载录有晋崔譔注《庄子》十卷二十七篇，其中内篇七，外篇二十。向秀注二十卷，二十六篇，亦无杂篇。司马彪注二十一卷五十二篇，内七篇，外二十八篇，杂十四篇，解说三篇。郭象注三十三卷三十三篇。《史记》所载庄子著书共十余万言，今传本约七万九千余字。所以应当还是在整理的过程中有不少佚文，以及后人增删的部分。尤其像陆德明所说，《庄子》原本中的诡诞类《山海经》者、类占梦书者，多被删削。

至于所亡佚的十九篇，除解说三篇④外，篇目可考者还有《阏弈》《意修》《危言》《游凫》《子胥》（《经典释文·庄子序录》录郭象语）、《惠施》（《北齐书·杜弼传》）、《畏垒虚》（《史记·老庄列传》）、《马捶》（《南史·文学传》）、《重言》（严灵峰《老庄研究》）等篇。其中以王叔岷《庄子

---

① 钱穆：《先秦诸子系年·庄周生卒考》，商务印书馆2001年版，第313页。

②③ （唐）陆德明：《经典释文》卷第一《序录》，中华书局1983年版，第17页。

④ 包括《庄子后解》《庄子略要》《解说第三》（篇名不详）皆入《淮南子·外篇》。

校释》辑佚最多。

以上是结合《史记》本传记载以及相关史料所见的庄子其人其书的概况。

透过今本《庄子》一书，我们能看到的是一个非常生动的思想家，他是贫穷而富有的，正如《庄子》书中很多寓言故事所描绘的，庄子的生活穷困潦倒，要靠织草鞋为生，甚至还要向别人借米下锅。但即便如此，庄子从来没有感觉精神上的贫乏或者疲累，而是更多表达自由的快乐、精神自足的快乐。所谓"至乐"。"庄周家贫，故往贷粟于监河侯。监河侯曰：诺。我将得邑金，将贷子三百金，可乎？庄周忿然作色曰：周昨来，有中道而呼者。周顾视车辙中，有鲋鱼焉。周问之曰：鲋鱼，来！子何为者邪？对曰：我，东海之波臣也。君岂有斗升之水而活我哉？周曰：诺。我且南游吴越之土，激西江之水而迎子，可乎？鲋鱼忿然作色曰：吾失我常与，我无所处。吾得斗升之水然活耳，君乃言此，曾不如早索我于枯鱼之肆！"（《庄子·外物》）"庄子衣大布而补之，正緳（xié）系履而过魏王。魏王曰：何先生之惫邪？庄子曰：贫也，非惫也。士有道德不能行，惫也。衣弊履穿，贫也，非惫也。"（《庄子·山木》）在贫穷的生活面前，他从没有感到自卑，反而用这种状态教导那些虽然物质丰盈但精神贫乏的人。宋人有曹商者，为宋王使秦。其往也，得车数乘；王说之，益车百乘。反于宋，见庄子曰：夫处穷闾厄巷，困窘织屦，槁项黄馘者，商之所短也；一悟万乘之主，而从车百乘者，商之所长也。庄子曰：秦王有病召医，破痈溃痤者，得车一乘；舐（shì）痔者，得车五乘；所治愈下，得车愈多。子岂治其痔邪？何得车之多也？子行矣！（《庄子·列御寇》）

我们还看到一身傲骨的庄子。"惠子相梁，庄子往见之。或谓惠子曰：庄子来，欲代子相。于是惠子恐，搜于国中三日三夜。庄子往见之，曰：南方有鸟，其名为鹓鶵（yuān chú），子知之乎？夫鹓鶵，发于南海而飞于北海；非梧桐不止，非练实不食，非醴（lǐ）泉不饮。于是鸱（chī）得腐鼠，鹓鶵过之，仰而视之曰：吓（hè）！今子欲以子之梁国而吓我邪（yé）？"（《庄子·秋水》）庄子将自己比作高飞的凤凰，将看重功名利禄的世人比作抓了死老鼠的猫头鹰，这份"粪土当年万户侯"的自信，可以说直接影响了中国古代知识分子的清高和傲骨。宋玉《对楚王问》一文中说道：

> 　　楚襄王问于宋玉曰："先生其有遗行与？何士民众庶不誉之甚也！"宋玉对曰："唯，然，有之！愿大王宽其罪，使得毕其辞。客有歌于郢中者，其始曰《下里》《巴人》，国中属而和者数千人。其为《阳阿》《薤露》，国中属而和者数百人。其为《阳春》《白雪》，国中属而和者，不过数十人。引商刻羽，杂以流徵，国中属而和者，不过数人而已。是其曲弥高，其和弥寡。
>
> 　　故鸟有凤而鱼有鲲。凤皇上击九千里，绝云霓，负苍天，足乱浮云，翱翔乎杳冥之上。夫蕃篱之鷃，岂能与之料天地之高哉？鲲鱼朝发昆仑之墟，暴鬐于碣石，暮宿于孟诸。夫尺泽之鲵，岂能与之量江海之大哉？故非独鸟有凤而鱼有鲲，士亦有之。夫圣人瑰意琦行，超然独处，世俗之民，又安知臣之所为哉？"

　　与庄子的精神何其相似。晚唐诗人李商隐的《安定城楼》吟咏世事："迢递高城百尺楼，绿杨枝外尽汀洲。贾生年少虚垂涕，王粲春来更远游。永忆江湖归白发，欲回天地入扁舟。不知腐鼠成滋味，猜意鹓雏竟未休。"同样传承了庄子的精神血脉。

　　我们还看到孤独而深情的庄子，庄子送葬，过惠子之墓，顾谓从者曰：郢人垩慢其鼻端若蝇翼，使匠石斫之。匠石运斤成风，听而斫之，尽垩而鼻不伤，郢人立不失容。宋元君闻之，召匠石曰：尝试为寡人为之。匠石曰：臣则尝能斫之。虽然，臣之质死久矣。自夫子之死也，吾无以为质矣！吾无与言之矣！（《庄子·徐无鬼》）他用"运斤成风"这个故事表明，能够跟自己做对手的老朋友惠施的去世，让自己如伯牙失去子期，唯有摔琴以谢知音，世间再无能对话者。

　　我们还看到无碍而豁达的庄子。"庄子将死，弟子欲厚葬之。庄子曰：

吾以天地为棺椁，以日月为连璧，星辰为珠玑，万物为赍（jī）送。吾葬具岂不备邪，何以加此。弟子曰：吾恐乌鸢之食夫子也。庄子曰：在上为乌鸢食，在下为蝼蚁食，夺彼与此，何其偏也？"（《庄子·列御寇》）死亡是人生最后的坎，惟庄子取消了任何的自我执念，以宇宙为生命的归宿，以万物为生命的相依。

看到通透而广大的庄子。"夫藏舟于壑，藏山于泽，谓之固矣。然而夜半有力者负之而走，昧者不知也。藏小大有宜，犹有所遁。若夫藏天下于天下而不得所遁，是恒物之大情也。特犯人之形而犹喜之，若人之形者，万化而未始有极也，其为乐可胜计邪，故圣人将游于物之所不得遁而皆存。"（《庄子·大宗师》）这段话可以翻译为："舟船可以藏在深谷，山可以藏在大泽中，可以说足够安全了吧！但夜半一个强壮的人负之而走，昏昧的人还丝毫不明白，小的藏在大的东西当中，总是会丢失。但倘若你把宇宙藏在宇宙之中，那就绝不会丢失了。这是一个伟大的真理，人们获得了人形，就高兴。但人形，不过是万化之中一个形态而已，有什么可乐的呢？所以圣人要游于不得亡失的大道，而与大道共存。"喜欢将外物占为己有，并且希望永远都不要失去，这是人类的共同心理，并因此而患得患失。庄子的自己都是宇宙万物的一部分，并非自己所有，外物也同样属于整体，而非自己所有，因此，藏天下于天下，才是最安全的。这些观点无疑给人智慧通透的启示。

看到超然而悲悯的庄子。《庄子·缮性》说：

> 古之所谓得志者，非轩冕之谓也。谓其无以益其乐而已矣。今之所谓得志者，轩冕之谓也。轩冕在身，非性命也。物之傥来，寄者也。寄之，其来不可圉，其去不可止。故不为轩冕肆志，不为穷约趋俗，其乐彼与此同，故无忧而已矣。今寄去则不乐，由是观之，虽乐，未尝不荒也。故曰：丧己于物，失性于俗者，谓之倒置之民。

看到崇尚率真自然的庄子。《庄子·马蹄》的开篇说：

马，蹄可以践霜雪，毛可以御风寒，啮草饮水，翘足而陆，此马之真性也。虽有义台路寝，无所用之。及至伯乐，曰："我善治马。"烧之，剔之，刻之，雒之。连之以羁絷，编之以皂栈，马之死者十二三矣。饥之，渴之，驰之，骤之，整之，齐之，前有橛饰之患，而后有鞭策之威，而马之死者已过半矣。

马之真性，带着自然的进化功能，经过人为的修整雕琢，便损害了这份自然的天真。庄子反对人类过分自以为是，不顾自然规律的妄为，主张保存这份天真天然。过多的有为，反而伤害人的自然本性。

看到有趣而善于观察的庄子。《庄子·山木》篇中说：

庄周游于雕陵之樊，睹一异鹊自南方来者，翼广七尺，目大运寸，感周之颡（sǎng），而集于栗林。庄周曰："此何鸟哉，翼殷不逝，目大不睹？"蹇裳躩步，执弹而留之。睹一蝉，方得美荫而忘其身；螳螂执翳而搏之，见得而忘其形；异鹊从而利之，见利而忘其真。庄周怵然曰："噫！物固相累，二类相召也！"捐弹而反走，虞人逐而谇（suì）之。

通过庄子在现实生活中的一个生动的经历的描绘，我们仿佛看到这样一幅"螳螂捕蝉，黄雀在后"的日常景象，而由此所引发的思考是更加深远的。那些只见眼前得失的人，不正像"螳螂捕蝉，黄雀在后"。现实生活中还有多少为了"获取"而浑然不知自己正置身于险地的人呢？所以，寓言的最后说，庄周为此一天都心情不好。

我们也看到充满神奇想象力的庄子。开篇的鲲鹏境界之奇丽且不说，在《庄子·山木》篇中有市南宜僚劝鲁侯的对话：

市南子曰：少君之费，寡君之欲，虽无粮而乃足。君其涉于江而

> 浮于海，望之而不见其崖，愈往而不知其所穷。送君者皆自崖而反，
> 君自此远矣……吾愿去君之累，除君之忧，而独与道游于大莫之国。

市南子有感于鲁侯有求先王之道的想法，却不能从心理上放下局限束缚自己的外物，便为他描述了一个无物无人的远游的景象，正如《红楼梦》中所说"落得个白茫茫大地真干净"。当一切心理的依存都无可依存之后，人就真的回到了他自己，就真正地与大道融而为一。

接着，又描绘了另一幅想象的场景：

> 方舟而济于河，有虚船来触舟，虽有惼心之人不怒。有一人在其上，则呼张歙之。一呼而不闻，再呼而不闻，于是三呼邪，则必以恶声随之。向也不怒而今也怒，向也虚而今也实。人能虚己以游世，其孰能害之。（《庄子·山木》）

每个人的人生其实都相当于一场渡河，从此岸到彼岸，但在过渡的过程中，情绪的起伏牵引往往因他人而产生，若将自身视作空船，将他人也视作空船，就会将过程中的纠葛减少到最低，从而专心致志于当下。庄子用他无穷的想象，在读者的眼前展现了一幅又一幅富有无穷哲理意味的场景，神奇而曼妙。

因此，我们翻开《庄子》，看到的是多面的庄子，然而这毕竟是《庄子》寓言的一部分，他告诉世人，言不尽意，君自可得意忘言，不必执着于语言本身。历史上真实的庄子究竟如何，已不得而知，姑且将之作为永远的谜团吧！

庄子虽然在汉代开始与老子并称，合称"老庄"，但先秦时期庄子学派当作为一个独立的学派，具有其鲜明的特色。《庄子·天下》篇将关尹、老聃合论，讲了他们共同的和不同的思想主张。将庄周单列，重点描述其思想的独特性，其文曰：

芴漠无形，变化无常，死与？生与？天地并与？神明往与？芒乎何之？忽乎何适？万物毕罗，莫足以归。古之道术有在于是者，庄周闻其风而悦之。以谬悠之说，荒唐之言，无端崖之辞，时恣纵而不傥，不以觭见之也。以天下为沈浊，不可与庄语。以卮言为曼衍，以重言为真，以寓言为广。独与天地精神往来，而不敖倪于万物。不谴是非，以与世俗处。其书虽环玮而连犿无伤也。其辞虽参差而諔诡可观。彼其充实，不可以已。上与造物者游，而下与外死生、无终始者为友。其于本也，弘大而辟，深闳而肆；其于宗也，可谓稠适而上遂矣。虽然，其应于化而解于物也，其理不竭，其来不蜕，芒乎昧乎，未之尽者。

其中提到"独与天地精神相往来""不谴是非，以与世俗处""彼其充实，不可以已，上与造物者游，而下与外死生、无终始者为友。其于本也，弘大而辟，深闳而肆；其于宗也，可谓稠适而上遂矣。"这些概括可以说已将庄子不同于老子乃至其他道家学派的地方提炼了出来。总之，庄子的独特性在于其发展了老子哲学中内在生命精神的部分，堪称中国最早的专门的心理学大师。

至《荀子·解蔽》从"蔽于一曲"的角度批评庄子"蔽于天而不知人"，认为庄子只看到天性自然的一面，而忽略人性人为的一面。后世将老庄联系起来并称，最早的要算司马迁了。他在《史记·老子韩非列传》中写道：

太史公曰：老子所贵道，虚无，因应变化于无为，故著书辞称微妙难识。庄子散道德，放论，要亦归之自然。申子卑卑，施之于名实。韩子引绳墨，切事情，明是非，其极惨礉少恩。皆原于道德之意，而老子深远矣。

司马迁的叙述将老子、庄子同归于"自然"，同样以"道法自然"作为思想基础，可以说比较符合实际。老子思想以"道法自然"为根基，庄子亦"归于自然",实为二者得以相提并论的基础。这一点可谓发前人之所未发。

关于庄子在中国思想史上的地位,郭沫若曾有一段论述,他在《十批判书·庄子的批判》中写道:

> 从庄子的思想上看来,他只采取了关尹、老聃清静无为的一面,而把他们的关于权变的主张扬弃了。庄子这一派或许可以称为纯粹的道家吧?没有庄子的出现,道家思想尽管在齐国的稷下学宫受着温暖的保育,然而已经向别的方面分化了:宋鈃、尹文一派发展而为名家,田骈、慎到一派发展而为法家,关尹一派发展而为术家。道家本身如没有庄子的出现,可能是已经归于消灭了。然而就因为有他的出现,他从稷下三派吸收他们的精华,而维系了老聃的正统,从此便与儒、墨两家鼎足而三了。在庄周自己并没有存心以"道家"自命,他只是想折衷各派的学说而成一家言,但结果他在事实上成为了道家的马鸣、龙树。

郭沫若关于庄子地位的观点,表述得较好,不过这种"相当卓越"的见解有人也已指出,马鸣、龙树"稍嫌比喻不确"。庄子不是"复兴"道家的问题,可以说是关系到"纯粹道家"形成的问题。

无可否认的事实是,庄子继承和发展了老子的基本思想。从主要方面看,首先,庄子的本体论与老子大体相同,都是以"道"或者"无"为本体,"道"或"无"是天地万物的本原,它超时空存在,它绝对地无差别,不过庄子的说明更为明确具体,如《庄子·大宗师》中说:

> 夫道有情有信,无为无形;可传而不可受,可得而不可见;自本自根,未有天地,自古以固存;神鬼神帝,生天生地;在太极之先而不为高,在六极之下而不为深,先天地生而不为久,长于上古而不为老。狶韦氏得之,以挈天地;伏戏氏得之,以袭气母;维斗得之,终

古不忒；日月得之，终古不息；勘坏得之，以袭昆仑；冯夷得之，以游大川；肩吾得之，以处大山；黄帝得之，以登云天；颛顼得之，以处玄宫；禺强得之，立乎北极；西王母得之，坐乎少广，莫知其始，莫知其终；彭祖得之，上及有虞，下及五伯；傅说得之，以相武丁，奄有天下，乘东维、骑箕尾而比于列星。

再如《庄子·知北游》对大道存在于天地万物，为万物之根的描述：

天地有大美而不言，四时有明法而不议，万物有成理而不说。圣人者，原天地之美而达万物之理。是故至人无为，大圣不作，观于天地之谓也。今彼神明至精，与彼百化。物已死生方圆，莫知其根也。扁然而万物，自古以固存。六合为巨，未离其内；秋毫为小，待之成体；天下莫不沈浮，终身不故；阴阳四时运行，各得其序；惛然若亡而存；油然不形而神；万物畜而不知。此之谓本根，可以观于天矣！

《庄子·知北游》借老聃之口对道的完整表述：

孔子问于老聃曰："今日晏闲，敢问至道。"老聃曰："汝齐戒，疏瀹而心，澡雪而精神，掊击而知。夫道，窅然难言哉！将为汝言其崖略：夫昭昭生于冥冥，有伦生于无形，精神生于道，形本生于精，而万物以形相生。故九窍者胎生，八窍者卵生。其来无迹，其往无崖，无门无房，四达之皇皇也。邀于此者，四肢强，思虑恂达，耳目聪明。其用心不劳，其应物无方，天不得不高，地不得不广，日月不得不行，万物不得不昌，此其道与！且夫博之不必知，辩之不必慧，圣人以断之矣！若夫益之而不加益，损之而不加损者，圣人之所保也。渊渊乎其若海，魏魏乎其终则复始也。运量万物而不匮。则君子之道，彼其外与！万物皆往资焉而不匮。此其道与！"

有些还非常形象，例如《庄子·知北游》云：

> 东郭子问于庄子曰："所谓道，恶乎在？"庄子曰："无所不在。"东郭子曰："期而后可。"庄子曰："在蝼蚁。"曰："何其下邪？"曰："在稊稗。"曰："何其愈下邪？"曰："在瓦甓。"曰："何其愈甚邪？"曰："在屎溺。"东郭子不应。庄子曰："夫子之问也，固不及质。正获之问于监市履狶也，每下愈况。汝唯莫必，无乎逃物。至道若是，大言亦然。周、遍、咸三者，异名同实，其指一也。"

"道无所不在"，说得如此具体明确，似乎有些玩世不恭。但他讲的是实"质"问题，"至道"是"无乎逃物"的，道是不离物的。《老子》的表述没有如此明确，都不如庄子"道无所不在"说法简单明晰。庄子继承了老子"道为本体"的思想，具体还有新发展，如肯定"道"和"无"是世界万物的本体。《老子》说："无名，天地之始。有名，万物之母。"《庄子·齐物论》中却还有一段论述：

> 有始也者，有未始有始也者，有未始有夫未始有始也者。有有也者，有无也者，有未始有无也者，有未始有夫未始有无也者。

不满足于"无名，天地之始"，还要追求这个"无""有始"以前的"无始""无无始"等等，要问到底，这种思考实际意义不大。或者可以说明，庄子是沿着老子的某些思想往更深的方面发展下去的。

如上引郭沫若所说，庄子取了老子"清静无为"的一面，而"把他们的关于权变的主张扬弃了"。说道家的出世，当主要从庄子开始。在《庄子》中可以看出，除了对社会政治有些冷嘲热讽的批评外（当然也可看出一些政治思想），很难找到积极的治世方案。那么，这种思想与老子有什么关系？那就是对老子"清静自然"思想的继承和发挥，例如关于人性、人生观之崇尚自然，有些是和老子一样的，像"全形养生"，庄子对"全形"

"养生""达生""卫生""尊生"以及"活身"等等，作了许多论述，他认为："夫全其形生之人，藏其身也，不厌深眇而已矣。"（《庄子·庚桑楚》）成玄英疏云：全形养生者，故当远迹尘俗，深就山泉，若婴于利禄，则粗而浅也。

远世藏身的思想，就是所谓的"出世"思想，与上述《史记》记载是一致的，是庄子的一个主要思想，是老子、杨朱等"全性保真"思想的极端发展。庄子甚至还说："全汝形，抱汝生，无使汝思虑营营。"（《庄子·庚桑楚》）

这和老子"弃智"的思想不是一回事，庄子完全只是从"全形养生"的角度来说的。《德充符》说："吾所谓无情者，言人之不以好恶内伤其身，常因自然而不益生也。""道与之貌，天与之形，无以好恶内伤其身。""因自然"也用在"全形养生"上面。

庄子还主张："无为名尸，无为谋府，无为事任，无为知主。"一切无为，这样才能不受损伤。

其次，庄子对于《老子》"知不知"的观念也有充分的继承和发展。老子第七十一章说："知不知，上。不知知，病。"亦即人生有限，知识也有限，人应自知此局限，这是最明智的。不知道自身的局限，反而以有限的知来侵犯和妨害无限的世界，这是最有害的。庄子对于这一点是完全赞同的，全书大量阐释这一内容，如《养生主》篇有："吾生也有涯，而知也无涯，以有涯随无涯，殆已。已而为知者，殆而已矣。"《大宗师》篇有："知人之所为也，以其知之所知以养其知之所不知，是知之盛也。"如《齐物论》篇说：

> 故知止其所不知，至矣。孰知不言之辩，不道之道，若有能知，此之谓天府。注焉而不满，酌焉而不竭，而不知其所由来，此之谓葆光。

同时，庄子似乎遵循着一条螺旋式前进的求知路线，如其开篇为《逍遥游》，鲲化为鹏，高飞九万里之上，凌风而图南，将飞往南溟。外篇之末则为《知北游》篇，乃知欲"北游于玄水之上"。这里的"南"与"北"分别代表着不同的含义。南之显明，代表着智的运用，北之玄晦，代表着道的混沌素朴。但由初始的蒙昧的混沌，到求智的追求，正为人类思维发展的必经阶段。然自求智到多智到迷信理智的万能又面临新的误区，庄子的路径便是知北游以向道的回归。正如褚伯秀所说："知北游于玄水，喻多识之士欲求归本源。"（《南华真经义海纂微》）回归的地方，正是老子所说"玄之又玄，众妙之门""为学日益，为道日损，损之又损，以至于无为。无为而无不为"。《庄子·知北游》也将知北游的意义概括为"故曰：为道者日损，损之又损之，以至于无为，无为而无不为也"。

为了打破世俗已经习以为常的以理智之知为知的全部的思维惯性，庄子设置了大量问道而不答的环节，宛如当头棒喝，促其内省，如：

> 啮缺问于王倪，四问而四不知。啮缺因跃而大喜，行以告蒲衣子。蒲衣子曰："而乃今知之乎？有虞氏不及泰氏。有虞氏，其犹藏仁以要人；亦得人矣，而未始出于非人。泰氏，其卧徐徐，其觉于于；一以己为马，一以己为牛；其知情信，其德甚真，而未始入于非人。"（《庄子·应帝王》）

> 知北游于玄水之上，登隐弅之丘，而适遭无为谓焉。知谓无为谓曰："予欲有问乎若：何思何虑则知道？何处何服则安道？何从何道则得道？"三问而无为谓不答也。非不答，不知答也。（《庄子·知北游》）

> 于是泰清问乎无穷，曰："子知道乎？"无穷曰："吾不知。"又问乎无为，无为曰："吾知道。"曰："子之知道，亦有数乎？"曰："有。"曰："其数若何？"无为曰："吾知道之可以贵、可以贱、可以约、可以散，此吾所以知道之数也。"泰清以之言也问乎无始，曰："若是，则无穷之弗知与无为之知，孰是而孰非乎？"无始曰："不知深矣，知之浅矣；弗知内矣，知之外矣。"于是泰清仰而叹曰："弗知乃知乎，知

乃不知乎！孰知不知之知？"无始曰："道不可闻，闻而非也；道不可见，见而非也；道不可言，言而非也！知形形之不形乎！道不当名。"（《庄子·知北游》）

是为对于老子"知不知，上"的发挥。若想了知"道"的原本状态，并不能够通过分辨之智而获得，亦不能通过知识活动而传递。故而，不答，是最好的回答。问者正可以通过这样的闭门羹，回到内在的反省反观，从而更容易接近得道、悟道的体验。

《庄子·秋水》篇对于"知"与"不知"的具体思辨：

夫物，量无穷，时无止，分无常，终始无故。是故大知观于远近，故小而不寡，大而不多：知量无穷。证向今故，故遥而不闷，掇而不跂：知时无止。察乎盈虚，故得而不喜，失而不忧：知分之无常也。明乎坦涂，故生而不说，死而不祸：知终始之不可故也。计人之所知，不若其所不知；其生之时，不若未生之时；以其至小，求穷其至大之域，是故迷乱而不能自得也。由此观之，又何以知毫末之足以定至细之倪，又何以知天地之足以穷至大之域！

其中所提出的著名辩题就是"小大之辩"，《逍遥游》篇中已经提出了小大高低的差别的存在，但在《庄子·秋水》篇中进一步提出之所以会存在所谓的分别，归根结底在于认识视角的不同。如果从道的角度看，实际上物无差别。

河伯曰："若物之外，若物之内，恶至而倪贵贱？恶至而倪小大？"北海若曰："以道观之，物无贵贱；以物观之，自贵而相贱；以俗观之，贵贱不在己。以差观之，因其所大而大之，则万物莫不大；因其所小而小之，则万物莫不小。知天地之为稊米也，知毫末之为丘山也，则差数睹矣。以功观之，因其所有而有之，则万物莫不有；因其所无而无之，则万物莫不无。知东西之相反而不可以相无，则功分定矣。以趣观之，因其所然而然之，则万物莫不然；因其所非而非之，则万物莫不非。知尧、桀之自然而相非，则趣操睹矣。（《庄子·秋水》）

即如《老子》第五十六章所说：

> 知者不言，言者不知。塞其兑，闭其门，挫其锐；解其纷，和其光，同其尘，是谓玄同。故不可得而亲，不可得而疏；不可得而利，不可得而害；不可得而贵，不可得而贱，故为天下贵。

即回归到"以道观之"的根源性视角，从而达到"万物一齐""物之生也，若骤若驰，无动而不变，无时而不移。何为乎？何不为乎？夫固将自化"（《庄子·秋水》）。

再次，庄子对于老子"处无为之事，行不言之教"的强调和阐释，如：

> 若夫乘天地之正，而御六气之辩，以游无穷者，彼且恶乎待哉！故曰：至人无己，神人无功，圣人无名。（《庄子·逍遥游》）
>
> 尧让天下于许由，曰："日月出矣，而爝火不息，其于光也，不亦难乎！时雨降矣，而犹浸灌，其于泽也，不亦劳乎！夫子立而天下治，而我犹尸之，吾自视缺然。请致天下。"许由曰："子治天下，天下既已治也，而我犹代子，吾将为名乎？名者，实之宾也，吾将为宾乎？鹪鹩巢于深林，不过一枝；偃鼠饮河，不过满腹。归休乎君，予无所用天下为！庖人虽不治庖，尸祝不越樽俎而代之矣。"（《庄子·逍遥游》）
>
> 肩吾见狂接舆。狂接舆曰："日中始何以语女？"肩吾曰："告我君人者，以己出经式义度，人孰敢不听而化诸！"狂接舆曰："是欺德也；其于治天下也，犹涉海凿河而使蚊负山也。夫圣人之治也，治外乎？正而后行，确乎能其事者而已矣。且鸟高飞以避矰弋之害，鼷鼠深穴

乎神丘之下以避熏凿之患，而曾二虫之无知！"（《庄子·应帝王》）

天下是非果未可定也。虽然，无为可以定是非。至乐活身，唯无为几存。请尝试言之：天无为以之清，地无为以之宁。故两无为相合，万物皆化生。芒乎芴乎，而无从出乎！芴乎芒乎，而无有象乎！万物职职，皆从无为殖。故曰："天地无为也而无不为也。"人也孰能得无为哉！（《庄子·至乐》）

这几段话当中，庄子不仅重点强调"无己""无功""无名""无为"的重要意义，而且将"无为"提升到与"道"等同的地位，而且多处化用老子的语句，可见二者之间的继承性。如称"至乐活身，唯无为几存"，与《老子》第六十四章"无为故无败"句相似。"天无为以之清，地无为以之宁"，同于《老子》第三十九章"天得一以清，地得一以宁"。"故曰：天地无为也而无不为也"，同于《老子》第三十七章"道常无为而无不为也"。《老子》第四十八章则作："以至于无为，无为而无不为。"又如《庄子·德充符》言：

鲁有兀者王骀，从之游者与仲尼相若。常季问于仲尼曰："王骀，兀者也，从之游者与夫子中分鲁。立不教，坐不议。虚而往，实而归。固有不言之教，无形而心成者邪？"

究竟什么是"不言之教"？庄子通过仲尼与叔山无趾、叔山无趾与老聃的对话来加以解释，他说：

鲁有兀者叔山无趾，踵见仲尼。仲尼曰："子不谨，前既犯患若是矣。虽今来，何及矣！"无趾曰："吾唯不知务而轻用吾身，吾是以亡足。今吾来也，犹有尊足者存，吾是以务全之也。夫天无不覆，地无不载，吾以夫子为天地，安知夫子之犹若是也！"孔子曰："丘则陋矣！夫子胡不入乎？请讲以所闻。"无趾出。孔子曰："弟子勉之！夫无趾，兀者也，犹务学以复补前行之恶，而况全德之人乎！"

（《庄子·德充符》）

　　无趾语老聃曰："孔丘之于至人，其未邪？彼何宾宾以学子为？彼且以蕲以诚诡幻怪之名闻，不知至人之以是为己桎梏邪？"老聃曰："胡不直使彼以死生为一条，以可不可为一贯者，解其桎梏，其可乎？"无趾曰："天刑之，安可解！"（《庄子·德充符》）

　　庄子通过系列的寓言，说明有比人的外形更尊贵的生命存在，那就是人的神、人的德。真正可以达到德充于内，形忘于外的，才可以做到"不言之教"。这种人，就是所谓的"全德之人"。正如其所说：

　　死生、存亡、穷达、贫富、贤与不肖、毁誉、饥渴、寒暑，是事之变、命之行也。日夜相代乎前，而知不能规乎其始者也。故不足以滑和，不可入于灵府。使之和豫，通而不失于兑。使日夜无隙，而与物为春，是接而生时于心者也。（《庄子·德充符》）

　　故德有所长而形有所忘。人不忘其所忘而忘其所不忘，此谓诚忘。

（《庄子·德充符》）

　　有人之形，无人之情。有人之形，故群于人；无人之情，故是非不得于身。眇乎小哉，所以属于人也；謷乎大哉，独成其天。

（《庄子·德充符》）

　　庄子与老聃的密切关系，还体现在今传本《庄子》一书中提到老聃共十六事，而且往往先言老聃。提到仲尼虽然比老聃还多，但仲尼的形象全部都是问道学道或与弟子论道。老聃的形象则全部是讲道，可见庄子以老聃为师的思想倾向。同时，《庄子》还有引录老聃之言但并未明确称出于老聃的，如"昔吾闻之大成之人曰：'自伐者无功，功成者堕，名成者亏。'孰能去功与名而还与众人！""自伐者无功"，见于《老子》第二十四章，后两句不见于今本《老子》。但这里称"昔吾闻之大成之人"，说明此大成之人，或指老聃，或另为庄子之前，老子之外知识文献的传承者。

庄子的初衷，当然无意于发扬传承道家学派，然而客观上起到了这样一个作用。最主要的原因在于，庄子从内向超越一路，发挥了老子的"道"。庄子言"道""知道""守道""自然""无为""不言"等诸多方面都对老子的思想进行了深层次的阐释。同时，庄子再进一步，形成了一种超越的人生观，包括死生一如观、物我一体观等等，认为人生的理想在于超脱相对的有限的世界，而逍遥于绝对的无限世界。达到了这种境界的人，就叫做"至人""神人"或"真人"。为达到此人生最高境界，就要"无为""无用"，断绝名利欲望，除去成心，乃至于为心斋坐忘等等。由此看来，庄子的思想确实比老子更为详密，更为彻底。有了这个"要本归于老子之言"的庄子，使得一个"纯粹的道家"得以形成。

还要说明一个问题，《庄子·天下》既概括了关尹、老聃的思想，也单独概述了庄子的思想。钱基博先生曾著有《读庄子天下篇疏记》，在"论庄周"时，对"庄周闻其风而悦之"的"道术"，作了逐句的解说，以老子之言进行比较，说明"其要本归于老子之言"，然后指出：

> 一言以蔽之曰"道法自然"，曰"绝圣弃知"而已。"古之道术有在于是者"，盖庄周以自明其学之所宗，而非所以自明其学也。余观庄周，所以自明其学者，特详造辞之法与著书之趣，所不同于诸家者也。

在具体解说了"造辞之法与著书之趣"以后说：

> 换言之曰：未能如关尹、老聃之"以本为精，以物为粗，以有积为不足，澹然独与神明居"尔！夫"以本为精"，则"应于化"矣！"以物为粗"，则"解于物"矣，"应于化而解于物"，则尽"芒乎昧乎"之道，而能以"不足"用其"有积"，"澹然独与神明居"矣！此关尹老聃之所以为"博大真人"，而庄生未以自许也。

这些分析和议论应当是恰当的。

具体而言，庄子对于老学的进一步深入发展，所形成的独特气质，可以概括为以下几个方面。

一、对天人关系的重新思考

《老子》各章言天道、天下、天地，而往往以"观"的方式，如第五十四章："故以身观身，以家观家，以乡观乡，以国观国，以天下观天下。吾何以知天下然哉？以此。"以"法"的方式，如第二十五章："人法地，地法天，天法道，道法自然。"庄子则注重从"道通为一"的角度，消解天人之间的隔阂，建立一种内在的天人合一。如其曰：

> 夫欲免为形者，莫如弃世。弃世则无累，无累则正平，正平则与彼更生，更生则几矣！事奚足弃而生奚足遗？弃事则形不劳，遗生则精不亏。夫形全精复，与天为一。天地者，万物之父母也。合则成体，散则成始。形精不亏，是谓能移。精而又精，反以相天。（《庄子·达生》）

或言物化，以示现"道通为一"体验：

> 昔者庄周梦为胡蝶，栩栩然胡蝶也。自喻适志与！不知周也。俄然觉，则蘧蘧然周也。不知周之梦为胡蝶与？胡蝶之梦为周与？周与胡蝶则必有分矣。此之谓物化。（《庄子·齐物论》）

河伯曰："然则何贵于道邪？"北海若曰："知道者必达于理，达于理者必明于权，明于权者不以物害己。至德者，火弗能热，水弗能溺，寒暑弗能害，禽兽弗能贼。非谓其薄之也，言察乎安危，宁于祸福，谨于去就，莫之能害也。故曰：'天在内，人在外，德在乎天。'知天人之行，本乎天，位乎得，蹢躅而屈伸，反要而语极。"曰："何谓天？

何谓人?"北海若曰:"牛马四足,是谓天;落马首,穿牛鼻,是谓人。故曰:'无以人灭天,无以故灭命,无以得殉名。谨守而勿失,是谓反其真。'"(《庄子·秋水》)

庄子论天人关系,突出了自然的至高价值,强调人与自然的有机合一。

二、对个体生命自然本性的极致强调

庄子更关心的是每个个体生命的生存状态,尤其是将"人为"的生命内化为"自然"的生命,反对通过刻意的人为去改变人自然本性中的真诚真性,认为儒者所强调的礼乐教化、自以为是的妄为,都像多余的赘肉、骈拇枝指一样,会对自然的生命形成不必要的戕害,这成为他立论的一个重要的落脚点。如言:

> 骈拇枝指,出乎性哉!而侈于德。附赘县疣,出乎形哉!而侈于性。多方乎仁义而用之者,列于五藏哉!而非道德之正也。是故骈于足者,连无用之肉也;枝于手者,树无用之指也;多方骈枝于五藏之情者,淫僻于仁义之行,而多方于聪明之用也。
>
> 是故骈于明者,乱五色,淫文章,青黄黼黻之煌煌非乎?而离朱是已。多于聪者,乱五声,淫六律,金石丝竹黄钟大吕之声非乎?而师旷是已。枝于仁者,擢德塞性以收名声,使天下簧鼓以奉不及之法非乎?而曾史是已。骈于辩者,累瓦结绳窜句,游心于坚白同异之间,而敝跬誉无用之言非乎?而杨墨是已。故此皆多骈旁枝之道,非天下之至正也。彼至正者,不失其性命之情。(《庄子·骈拇》)
>
> 且夫待钩绳规矩而正者,是削其性者也;待绳约胶漆而固者,是侵其德者也;屈折礼乐,呴俞仁义,以慰天下之心者,此失其常然也,天下有常然。常然者,曲者不以钩,直者不以绳,圆者不以规,方者不以矩,附离不以胶漆,约束不以纆索。故天下诱然皆生而不知其所

以生，同焉皆得而不知其所以得。故古今不二，不可亏也，则仁义又
奚连连如胶漆纆索而游乎道德之间为哉？使天下惑也！（《庄子·骈
拇》）

故曰：丧己于物，失性于俗者，谓之倒置之民。（《庄子·缮性》）

《庄子》用大段的篇幅阐述：

吾意善治天下者不然。彼民有常性，织而衣，耕而食，是谓同德；
一而不党，命曰天放。故至德之世，其行填填，其视颠颠。当是时也，
山无蹊隧，泽无舟梁；万物群生，连属其乡。禽兽成群，草木遂长。
是故禽兽可系羁而游，鸟鹊之巢可攀援而窥。

夫至德之世，同与禽兽居，族与万物并。恶乎知君子小人哉！同
乎无知，其德不离；同乎无欲，是谓素朴。素朴而民性得矣。及至圣
人，蹩躠为仁，踶跂为义，而天下始疑矣。澶漫为乐，摘僻为礼，而
天下始分矣。故纯朴不残，孰为牺樽！白玉不毁，孰为珪璋！道德不
废，安取仁义！性情不离，安用礼乐！五色不乱，孰为文采！五声不
乱，孰应六律！夫残朴以为器，工匠之罪也；毁道德以为仁义，圣人
之过也。（《庄子·马蹄》）

《老子》第十章、第二十二章分别强调"抱一"，当为老子对于个体生
命的一种理解，就是应使个体生命返归于道，保守于道，这就是"深根固
柢，长生久视之道"。老子亦强调"素朴"之生命，但并没有展开，何为
"素朴"。至庄子将"素朴"与个体的生命本性紧密联系起来，自然的生命
本性就是素朴。仁义礼法，相当于破坏这种素朴存在状态的雕琢。可以看
出，庄子将个体自然的存在与人为仁义礼法政治教化的有为对立起来，其
言说的方向也指向了对现实有为政治的批判。如果老子的言说更多是对侯
王为代表的政治主体提出自我约束的谏言，希望他们能够修道以达于无为
之治。庄子则站在个体生命的立场上，奉劝在上位的统治者或者学者们，

不要迷信有为政治，不要以破坏、伤害人的自然本性为代价确立自己的制度权威。

《老子》第二十四章："企者不立，跨者不行，自见者不明，自是者不彰，自伐者无功，自矜者不长。其在道也，曰余食赘形。物或恶之，故有道者不处。"褚伯秀指出："窃谓当篇①本意，原于《道德经》之'余食赘形'，以明自见、自矜者之远于道。而南华敷演滂流，浩瀚若此。夫人之德性粹然如玉在璞，其所渐被木润山辉，及为聪明所凿，仁义所分，但知求善于物，在己之真纯丧矣。"②褚伯秀庄老互证，阐明了庄子对于个休生命自然本性之发挥的极致强调。

三、对标榜圣智仁义之学的激烈抨击

传世本《老子》第十九章有"绝圣弃智"，郭店楚简甲本作"绝智弃辩"。至帛书本都已经定型为"绝圣弃智"。

《庄子·在宥》曰："吾未知圣知之不为桁杨椄槢也，仁义之不为桎梏凿枘也。曾史之不为桀跖嚆矢也。故曰：绝圣弃智，而天下大治。"《庄子·胠箧》："世俗之所谓知者，有不为大盗积者乎。所谓圣者，有不为大盗守者乎。"《庄子·胠箧》："圣人已死，则大盗不起。天下平而无故矣。圣人不死，大盗不止。虽重圣人而治天下，则是重利盗跖也。"这样一种对标榜圣智仁义的批评，直接影响了其后的道家著作，如《文子·道原》曰："绝学无忧，绝圣弃智，民利百倍。"《淮南子·道应训》：

> 跖之徒问跖曰："盗亦有道乎？"跖曰："奚适其无道也！夫意而中藏者，圣也；入先者，勇也；出后者，义也；分均者，仁也；知可否者，智也。五者不备而能成大盗者，天下无之。"由此观之，盗贼之

---

① 当篇，指《庄子·骈拇》篇。

② （宋）褚伯秀：《南华真经义海纂微》，见《中华道藏》第十四册，华夏出版社2004年版，第154页。

心，必托圣人之道而后可行。故老子曰："绝圣弃智，民利百倍。"

又传世本《老子》："绝仁弃义，民复孝慈。绝巧弃利，盗贼无有。"郭店简甲原文作："绝考（巧）弃利，眺（盗）恻（贼）亡又（有）。绝伪（伪）弃虑，民复季（孝）子（慈）。"帛书甲乙本语句及顺序与今本基本相同，说明改动在战国晚期就已完成。裴锡圭《纠正我在郭店老子简释读中的一个错误——关于"绝伪弃诈"》一文中认为：这句的释读有误，应作"绝伪弃虑，民复季子"。意谓"弃绝违背自然的作为和思虑，人们就会浑朴得和稚子一样"。[①]《老子想尔注》说出了为何《老子》一书后来被加上了"绝圣弃智""绝仁弃义"这样的话。《老子想尔注》曰：

> 治国去道，听任天下仁义之人，勿得强赏也。所以者，尊大其化，广开道心。人为仁义，自当至诚，天自赏之，不至诚者，天自罚之。天察必审于人，皆知尊道畏天，仁义便至诚矣。今王政强赏之，民不复归天，见人可欺，便诈为仁义，欲求禄赏。旁人虽知其邪，交见得官禄，便复慕之。诈为仁义，终不相及也。世人察之不审，故绝之勿赏，民悉自复孝慈矣。此义平忤俗夫心，久久自解，与道合矣。人君深当明之也。

改动者的思考点在于"诚"与"伪"，同样是仁义，有发于内心真诚的仁义，有为了博得社会认可和物质利益的仁义，后者显然掺杂了更多的功利思想在其中。统治者崇尚仁义，也便随之带动一些人追求仁义的表现，以获得现实的利益。道家后学所要绝的是伪仁义，而儒家后学也意识到了这个思想的漏洞，意识到不能单纯地提倡仁义，于是《中庸》更强调"明诚"。从中可以看出，这种激烈抨击伪圣智仁义礼法的思想是庄子在老子思想基础上的进一步发挥。

---

① 裴锡圭：《纠正我在郭店老子简释读中的一个错误——关于"绝伪弃诈"》，见武汉大学中华文化研究院编《郭店楚简国际学术研讨会论文集》，第 29 页。

四、庄子的内观内修之路

庄子以至人、神人、圣人、真人为最高的理想人格形态。若欲达到这样的人格境界，必然经过一条去累返真的内观内修之路。庄子用了大量的寓言以及理论来表达这样一种超越的取向，比较有代表性的如坐忘、心斋。《庄子·大宗师》借颜回仲尼之口说：

> 颜回曰："回益矣。"仲尼曰："何谓也？"曰："回忘仁义矣。"曰："可矣，犹未也。"他日复见，曰："回益矣。"曰："何谓也？"曰："回忘礼乐矣！"曰："可矣，犹未也。"他日复见，曰："回益矣！"曰："何谓也？"曰："回坐忘矣。"仲尼蹴然曰："何谓坐忘？"颜回曰："堕肢体，黜聪明，离形去知，同于大通，此谓坐忘。"

心斋、坐忘的实质，无非是《庄子·逍遥游》篇"至人无己，神人无功，神人无名"这一核心指向的再发挥。《庄子·应帝王》也指出"无为"，正在于心的无为自然：

> 无为名尸，无为谋府；无为事任，无为知主。体尽无穷，而游无朕；尽其所受乎天，而无见得，亦虚而已！至人之用心若镜，不将不迎，应而不藏，故能胜物而不伤。
>
> 南海之帝为儵，北海之帝为忽，中央之帝为浑沌。儵与忽时相与遇于浑沌之地，浑沌待之甚善。儵与忽谋报浑沌之德，曰："人皆有七窍以视听食息，此独无有，尝试凿之。"日凿一窍，七日而浑沌死。

这或许正是庄子思想最大的独特性所在。

五、理想人格的变迁

老子关于理想人格，或称为圣人，或称为愚人。至庄子则多处强调"真人"。如《庄子·田子方》借田子方之口称赞其师东郭顺子曰：

> 其为人也真。人貌而天虚，缘而葆真，清而容物。物无道，正容以悟之，使人之意也消。

此盖为庄子学说体系中理想的人格模式。《庄子·田子方》曰：

> 古之真人，知者不得说，美人不得滥，盗人不得劫，伏戏、黄帝不得友。死生亦大矣，而无变乎己，况爵禄乎！若然者，其神经乎大山而无介，入乎渊泉而不濡，处卑细而不惫，充满天地，既以与人己愈有。

《庄子·刻意》篇则更为具体地把真人和其他五种人，包括山谷之士、平世之士、朝廷之士、江海之士、导引之士区别开。他说"真人"具备不刻意而自然具备的与道合一的纯粹，即：

> 若夫不刻意而高，无仁义而修，无功名而治，无江海而闲，不导引而寿，无不忘也，无不有也。澹然无极而众美从之。此天地之道，圣人之德也。

又说：

> 纯素之道，唯神是守。守而勿失，与神为一。一之精通，合于天伦。野语有之曰："众人重利，廉士重名，贤士尚志，圣人贵精。"故

素也者，谓其无所与杂也；纯也者，谓其不亏其神也。能体纯素，谓
之真人。

《庄子·大宗师》篇详细描写何为"真人"：

> 且有真人而后有真知。何谓真人？古之真人，不逆寡，不雄成，
> 不谟士。若然者，过而弗悔，当而不自得也。若然者，登高不栗，入
> 水不濡，入火不热，是知之能登假于道者也若此。
>
> 古之真人，其寝不梦，其觉无忧，其食不甘，其息深深。真人之
> 息以踵，众人之息以喉。屈服者，其嗌言若哇。其耆欲深者，其天
> 机浅。
>
> 古之真人，不知说生，不知恶死。其出不欣，其入不距。翛然而
> 往，翛然而来而已矣。不忘其所始，不求其所终。受而喜之，忘而复
> 之。是之谓不以心捐道，不以人助天，是之谓真人。

于是合道之"真人"就有了《逍遥游》中"藐姑射山之神人"的超脱
世俗，"澹然无极而众美从之"的神妙化功，而不同于老子守曲贵柔谦下的
体道人格。由老子的圣人到庄子的真人，可以看出庄子理想人格的变迁。

六、由小国寡民到至德之世

庄子的社会理想与老子十分相似，主张回复到太古的"至德之世"。庄
子书中的理想国，如借市南宜僚之口描绘的建德之国：

> 南越有邑焉，名为建德之国。其民愚而朴，少私而寡欲；知作而
> 不知藏，与而不求其报；不知义之所适，不知礼之所将。倡狂妄行，
> 乃蹈乎大方。其生可乐，其死可葬。吾愿君去国捐俗，与道相辅而行。
>
> （《庄子·山木》）

此理想治国正是建立在对于老子"小国寡民"之理想的反驳和推进。如《庄子·胠箧》篇说：

> 故尝试论之：世俗之所谓知者，有不为大盗积者乎？所谓圣者，有不为大盗守者乎？何以知其然邪？昔者齐国邻邑相望，鸡狗之音相闻，罔罟之所布，耒耨之所刺，方二千余里。阖四竟之内，所以立宗庙社稷，治邑屋州闾乡曲者，曷尝不法圣人哉？然而田成子一旦杀齐君而盗其国，所盗者岂独其国邪？并与其圣知之法而盗之，故田成子有乎盗贼之名，而身处尧舜之安。小国不敢非，大国不敢诛，十二世有齐国，则是不乃窃齐国并与其圣知之法以守其盗贼之身乎？

庄子对当时社会现实进行了激烈的批评，认为"窃钩者诛，窃国者为诸侯，诸侯之门而仁义存焉"（《庄子·胠箧》），批判的锋芒直指当时的统治者。庄子认为，圣知仁义礼乐之类的文明破坏了自然的人性，造成了人的虚伪争夺，社会上的诸多弊端也由此而起。只有上古的至德之世，一切处于混茫的状态，人们有智而无所用之，四时有序，万物和谐，人性素朴，那才是最理想的社会。

七、"游心"的体验与生命的突破

庄子很重视"游"和"游心"，如《山木》篇言：

> 若夫乘道德而浮游则不然，无誉无訾，一龙一蛇，与时俱化，而无肯专为。一上一下，以和为量，浮游乎万物之祖。物物而不物于物，则胡可得而累邪！此神农、黄帝之法则也。

《庄子·田子方》篇言：

孔子见老聃，老聃新沐，方将被发而干，慹然似非人。孔子便而待之。少焉见，曰："丘也眩与？其信然与？向者先生形体掘若槁木，似遗物离人而立于独也。"老聃曰："吾游心于物之初。"孔子曰："何谓邪？"曰："心困焉而不能知，口辟焉而不能言。尝为汝议乎其将：至阴肃肃，至阳赫赫。肃肃出乎天，赫赫发乎地。两者交通成和而物生焉，或为之纪而莫见其形。消息满虚，一晦一明，日改月化，日有所为而莫见其功。生有所乎萌，死有所乎归，始终相反乎无端，而莫知乎其所穷。非是也，且孰为之宗！"孔子曰："请问游是。"老聃曰："夫得是至美至乐也。得至美而游乎至乐，谓之至人。"孔子曰："愿闻其方。"曰："草食之兽，不疾易薮；水生之虫，不疾易水。行小变而不失其大常也，喜怒哀乐不入于胸次。夫天下也者，万物之所一也。得其所一而同焉，则四支百体将为尘垢，而死生终始将为昼夜，而莫之能滑，而况得丧祸福之所介乎！弃隶者若弃泥涂，知身贵于隶也。贵在于我而不失于变。且万化而未始有极也，夫孰足以患心！已为道者解乎此。"

游的先决条件正在于破除种种的束缚，这就又回到了庄子在《逍遥游》中所说的"无己""无功""无名"。《山木》篇载：

市南子曰："少君之费，寡君之欲，虽无粮而乃足。君其涉于江而浮于海，望之而不见其崖，愈往而不知其所穷。送君者皆自崖而反。君自此远矣！故有人者累，见有于人者忧。故尧非有人，非见有于人也。吾愿去君之累，除君之忧，而独与道游于大莫之国。方舟而济于河，有虚船来触舟，虽有偏心之人不怒。有一人在其上，则呼张歙之。一呼而不闻，再呼而不闻，于是三呼邪，则必以恶声随之。向也不怒而今也怒，向也虚而今也实。人能虚己以游世，其孰能害之！"

  庄子的"游""游心",讲的都是一种精神的自由,是一种去掉物累、摆脱世俗的拘束、摆脱自我的约束与局限的生命境界。

  庄子的人生哲学和思想学说在《庄子》内七篇中有着比较系统的体现。《庄子·天下》堪称中国最早的学术思想史篇章,对于先秦思想学说的理想和现实都有比较完整的描述。其开篇首先阐述了道家学派所崇尚的学术理想和理想人格、政治境界,他说:

  天下之治方术者多矣,皆以其有为不可加矣!古之所谓道术者,果恶乎在?曰:"无乎不在。"曰:"神何由降?明何由出?""圣有所生,王有所成,皆原于一。"不离于宗,谓之天人;不离于精,谓之神人;不离于真,谓之至人。以天为宗,以德为本,以道为门,兆于变化,谓之圣人;以仁为恩,以义为理,以礼为行,以乐为和,熏然慈仁,谓之君子;以法为分,以名为表,以参为验,以稽为决,其数一二三四是也,百官以此相齿;以事为常,以衣食为主,蕃息畜藏,老弱孤寡为意,皆有以养,民之理也。古之人其备乎!配神明,醇天地,育万物,和天下,泽及百姓,明于本数,系于末度,六通四辟,小大精粗,其运无乎不在。其明而在数度者,旧法、世传之史尚多有之;其在于《诗》《书》《礼》《乐》者,邹鲁之士、缙绅先生多能明之。

  从这一段中,我们可以看到作者对古之"道术"、古之"圣人"最为推崇,一者古之"道术"为一完备之整体,神明、圣王皆由其所生,所谓"皆原于一"。古之"圣人",为不离于道之根本,应世变化之人。其所谓理想中的圣人,绝非远离世事的隐士与高蹈之士,而是能够"配神明,醇天地,育万物,和天下,泽及百姓,明于本数,系于末度,六通四辟,小大精粗,其运无乎不在"者。由此,庄子提出"内圣外王之道",作为道家的理想人格与理想境界。这也就是上文所说的庄子要将古之圣人、真人、至人、神人等道家的理想人格与所谓的山谷之士、江海之士、导引之士相区别。

庄子的"其要本归于老子之言",也就是庄子在本质上继承了老子的思想,并在此基础上,展开了关于个体生命如何通过内在的精神调适,实现对于有限、有待、现实的超越,回归无限、自由、自然道境。从这个意义上说,庄子代表了道家当中个体内在精神超越,从而遨游于大道之境的取向。

然而,庄子并非一个单独的存在。在他之前和之后,其实活跃着一批持大体相同看法的学者,他们同样的自隐无名,所以生平事迹十分模糊。他们思考自我的生命真谛,脱落世俗的羁绊。他们反对现实中的执着、繁琐与虚伪,倡导自然、真实、自由、悦适的生命境界。他们不愿意为了名利的追求牺牲生命的自在,宁可贫穷中寂寂无名而坚守内心的自在充实。前人试图称之为"纯粹"的道家、"正统"的道家。然而何谓"纯粹",何为"正统"? 其实是立场不同看法也不同的概念。正如班固《汉书·艺文志》评价说:

> 道家者流,盖出于史官,历记成败存亡祸福古今之道,然后知秉要执本,清虚以自守,卑弱以自持,此君人南面之术也。合于尧之克攘,易之嗛嗛。一谦而四益,此其所长也。及放者为之,则欲绝去礼学,兼弃仁义,曰独任清虚可以为治。[①]

班固以"君人南面之术"的道家为正统,以"绝去礼学,兼弃仁义"的道家为"放者",显然视之为别派。因此,我们倾向于称庄周派为"内圣道家"派,也就是偏于内在超越提升的一路。庄子在这个方向呈现了全面系统的成果,影响最为深远。

《庄子》一书,今传本包括 33 篇,内 7 篇、外 15 篇、杂 11 篇。班固《汉书·艺文志》载庄子 52 篇,则汉代人看到的《庄子》原本显然内容更为丰富。

---

① (汉)班固:《汉书》卷三十《艺文志》,中华书局 1962 年版,第 1732 页。

　　《庄子》一书自汉代以来，基本是在知识阶层中私下传播，但到了魏晋时，老、庄、易号称三玄。《庄子》之学也一跃成为显学。士大夫们以《庄子》中的话题如"逍遥游""圣人哀乐"等为辩论清谈的话题，在其中感受到无穷的精神乐趣。唐代尊崇老子，道家地位随之提升。唐玄宗时追号庄子为南华真人，《庄子》得称《南华真经》。宋徽宗封庄子为微妙元通真君。解释《庄子》的代表作为西晋郭象的《庄子注》、唐代成玄英的《庄子疏》为最古。

第九章　逍遥游

——关于个体"自由"

在进入《庄子》文本研读之前，我们需要先了解庄子特殊的语言方式。

《庄子·天下》篇曰："以谬悠之说，荒唐之言，无端崖之辞，时恣纵而不傥，不以觭见之也。以天下为沉浊，不可与庄语。"谬，虚也。王闿运曰：读为"寥"。悠，远也。荒唐，广大也。（成玄英疏）恣纵，自由放任。不傥（党），不偏党。王叔岷曰："傥，本或作党。"觭，《说文解字·角部》："觭，角一俯一仰也。"倾斜不正之意。不从一端一角来认识事物。也就是说，庄子用来说理的语言是根据理的需要信手采撷，可能来自于广大悠远的想象，而非实有其事，重点是使读者借助语言，悟透其中的义理，之后便可以得意忘言，得鱼忘筌，而不要执着于语言本身。

又《庄子·天下》篇中归纳了庄子的"三言"之说："以卮言为曼衍，以重言为真，以寓言为广。独与天地精神往来，而不敖倪于万物。"成玄英疏曰："卮言，不定也。曼衍，无心也。"卮，古同"卮"，本义为古代的酒器。酒器酒满则四向流溢，不会向固定的方向溢出。用以形容语言表达，就是其说并非根据固定的思维或固定的语言，而多出于信手拈来的借喻，重点在于使读者能摆脱寓言的局限，直达义理本身。重言，成玄英疏曰："尊老也。""耆艾之谈，体多真实"表示当世有名望的老人所说之言为能体真实的重要之言。寓言，成玄英疏曰："寓，寄也。""寄之他人，其理深广，则鸿蒙云将海若之徒是也。"

其次，我们还需要了解《庄子》一书的篇章结构。《庄子》内七篇，外十五篇，杂十一篇。一般认为内七篇为庄子自作，外、杂篇为庄子弟子及后学根据庄子言行所撰。因此，内七篇相当于庄子思想的核心主干部分，外、杂篇多继续诠释内七篇的内容。内七篇包括：逍遥游第一，齐物论第二，养生主第三，人间世第四，德充符第五，大宗师第六，应帝王第七。透过《庄子》一书的整体，我们似乎可以看到庄子思想有一条较为清晰的轨迹——寻求内在的超越、突破与回归。从内篇《逍遥游》第一，鲲化为鹏，高举以向南溟，到外篇之末《知北游》的知向北回归，再到内篇第七的《应帝王》，南海之帝儵与北海之帝忽一起相聚在中央之帝浑沌之地，其总体上呈现一条螺旋式上升最终而达于中心的内在提升之路，也体现了庄子并非逃世、出世，相反他表达了最终的用世精神。

《庄子·逍遥游》篇无疑是其思想的起点。那么何谓"逍遥游"？逍遥二字，在《诗经》《楚辞》中皆有运用，如《诗经·郑风·清人》有："二矛重乔，河上乎逍遥。"楚辞《离骚》有："聊逍遥以相羊。"有彷徨、徘徊不进之义。《庄子》书中也多次出现，如本篇有："彷徨乎无为其侧，逍遥乎寝卧其下。"《大宗师》篇有："彷徨乎尘垢之外，逍遥乎无为之业。"推其本义盖与"彷徨"略同。又《庄子·天运》篇有："古之至人，假道于仁，托宿于义，以游逍遥之虚，食于苟简之田，立于不贷之圃。逍遥，无为也；苟简，易养也；不贷，无出也。古者谓是采真之游。"又《庄子·让王》篇有："日出而作，日入而息，逍遥于天地之间，而心意自得。吾何以天下为哉！"这里的逍遥可以直接释为"无为也"，或者"心意自得"。

历来关于《逍遥游》篇主题的阐释也多有不同。西晋郭象解释说："夫小大虽殊，而放于自得之场，则物任其性，事称其能，各当其分，逍遥一也。岂容胜负于其间哉？"认为不论小大，只要能发挥自己自然的生命，自得自在，就一样是逍遥的。郭象的说法显然是为了适应西晋社会思潮，将逍遥普及于小大高低，所有的生命只要能任其自性就可逍遥。能任从本性，就成为重要的主张。然而对比庄子本意，这一观点似乎有所缺失。

东晋支道林《逍遥论》发于东晋清谈之间，他的见解得到了当时士大夫的推崇。他说："夫逍遥者，明至人之心也。庄生建言大道，而寄指鹏鷃，鹏以营生之路旷，故失适于体外；鷃以在近而笑远，有矜伐于心内。至人乘天正而高兴，游无穷于放浪。"按照支道林的说法，大不逍遥，小不逍遥，唯至人之心可以乘天地之自然，游无穷之大道，得真正的逍遥境。

唐陆德明《经典释文》说："逍音销，亦作消。遥，如字，亦作摇。""逍遥游者，义取闲放不拘，怡适自得。"唐释湛然《止观辅行传弘决》引王眊（mào）夜云："消摇者，调畅逸豫之意。夫至理内足，无时不适；止怀应物，何往不通。以斯而游天下，故曰消摇。"逍遥，即"消摇"。

综合以上，逍遥游的含义，盖为突破心理的蔽障与束缚，从太多的目的和意义中解放出来，回归生命本真的当下畅适放松的状态，回归本始的自然大道之境，从而发挥生命天机潜能的生存状态。《庄子·逍遥游》明至人之心，自我解缚，自我调适，自我拓展。浩瀚的宇宙之中，每个个体的生命虽然渺小但却本来是自由自在的，本来是具有与道相合的自然本性的。出于功利目的的追求，人的心灵也被套上了重重的枷锁，蒙上了厚厚的灰尘。人如何能在生命过程中通过自我解缚和调适，以一种理想的精神状态和快乐的精神体验全神贯注地投入世间的事业，这是庄子所关心的。下面我们通过细读《逍遥游》文本来探索其中的内在精神。

一、开篇：鲲鹏变化高飞远举待风而行

北冥有鱼，其名为鲲。鲲之大，不知其几千里也。化而为鸟，其名为鹏。鹏之背，不知其几千里也。怒而飞，其翼若垂天之云。是鸟也，海运则将徙于南冥。南冥者，天池也。《齐谐》者，志怪者也。《谐》之言曰："鹏之徙于南冥也，水击三千里，抟扶摇而上者九万里，去以六月息者也。"野马也，尘埃也，生物之以息相吹也。天之苍苍，其正色邪？其远而无所至极邪？其视下也，亦若是则已矣。

冥，通溟，深海也。溟漠无涯之义。

鲲，《尔雅·释鱼》作"鱼子"。鱼子本小，在《庄子》中似借为大鱼。以鲲指称大鱼，正如《庄子·天下》篇中称："以卮言为曼衍，以重言为

真，以寓言为广。独与天地精神往来，而不敖倪于万物。"体现了庄子对语言符号的怀疑态度，得鱼尽可以忘筌，得意尽可以忘言，而不必拘泥执着于语词的固定指向。

鹏，古"凤"字。

化，成玄英疏曰："夫四序风驰，三光电卷。是以负山岳而舍故，杨舟壑以趋新。故化鱼为鸟，欲明变化之大理也。"自然之变化无穷，庄子开篇鲲化为鹏，犹虫化为蝶，万物之流转变化，都称之为"大化"。陶渊明《形神影》其三曰："纵浪大化中，不喜亦不惧。应尽便须尽，无复独多虑。"

怒，非愤怒之意，而是通"努"，勉力奋发之意。如："鲜衣怒马少年时。"

垂天之云，司马彪曰：若云垂天旁。

海运，相当于飓风。

庄子开篇通过鲲鹏之变，演出自然神奇之变化，呈现世间所能想象的最大生命摩天而起的壮游场景。从北溟到南溟的辽远轨迹，将读者的视线最大限度地拉向缥缈无垠。尤其是大鹏扶摇而上九万里之时，环顾天地，苍苍茫茫，无边无际，仿佛今人乘坐飞机穿行云层上下，别是一番天地，然仍是天外有天，无边无际。由此徐徐牵出所寄之意，我们所能想象的天地之间最大的生物，它们是否已达逍遥之境？从庄子的叙述看，非也。尚需凭六月之飓风，方可托起它高飞远举的双翼。也并非去来自如，无拘无束。

二、蜩与鷽鸠在近笑远亦不逍遥

　　蜩与鷽鸠笑之曰："我决起而飞，抢榆枋，时则不至而控于地而已矣，奚以之九万里而南为？"适莽苍者，三餐而反，腹犹果然；适百里者，宿舂粮；适千里者，三月聚粮。之二虫又何知！

本篇中描写了蜩与鸴鸠看见大鹏乘风高举九万里之后的嘲笑。鸴鸠，即今天的斑鸠。决，迅疾的。抢，集也，一说擦过。奚，为何？莽苍，近郊。

这一段拟人的话语生动有趣，小的生物因为视野的局限，无法理解大的生物的境界和体验，只能用吃不到葡萄说葡萄酸的语调来恣意嘲讽。读者看到这里，也会不自觉地一笑，看到小的生物自己是井底之蛙还并不知道自己的局限的模样。

三、小大高低之性殊，单从外在条件看，皆不得无待

　　小知不及大知，小年不及大年。奚以知其然也？朝菌不知晦朔，蟪蛄不知春秋，此小年也。楚之南有冥灵者，以五百岁为春，五百岁为秋；上古有大椿者，以八千岁为春，八千岁为秋。而彭祖乃今以久特闻，众人匹之，不亦悲乎！

由大鹏和小鸟说到天地间万事万物皆如此，有小知者，有大知者。有小年者，有大年者。小年者譬如朝菌蟪蛄，大年者譬如冥灵大椿彭祖，其间也有着天壤之别。故成玄英疏曰："斯尽辨小大之性殊。"

　　故夫知效一官，行比一乡，德合一君，而征一国者，其自视也亦若此矣。而宋荣子犹然笑之，且举世而誉之而不加劝，举世而非之而不加沮，定乎内外之分，辩乎荣辱之境，斯已矣。彼其于世，未数数然也。虽然，犹有未树也。夫列子御风而行，泠然善也，旬有五日而后反。彼于致福者，未数数然也。此虽免乎行，犹有所待者也。

与自然界的小大差别相通，人类社会也存在从低到高的差别，也发出小不知大的嘲笑、大犹有待的困惑。

四、无待指向内在精神

那么，如何才算"无待"？《逍遥游》接下来说：

> 若夫乘天地之正，而御六气之辩，以游无穷者，彼且恶乎待哉！
> 故曰：至人无己，神人无功，圣人无名。

根据这段话，可知庄子所说的"无待"，首先指向人类，前面一切关于动物的寓言无非是将人放到整个自然界中加以审视。其次，"待"并非指外在需要凭借的条件，前面列子御风而行，已经说明人再高的修行也无法超脱对于外在条件的凭借。唯心中的念头如何生发，却是发自于个体内心，由个体所决定。因此，"待"当指向人的内在精神境界。其三，"无待"是"逍遥游"的必然条件。用庄子自己的话说，顺应天地自然之正道和阴阳风雨晦明的变化，将自己释放到无穷的至道，哪有什么"待"呢！

待，《说文解字》："待，俟也。"段玉裁注："等也。"其表面的字义当为等待。落实到人的内在精神的自由，则必须消解一切来自自我的"待"的束缚和遮蔽。这种内在的束缚和遮蔽又指什么呢？

从庄子的表述来分析，有待主要指自我预设的功利之目的，比如《庄子·山木》篇中说：

> 子桑雽曰："子独不闻假人之亡与？林回弃千金之璧，负赤子而趋。或曰：'为其布与？赤子之布寡矣；为其累与？赤子之累多矣。弃千金之璧，负赤子而趋，何也？'林回曰：'彼以利合，此以天属也。'夫以利合者，迫穷祸患害相弃也。以天属者，迫穷祸患害相收也。夫相收之与相弃亦远矣。且君子之交淡若水，小人之交甘若醴；君子淡以亲，小人甘以绝。彼无故以合者，则无故以离。"

　　林回舍弃千金之璧而背负孩子逃亡，旁边有人问："你为什么舍弃千金之璧而背小孩子逃亡呢？是为了钱吗？小孩子并没有钱。是害怕拖累吗？小孩子的拖累是最多的。"林回说："千金的璧玉，跟我只不过是利益关系；孩子与我则是天然一体的。因利益而相合，遇到窘迫、穷困、灾祸、患难，就会相互抛弃；天然一体的相属关系，遇到窘迫、穷困、灾祸、患难，就会相互收容帮助。相互收容和相互抛弃，天差地别。君子之间的交往像水一样清淡，小人之间的结交像香浓的甜酒；但君子之交虽淡却更长久更亲近，小人之交虽甜蜜却遇利而容易断绝。无缘无故而相聚拢的，必然会无缘无故地离散。"这则寓言道出了一个普遍的世俗的心态，就是凡为人处世必预设某种功利的目的，就是为了什么而做。然而，事实上这种功利目的是作为个体的人预设出来的。既然预设出了目的，便要在心里充满期待，必达到这个目的。这样一种目的性，反过来就成了牵绊人的内心的一根绳索，正如木偶的手脚被牵住一样，只能向这个目的走。林回的故事也说出了另一种状况，就是一种没有目的、利益的关系，只有天然的归属关系，人做事完全出于自然本性的生发，而没有为了什么目的去做，这时候就是一种合于自然之道的，发于内心的自然行为，不为了任何功利的目的。当此之时，心中只有一念而无其他目的，亦无任何功利目的的牵绊束缚。这一种状态应该就是庄子所说的"无待"的自由。庄子在此段之后，也重申了"无待"的思想，他说：

　　　　异日，桑雽又曰："舜之将死，真泠禹曰：'汝戒之哉！形莫若缘，情莫若率。缘则不离，率则不劳。不离不劳，则不求文以待形。不求文以待形，固不待物。'"（《庄子·山木》）

　　"真泠禹"，成玄英疏曰："用此真教命大禹。"舜将死之时，告诫禹曰："你一定要注意，为人处世，形体当顺应外物，情感当率由中出。形体顺应外物则常合于物，情感率真由中而发则无需劳神。不离于物，也不劳神，就不需要通过文饰以受限于形。不受限于形，当然也不必牵挂于外物。"其中所提到的"待形""待物"或为庄子"无待"的再阐释。对此，郭象注曰："形不假，故常全。情不矫，故常逸。任朴而直前也，朴素而足矣。"朴素则相当于老子所说的"为道日损，损之又损，以至于无为，无为而无不为也"（《老子》第四十八章）。减少而又减少一切自为的预设功利目的，率天然之真性情而为，则无劳而无待。

消解功利心，才能明了无用之为用。所以有：

> 宋人资章甫而适诸越，越人断发文身，无所用之。尧治天下之民，平海内之政。往见四子藐姑射之山，汾水之阳，窅然丧其天下焉。

因为追求有用，所以就会让自己的内心受到这一目的的牵引。对于无所用之的越人来说，无用的章甫（帽子）当然不会在他们的心中产生丝毫的影响。对于名无所用之的藐姑射山之神人，尧所看重的拥有天下的名誉，在他们看来当然也不会在心中产生任何的影响。不能牵引内心的原因在于视之为无用。视之为无用就等于取消了想要争取功利目的之心。由此也便获得了内在精神的逍遥自在。能够消解自我所带来的唯目的唯有用的心理，则会超越世俗识见而提升人格为至人、神人、圣人，故曰："至人无己，神人无功，圣人无名。"对此王夫之解曰："其行也无所图，其反也无所息，无待也。无待者，不待物以立己，不待事以立功，不待实以立名。小大一致，休于天均，则无不逍遥矣。"[①]

五、以无用为大用的问题

内心的有待，或为功名利禄之目的而动心，或为外境荣辱变化而动心，或自己为自己设置众多的担忧惊惧。庄子《逍遥游》正为解开有待之心，回归无待之逍遥。由此形成与世俗相反的认知方式。世俗以功利相高，道

---

① （清）王夫之：《庄子解》卷一，见《船山遗书》四十，同治四年湘乡曾氏刊本。

家以无用为大用。庄子用"尧让天下于许由"，"许由曰：归休乎君，予无所用天下为！"来加以阐释。巢父洗耳的寓言更是将崇尚功利的语言视作对生命的污染。

《逍遥游》篇的最后，通过庄惠之辩来阐述"无用之用"的道理。

> 惠子谓庄子曰："魏王贻我大瓠之种，我树之成而实五石。以盛水浆，其坚不能自举也。剖之以为瓢，则瓠落无所容。非不呺然大也，吾为其无用而掊之。"庄子曰："夫子固拙于用大矣。宋人有善为不龟手之药者，世世以洴澼絖为事。客闻之，请买其方以百金。聚族而谋曰：'我世世为洴澼絖，不过数金。今一朝而鬻技百金，请与之。'客得之，以说吴王。越有难，吴王使之将。冬与越人水战，大败越人，列地而封之。能不龟手一也，或以封，或不免于洴澼絖，则所用之异也。今子有五石之瓠，何不虑以为大樽而浮乎江湖，而忧其瓠落无所容？则夫子犹有蓬之心也夫！"

《人间世》篇也以匠石栎树的寓言说明"无用为大用"。

> 匠石归，栎社见梦曰："女将恶乎比予哉？若将比予于文木邪？夫柤（zhā）梨橘柚果蓏之属，实熟则剥，剥则辱。大枝折，小枝泄。此以其能苦其生者也。故不终其天年而中道夭，自掊击于世俗者也。物莫不若是。且予求无所可用久矣！几死，乃今得之，为予大用。使予也而有用，且得有此大也邪？且也若与予也皆物也，奈何哉其相物也？而几死之散人，又恶知散木！"
>
> 山木，自寇也；膏火，自煎也。桂可食，故伐之；漆可用，故割之。人皆知有用之用，而莫知无用之用也。

那么，到底什么是"无用之大用"呢？

"大瓠之种"的寓言，看似大而无用，只是从一种固定的眼光来看的，然而生命本身就具有各自的意义、各自的作用，关键看人如何去看待。世人皆知有用之用，但不知有用之用的追求，反过来会更快地伤害生命本身。无用之用，看上去游离于世俗要求之外，实际上本身可能正发挥着其生命本有的大用。正如"鹰击长空，鱼翔浅底，万类霜天竞自由"，才是自然生命的自由和大用。并不能按照世俗的眼光要求一切生命都以"搏击长空"为高。

"散木"的寓言，可以看到，庄子所说的"无用之用"，更多是对自然生命本身的尊重，是引导生命向自然大道的回归，而反对用人为的眼光去设限和界定，从而伤害生命。因此，从世俗的眼光看，虽然无用，但从自然的角度看，能尽生命本身之用，未尝不是一种大用。

庄子称："有真人而后有真知。""真人者，其寝不梦，其觉无忧。""不知悦生，不知恶死。"（《庄子·大宗师》）"万物无足以铙心者，故静也。"（《庄子·天道》）除我私见，破我固执，虚己以游世，游刃有余。通过体道合道，寻求至大的格局、更高的智慧、畅适的生命状态，从而打破人类自我中心主义。

更重要的，当人的内在精神从各种功利目的、自我设限、遮蔽中解放出来，回归到纯朴真率的自然状态下，其整个人是安住在自我本性的，是专注在当下的此时此刻的，是呈现放松畅适的愉悦状态的。正因精神的自由，才会让天赋潜能的创造灵感迸发出来，进入出神入化、鬼斧神工的超常创造情境之中。这或许是庄子一再强调"无用为大用"的根本用意。

在《庄子》一书中我们看到许多关于创造之神妙的寓言，如《养生主》篇的"庖丁解牛"，《达生》篇的"佝偻承蜩""梓庆削镓"，《田子方》篇的"为宋元君画图"等等，无不展现一种在无目的无功利状态下人的精神专注于当下时的超常的技艺发挥。

精神回归自由，才能进入更为广大的澄明之境，才会产生创造的灵感。正如陆机《文赋》所说："其始也，皆收视反听，耽思傍讯，精骛八极，心游万仞。""观古今于须臾，抚四海于一瞬。""恢万里而无阂，通亿载而为津。"刘勰《文心雕龙·神思》："文之思也，其神远矣。故寂然凝虑，思接千载。悄焉动容，视通万里。吟咏之间，吐纳珠玉之声。眉睫之前，卷舒风云之色。其思理之至乎。""是以陶钧文思，贵在虚静。疏瀹五脏，澡雪精神。"皆可谓深得道家之精髓。

总而言之，在庄子看来，对于人类来说，真正的自由来自于内在精神的解放，回归与自然之道相合的广大无限之境以及专注于当下的愉悦，而非外在形体的自由、不受限制。但值得进一步思考的是，内在精神的解放，如果没有回归与自然大道相合的广大无限之境，就只能成为班固《汉书·艺文志》中所说的"放者"，即放纵不羁，为所欲为，而无法导向专注于当下的创造精神的发挥。

第十章　齐物论
——莫若以明的认知方式

　　承上章所言，庄子的精神解放和专注于当下创造力的激发，都立基于体道悟道的内在提升。《齐物论》篇更为具体地深入到人的一般认知、语言过程，来呈现体道悟道之后的认知和语言方式，可以说是《逍遥游》篇的思想基础。

一、体道悟道者的知见状态

　　　　南郭子綦隐几而坐，仰天而嘘，嗒焉似丧其耦。颜成子游立侍乎前，曰："何居乎？形固可使如槁木，而心固可使如死灰乎？今之隐几者，非昔之隐几者也？"子綦曰："偃，不亦善乎，而问之也！今者吾丧我，汝知之乎？"

　　《齐物论》篇的开头，是一位得道的师者南郭子綦的现身说法。

　　隐几而坐，隐，倚也。几，几案。相当于凭倚几案而坐，实为一种当下的放松姿态。

　　仰天而嘘，郭庆藩《庄子集释》曰："吐气为嘘。"即仰头向天缓缓地吐气。此正相当于我们通常所说的观息。闭上眼睛，放下诸念，自然轻松地专注在一呼一吸上。周而复始，渐渐达到不必刻意用心，即能自然安心于呼吸之间，身心产生异常愉悦的感受。

　　嗒焉似丧其耦，司马彪注云：耦，身也。身与神为耦。成玄英疏曰："嗒焉，解释貌。耦，匹也。为身与神为匹，物与我为耦也。"解释，相当于化去消弭了。丧犹忘也。其人消弭了自身以及一切从自身出发的念头。精神生命与道相合，遨游于大道之境。

何居乎，司马彪云：犹故也。即何故也。

槁木死灰，郭象注曰："取其寂寞无情耳。夫任自然而忘是非者，其体中独任天真而已，又何所有哉。故止若立枯木，动若运槁枝，坐若死灰，行若游尘，动止之容，吾所不能一也。其于无心而自得，吾所不能二也。"

今者吾丧我，郭象注曰："吾丧我，我自忘矣。我自忘矣，天下有何物足识哉。故都忘外内，然后超然俱得。"暂时消解了我执我见，回归于真我，即生命与道合一的状态。

"吾丧我"三字，道出了得道者的境界。"我"，相当于个体的自我意识，以及由个体所生发出的我执、我见、自以为是、自大等等。故《逍遥游》中有"至人无己"之说。《老子》也有："天地所以能长且久者，以其不自生，故能长生。"总之，"自我"在道家看来，是对"道"的最大遮蔽，无我无心而道自得也。

二、三籁发于自然，人类的情辞知见源于自我之成心

子游曰："敢问其方。"子綦曰："夫大块噫气，其名为风。是唯无作，作则万窍怒号？而独不闻之翏翏乎？山林之畏佳，大木百围之窍穴，似鼻，似口，似耳，似枅，似圈，似臼，似洼者，似污者。激者、謞者、叱者、吸者、叫者、譹者、宎者，咬者，前者唱于而随者唱喁，泠风则小和，飘风则大和，厉风济则众窍为虚。而独不见之调调之刁刁乎？"子游曰："地籁则众窍是已，人籁则比竹是已，敢问天籁。"子綦曰："夫吹万不同，而使其自己也。咸其自取，怒者其谁邪？"

此为南郭子綦对颜成子游的阐释。其说先以风之声为喻，不论是自然界的风声，还是人类的箫声，吹万不同，皆源于各种条件的作用，并非有一个主宰者在发动。这就是自然而然。又：

大知闲闲，小知间间。大言炎炎，小言詹詹。其寐也魂交，其觉也形开。与接为构，日以心斗。缦者、窖者、密者。小恐惴惴，大恐缦缦。其发若机栝，其司是非之谓也；其留如诅盟，其守胜之谓也；其杀如秋冬，以言其日消也；其溺之所为之，不可使复之也；其厌也如缄，以言其老洫也；近死之心，莫使复阳也。喜怒哀乐，虑叹变慹，姚佚启态。乐出虚，蒸成菌。日夜相代乎前而莫知其所萌。已乎，已乎！旦暮得此，其所由以生乎！

人类的知见情绪，有大知、小知，有大言、小言，有大恐、小恐，有十二情的喜、怒、哀、乐，虑、叹、变、慹，姚、佚、启、态，又是从何而来呢？这些念头的生发或者未发，都源于"司是非""守胜"。也就是源于自我之心关于是非的固执的认识，乃至坚守自以为胜。但他们意识不到，这种"司是非""守胜"实际上是违背自然之道的。自然之道的生发，正如"乐出虚，蒸成菌。日夜相代乎前而莫知其所萌"。郭象注曰："明无方之自然也，物各自然，不知所以然而然。""夫天地万物，变化日新，与时俱往，何故萌之哉，自然而然耳。"只有明白了这个道理，才是生命真正的开始吧！

三、师其成心，莫若以明

一受其成形，不亡以待尽。与物相刃相靡，其行尽如驰而莫之能止，不亦悲乎！终身役役而不见其成功，苶然疲役而不知其所归，可不哀邪！人谓之不死，奚益！其形化，其心与之然，可不谓大哀乎？人之生也，固若是芒乎？其我独芒，而人亦有不芒者乎？

夫随其成心而师之，谁独且无师乎？奚必知代，而心自取者有之？愚者与有焉！未成乎心而有是非，是今日适越而昔至也。是以无有为有。无有为有，虽有神禹且不能知，吾独且奈何哉！

夫言非吹也，言者有言。其所言者特未定也。果有言邪？其未尝有言邪？其以为异于鷇音，亦有辩乎？其无辩乎？道恶乎隐而有真伪？言恶乎隐而有是非？道恶乎往而不存？言恶乎存而不可？道隐于小成，言隐于荣华。故有儒墨之是非，以是其所非而非其所是。欲是其所非而非其所是，则莫若以明。

物无非彼，物无非是。自彼则不见，自知则知之。故曰：彼出于是，是亦因彼。彼是方生之说也。虽然，方生方死，方死方生；方可方不可，方不可方可；因是因非，因非因是。是以圣人不由而照之于天，亦因是也。是亦彼也，彼亦是也。彼亦一是非，此亦一是非，果且有彼是乎哉？果且无彼是乎哉？彼是莫得其偶，谓之道枢。枢始得其环中，以应无穷。是亦一无穷，非亦一无穷也。故曰：莫若以明。

一受其成形，不亡以待尽：人一旦禀受形性，便各有涯量，各自不同，也会一直殊分至生命终点。人便误以为此生便为这个形性各有分别的自我奔忙，与外物相互伤害，而且行进如驰，没有谁能阻止，终生疲累而不知道自己究竟为了什么。

原因就在于，每个人都是"随其成心而师之"。"成心"，郭象注曰："夫心之足以制一身之用者，谓之成心。人自师其成心，则人各自有师矣。人各自有师，故付之而自当。"成玄英疏曰："夫域情滞著，执一家之偏见，谓之成心。"

奚必知代，而心自取者有之？愚者与有焉！成玄英疏曰："愚惑之类，坚执是非，何必知他理长，代己之短。唯欲斥他为短，自取为长。"因此，自以为是的"成心"，就是世上是非己见产生的根源。

莫若以明：关于此举解释颇多分歧，然结合《齐物论》篇上下文所讨论，及老庄之特定语境，老子所崇尚的"微明""袭明"，庄子所崇尚的"道枢""真宰"来看，其本义当为不如以无成心而合道之明。如清林云铭《庄子因》曰："儒墨之是非欲有定论，在用我无成心之明而已。"① 钱穆亦

---

① （清）林云铭：《庄子因》，华东师范大学 2011 年版，第 16 页。

称："明，芒之对文。各师成心则芒，知化则明矣。"①

四、恢诡谲怪，道通为一，唯达者知通为一

以指喻指之非指，不若以非指喻指之非指也；以马喻马之非马，不若以非马喻马之非马也。天地一指也，万物一马也。

可乎可，不可乎不可。道行之而成，物谓之而然。恶乎然？然于然。恶乎不然？不然于不然。物固有所然，物固有所可。无物不然，无物不可。故为是举莛与楹，厉与西施，恢恑憰怪，道通为一。其分也，成也；其成也，毁也。凡物无成与毁，通为一。唯达者知通为一，为是不用而寓诸庸。庸也者，用也；用也者，通也；通也者，得也。适得而几矣。因是已，已而不知其然谓之道。劳神明为一而不知其同也，谓之"朝三"。何谓"朝三"？狙公赋芧，曰："朝三而暮四。"众狙皆怒。曰："然则朝四而暮三。"众狙皆悦。名实未亏而喜怒为用，亦因是也。是以圣人和之以是非而休乎天均，是之谓两行。

"天地一指也，万物一马也。"指，概念指称。喻，求证。马，具体事物。通过否定名家分别名辨的思维方法，提出"物我玄同，道通为一"的整体思维。成玄英疏曰："天地虽大，一指可以蔽之。万物虽多，一马可以理尽。何以知其然邪？今以彼我是非反复相喻，则所是者非是，所非者非非，故知二仪万物，无事无非者也。"既然本无有是非，人们争论的是非，就是以无有为有。正如庄子在前文所说："无有为有，虽神禹且不能知，吾独且奈何哉！"

"恢恑憰怪，道通为一。"成玄英疏曰：恢者宽大之名。恑者奇变之称。憰者矫诈之名。怪者妖异之物。夫纵横美恶，物见所以万殊，恢恑奇异，世情用之为颠倒。故有是非可不可，迷执其分。今以玄道观之，本来无二。

---

① 钱穆：《庄子纂笺》，生活·读书·新知三联出版社2010年版，第16页。

是以妍丑之状万殊，自得之情惟一。故曰道通为一也。"王先谦《庄子集解》曰："自知道者观之。皆可通而为一，不必异视。"

朝三暮四的寓言，也见于《列子·黄帝篇》。狙，猕猴。赋，付与。芧，橡子，似栗子而小。狙公为猕猴分橡子，早上三颗，晚上四颗，众猕猴大怒；改为早上四颗晚上三颗，猕猴都喜悦起来。在猕猴看来，朝三暮四为非，而朝四暮三为是。然而不论朝三暮四，还是朝四暮三，总数都没有变化，也无所谓是非。因此，寓言中的猕猴，更像执着于己见是非的世俗之人。

"圣人和之以是非而休乎天均。"成玄英疏曰："天均者，自然均平之理也。夫达道圣人，虚怀不执，故能和是于无是，同非于无非，所以息智乎均平之乡，休心乎自然之境也。"从朝三暮四还是朝四暮三的喜怒为用、劳神为求中解放出来，自然就是逍遥游的境地了。

五、圣人之知乃在天府、葆光

> 故知止其所不知，至矣。孰知不言之辩，不道之道？若有能知，此之谓天府。注焉而不满，酌焉而不竭，而不知其所由来，此之谓葆光。

《齐物论》前文所论世俗之知的虚妄不实、反执以为实的问题，至此则抛出全篇的核心论点，真正的知，乃"知止于不知"，从而回归自然本性，以悟得自然之道，所谓"至人之心若镜，应而不藏，故旷然无盈虚之变也"。"任其自明故其光不弊也。"（郭象注）此心之明如镜，镜之照物，无偏无颇，无穷无尽。故称天府、葆光。

分析其所说，"知止其所不知"，则相当于以不知为知。不知，不用个体认识，而是进入道通为一的整体之道境，通过道心来体察真实的存在。这期间，个体的"知"不再起作用，已经切换到"不知"（即"悟"）的境地。

后文随之列举多个寓言来说明这样一种境界的转换。

予恶乎知悦生之非惑邪！予恶乎知恶死之非弱丧而不知归者邪！丽之姬，艾封人之子也。晋国之始得之也，涕泣沾襟。及其至于王所，与王同匡床，食刍豢，而后悔其泣也。予恶乎知夫死者不悔其始之蕲生乎？梦饮酒者，旦而哭泣；梦哭泣者，旦而田猎。方其梦也，不知其梦也。梦之中又占其梦焉，觉而后知其梦也。且有大觉而后知此其大梦也。而愚者自以为觉，窃窃然知之。"君乎！牧乎！"固哉！丘也与女皆梦也，予谓汝梦亦梦也。是其言也，其名为吊诡。万世之后而一遇大圣知其解者，是旦暮遇之也。

丽姬出嫁前哭泣伤心，出嫁后则后悔当初的哭泣。就像人一旦死去，也会后悔当初自己为什么那么恐惧死亡。就像梦中饮酒的人，醒来已经离开梦中的欢乐，或许还为当下发生的事哭泣。梦中伤心哭泣的，或许早上醒来早就忘记了夜梦，开开心心去打猎了。梦中的人不知道自己是在做梦，还非常认真地执着于梦境，以为是真实的。等到醒来方知原来一切不过是大梦一场。而那些愚蠢的人还不知道人生如梦，仍固执地计较眼前的事。合道的认识方式，将生死视为整体的过程，正如梦与醒是一个整体的过程，出嫁前与出嫁后是一个整体的过程。站在整体的自然之道的视角看待一切，无偏无执。

昔者庄周梦为胡蝶，栩栩然胡蝶也，自喻适志与！不知周也。俄然觉，则蘧蘧然周也。不知周之梦为胡蝶与，胡蝶之梦为周与？周与胡蝶，则必有分矣。此之谓物化。

庄周梦蝶。借梦境说物我相通，浑然同体。在清醒感官理性作用的状态下，人很难不去分别。但进入醉境或者梦境，则暂停了感官理性的作用，恰可以领悟到万物本来浑然同体的真实之境。《齐物论》借"蝴蝶梦"来收束全文，为深邃的哲学思考增添了许多空灵的色彩。吴文英曰："《齐物论》是言物之不能齐、不可齐、不当齐、不必齐""化则无可齐矣!"① 正因为人心中的分别、执着，才有物之不齐，然当人回归道通为一的化境，则无物可齐。

从《齐物论》中我们可看到两种认识方式的切换。知：理性的、逻辑的、分别的，源于个体的自我认识与人类的知识体系；真知：感悟的、直觉的、整体相通的，源于整体之道立场上的合道之悟，独与天地精神相往来。庄子主张"去知"而非"反知"。《人间世》中颜回说："敢问心斋。"仲尼曰："若一志，无听之以耳而听之以心；无听之以心而听之以气。听止于耳，心止于符。气也者，虚而待物者也。唯道集虚。虚者，心斋也。"《大宗师》中仲尼蹴然曰：何谓坐忘？颜回曰：堕肢体，黜聪明，离形去知，同于大通，此谓坐忘。都是认为由感官出发的个体的分别之知并不能够真正地认识世界的实在本身，常常会产生个体感觉对真实世界的遮蔽，并由固执己见而形成诸多的计较、分别、是非。因此，庄子通过形象说理，提醒人们从感官认知中解放出来，进入更高层次的悟知的澄明之境。显然，庄子认为悟的方式，更容易达于真知。有真知方为真人。

六、庄子认识论的现实意义

认识论是哲学中一个必须思考的领域。作为个体的人，究竟如何能真正地认识世界？什么才是所谓的真知正见？同样的压力，为何心境不同？有的人面对困境可能会陷于焦虑恐慌之中，而有的人却能意识到这是"天将降大任于斯人也"的磨练，这都说明了认知方式是困扰人类很多问题的根源所在。从而我们看到新兴的认知疗法、正念疗法，以及各大宗教通过树立信念疗愈生命的例子。

人类认知的重要方向之一在于突破自我认知的局限。《老子》七十一章

---

① （清）吴文英：《庄子独见》，李花蕾点校，华东师范大学出版社 2011 年版，第17 页。

说："知不知，上；不知知，病。"知道以不运用个体知见而达于合道的真知正见，就是最上层次的知见了，是人类认知的最高境界。

弗罗姆说："19 世纪的问题是上帝死了，20 世纪的问题是人类死了。在 19 世纪，不人道意味着残酷，在 20 世纪，不人道是指分裂对立的自我异化。过去的危险是人成了奴隶，将来的危险是人会成为机器人。"[①] 中国棋手柯洁与人工智能 AlphaGo 展开终局对决。历经 3 个多小时的对弈后，柯洁投子认输。至此，柯洁连输三局完败。如果人工智能完全可以取代人类知识体系，人类的存在还有意义吗？在人工智能背景下看庄子的"解蔽"，也许正在于，知识的体系是有边际的，而超越理性知识的生命感知能力却是没有边际的。人类只有不断超越自身的局限，才有可能获得自身存在的意义。霍金是现代最伟大的物理学家之一，他的身体是残障的，他的灵魂却能与整个宇宙互动，与古今对话，谁又能说他没有逍遥呢？记者采访时问他："中国古代有个哲学家叫庄子。昔者庄周梦为蝴蝶，梦醒后，庄周不知是他梦为蝴蝶，还是蝴蝶梦为庄周。霍金教授，请问我们如何知道我们是生活在梦里还是真实存在？"他说："谢谢你的问题！庄周梦蝶 ——也许是因为他是个热爱自由的人。换做我的话，我也许会梦到宇宙，然后困惑是否宇宙也梦到了我。来回答你的问题'我们如何知道我们是生活在梦里还是真实存在？'—— well，我们不知道，也许也无法知道！这个问题至少要等到我们开始深刻地了解意识和宇宙时才可知。我们必须要孜孜不倦地探索关于存在的基本命题，只有这样，我们也许才会知道蝴蝶（或宇宙）是真实存在，还是只存在于我们的梦里。"

"物有分，化则一也。此丧我之说也。庄周胡蝶皆意识也。以上言至人深达造化之原，绝无我相，故一切是非利害贵贱生死不入胸次。忘年、忘义，浩然与天地精神往来。"[②] 万物本无是非分别，是非分别源于人心意念。超越分别利害，从道通为一的立场认识世界，彼我玄同，则无争竞纷扰，

---

① ［美］E. 弗洛姆：《健全的社会》，孙恺祥译，贵州人民出版社 1994 年版，第 291 页。

② （清）马其昶：《庄子故》卷一，清光绪二十年集虚草堂刊本。

无不可解之事，无纠结束缚之物，如此，正可凝心当下。

王先谦《庄子集解》有言：“天下之物之言，皆可齐一视之，不必致辩，守道而已。”① 超脱束缚，回归真知正念，保守真我本心，方可维护人类作为万物之灵的尊严。

老庄之道是佛教传入中国的重要接引。自六祖惠能之后，佛教成立了中国化的佛教——禅宗。禅宗要领之一在于打破认知的局限、语言的局限，回归本来面目。举一例曰：赵州从谂禅师问南泉普愿禅师曰：“如何是道？”泉曰：“平常心是道。”师曰：“还可趣向也无？”泉曰：“拟向即乖。”师曰：“不拟争知是道？”泉曰：“道不属知，不属不知。知是妄觉，不知是无记。若真达不疑之道，犹如太虚，廓然荡豁，岂可强是非邪？”师于言下悟理。②自可见庄子道论的接引轨迹。

---

① （清）王先谦：《庄子集解》，中华书局 1988 年版，第 9 页。
② （宋）普济：《五灯会元》，中华书局 1984 年版，第 198－199 页。

第十一章　养生主

——如何才能做事游刃有余？

《庄子》第三篇名"养生主"，一种看法认为是养生之主旨或要义。如郭象曰："夫生以养存，则养生者理之极也。若乃养过其极，以养伤生，非养生之主也。"王先谦曰："顺事而不滞于物，冥情而不撄其天，此庄子养生之宗主也。"① 另一种看法则认为养生主，相当于保养生命的主宰。如林希逸曰："主，犹禅家所谓主人公也。养其主此生者，道家所谓丹基也。先言逍遥之乐，次言无是无非，到此乃是做自己工夫也。此三篇似有次第，以下却不尽然。"② 王夫之曰："形，寓也，宾也。心知寓神以驰役也，皆吾生之有而非生之主也。以味与气养其形，以学养其心知，皆不恤其主之亡者也。其形在，其心使之，然神日疲役以濒危而不知，谓之不死奚益。"③ 王孝鱼更明确地说："养生主三字，意谓养生之主，而生主指形神之神而言。一篇之中，此意贯彻到底，然而郭象注与陆德明音义却都茫然无知，信口乱说，读庄一如不读。"④ 道教中有元神与识神的说法。元神者，乃先天之性也，亦称先天神，父精母血结成胚胎时，即已存在。识神乃后天气质之性，亦称欲神或识神。胎儿脱离母腹后，乃后天用事。人的七情六欲、意识思维活动，皆为欲神。佛教中有八识的说法。认为生命最深层次的意识乃"阿赖耶识"。弗洛伊德也有意识、潜意识与无意识之说。庄子所谓保

① （清）王先谦：《庄子集解》，中华书局 1988 年版，第 28 页。

② （宋）林希逸：《南华真经口义》，陈红映校点，云南人民出版社 2002 年版，第 46 页。

③ （清）王夫之：《庄子解》卷三，见《船山遗书》四十，同治四年湘乡曾氏刊本。

④ （清）王孝鱼：《庄子内篇新解》，岳麓书社 1983 年版，第 61 页。

养的生命之主到底是什么，尚需仔细辨析。

一、吾生也有涯，而知也无涯

吾生也有涯，而知也无涯。以有涯随无涯，殆已！已而为知者，殆而已矣！为善无近名，为恶无近刑，缘督以为经，可以保身，可以全生，可以养亲，可以尽年。

涯，分别、限度。郭象注曰：“所禀之分，各有极也。”

知，分别之智。由个体产生的分别性的认知，因其分别而无有穷尽。

以有涯随无涯，殆已：以有尽有分之身，而随无尽非实之思，纷纷扰扰，实在是太可怕了。郭象注曰：“以有限之性，寻无极之知，安得而不困哉。”

“已而为知者，殆而已矣。”郭象注曰：“已困于知而不知止，又为知以救之。斯养而伤之者，真大殆也。”

“为善无近名，为恶无近刑。”意谓为善无不近名，为恶无不近刑。此有心之为必近名近刑。此处“无”皆转语辞，与“无乃”“将无”“得无”辞气相近，《管子·白心》篇就有：“为善乎，无提提；为不善乎，将陷于刑。”可证。① 郭象注曰：“忘善恶而居中，任万物之自为，闷然与至当为一，故刑名远己，而全理在身也。”

缘督，王夫之曰：“身前之中脉曰任，身后之中脉曰督。督者，居静而不倚于左右，有脉之位而无形质者也。缘督者，以清微纤妙之气循虚而行，止于所不可行，而行自顺以适得其中。”②

此一段中包含三层意义：起一层，言吾生有涯而知无涯，世人皆随无涯之知而茶然疲役，劳神劳心，处于危殆的精神处境而不知。由个体产生分别性的知识，这些分别性的知识是没有穷尽的。以有限的生命去追随无

---

① 钱穆：《庄子纂笺》，生活·读书·新知三联书店 2010 年版，第 30 页。
② （清）王夫之：《庄子解》卷三，见《船山遗书》四十，同治四年湘乡曾氏刊本。

限的知识，必然走入思想的困境。走入了思想的困境，还要用这种方式去求知，必然危机重重。老子曰："为学日益，为道日损，损之又损，以至于无为。无为而无不为。"为学，相当于循着世俗知识的途径。而为道，则相当于超越感官知识，回归道心道性，体道悟道。中一层，说养生主的方法，忘善恶而顺应自然之道，回归自然本性之常道根本。末一层说养生主的成效。"神不劳则形固，故可以保身。神不扰则气完，故可以全生。守身即所以事亲，故曰可以养亲。不至夭札其天年，故曰可以尽年。"①

二、庖丁解牛

庖丁为文惠君解牛，手之所触，肩之所倚，足之所履，膝之所踦（yǐ），砉（huā）然响然，奏刀騞（huō）然，莫不中音，合于桑林之舞，乃中经首之会。文惠君曰："嘻，善哉！技盍（hé）至此乎？"庖丁释刀对曰："臣之所好者道也，进乎技矣。始臣之解牛之时，所见无非全牛者；三年之后，未尝见全牛也；方今之时，臣以神遇而不以目视，官知止而神欲行。依乎天理，批大郤，导大窾（kuǎn），因其固然。技经肯綮之未尝，而况大軱（gū）乎！良庖岁更刀，割也；族庖月更刀，折也；今臣之刀十九年矣，所解数千牛矣，而刀刃若新发于硎。彼节者有间而刀刃者无厚，以无厚入有间，恢恢乎其于游刃必有余地矣。是以十九年而刀刃若新发于硎。虽然，每至于族，吾见其难为，怵然为戒，视为止，行为迟，动刀甚微，謋（huò）然已解，如土委地。提刀而立，为之而四顾，为之踌躇满志，善刀而藏之。"文惠君曰："善哉！吾闻庖丁之言，得养生焉。"

庖丁为梁惠王解牛，只见他以手搏触，以肩倚挂，以脚履踩，用膝顶按，发出砉砉的声音，进刀之际，霍霍然，似合乎节奏，如殷商桑林之舞、

---

① （清）陆树芝：《庄子雪》，张京华点校，华东师范大学出版社 2011 年版，第35—36 页。

尧帝咸池之乐般令人赏心悦目。梁惠王惊叹曰：太美了！技术怎么能达到如此高妙的地步！庖丁放下刀回答说：臣所好者是道，只不过是将道运用到技术中罢了。一开始我学习解牛之时，未能见其理路缝隙，所见只有整体的牛。三年之后，眼中就看不到整体的牛了，只有其中的理路和缝隙。到了现在，我已经能做到神与理会，根本不用眼睛去看，感官的作用停止，运用精神而自然顺理。用刀劈开大缝隙之处，使刀顺带进入骨节空隙之处，完全都是顺应其本来的缝隙来用刀。经络及骨间肉、筋骨交错处，刀都未尝碰到，更何况大骨头呢。好的厨师一年换一把刀，他用的是割的方法；一般的厨师一个月换一把刀，他用的是硬砍的方法；我的刀已经用了十九年，已经宰割了数千头牛，刀刃还像刚刚从磨刀石上磨出的一样锋利。牛的骨节本来有空隙，而刀刃又锋锐，用锋锐的刀刃进入骨节的缝隙，运刀之处还很宽大而有余地呢，所以我的刀用了十九年还像刚从磨刀石上磨完的一样。虽然如此，每当遇到交错聚结之处，我也是高度专注，目不视它物，手谨慎举动。动刀仅用微小的动作，所解已瞬间骨肉分离，就土落地。提刀而立，为之四顾，从容自得。拭刀而藏之。

庖丁解牛的寓言究竟传达了怎样的道理？通常的理解，认为庖丁解牛的寓言说明了做事情首先要认识并掌握其规律，顺应自然，反复实践，刻苦训练，便熟能生巧。

但这种认识也存在一些值得深思的问题：

文中说"始""三年之后""方今之时"，三个时间点说明了什么？

良庖、族庖和庖丁三者的差别在哪儿？如果说是因为熟练，良庖、族庖落后于庖丁，就是因为不够熟练吗？

庖丁自己说"臣之所好者道也，进乎技矣"，重点究竟是在道，还是在技？

目无全牛、解牛如舞、游刃有余、踌躇满志，代表了怎样的生命状态？

文惠君曰：吾闻庖丁之言，得养生焉。文惠君得到了养生的启示，到底是什么样的启示？

基于这些问题，我们还需要认真细读"庖丁解牛"的故事。首先，牛象征着纷繁复杂的世事；厨师的刀，象征着人的内在心性；游刃，实为游心。"神遇""官知止而神欲行"，感官作用停止，依靠精神的作用；"因其固然"，顺应自然的理路；"怵然为戒"，高度专注凝神的状态；"十九年"，十阳数之极，九阴数之极，尽其天年。养生的秘诀在于合道守一，顺应自然，事少功多，惠而不费。

由此，我们从庖丁解牛的故事中看到的是《庄子》书中很多寓言都在表达的一种理想生命状态，即"心道合一"。

《庄子·田子方》有"列御寇为伯昏无人射"的故事。

列御寇为伯昏无人射，引之盈贯，措杯水其肘上，发之，适矢复沓，方矢复寓。当是时，犹象人也。伯昏无人曰："是射之射，非不射之射也。尝与汝登高山，履危石，临百仞之渊，若能射乎？"于是无人遂登高山，履危石，临百仞之渊，背逡巡，足二分垂在外，揖御寇而进之。御寇伏地，汗流至踵。伯昏无人曰："夫至人者，上窥青天，下潜黄泉，挥斥八极，神气不变。今汝怵然有恂目之志，尔于中也殆矣夫！"

《庄子·达生》中有"佝偻承蜩"的故事。

仲尼适楚，出于林中，见佝偻者承蜩，犹掇之也。仲尼曰："子巧乎，有道邪？"曰："我有道也。五六月累丸二而不坠，则失者锱铢；累三而不坠，则失者十一；累五而不坠，犹掇之也。吾处身也，若橛株拘；吾执臂也，若槁木之枝。虽天地之大，万物之多，而唯蜩翼之知。吾不反不侧，不以万物易蜩之翼，何为而不得！"孔子顾谓弟子曰："用志不分，乃凝于神。其佝偻丈人之谓乎！"

《庄子·达生》中有"梓庆削鐻"的故事。

梓庆削木为镰，日成，见者惊犹鬼神。鲁侯见而问焉，曰："子何术以为焉?"对曰："臣，工人，何术之有! 虽然，有一焉：臣将为镰，未尝敢以耗气也，必齐以静心。齐三日，而不敢怀庆赏爵禄；齐五日，不敢怀非誉巧拙；齐七日，辄然忘吾有四枝形体也。当是时也，无公朝。其巧专而外骨消，然后入山林，观天性形躯，至矣，然后成镰，然后加手焉，不然则已。则以天合天，器之所以疑神者，其是与!"

《庄子·田子方》中有"为宋元君画图"。

宋元君将画图，众史皆至，受揖而立，舐笔和墨，在外者半。有一史后至者，僵僵然不趋，受揖不立，因之舍。公使人视之，则解衣般礴裸。君曰："可矣，是真画者也。"

将以上故事中的伯昏无人、佝偻老人、梓庆、真画者与庖丁相比，他们身上有着共同的精神气质，就是做事时摒除杂念，专注凝神，浑然忘我，方可达于出神入化、惠而不费，以道进乎技，以道进乎事，实现人道合一的理想状态。重要的并不在于做什么事，而在于做事当下的状态。他们正如武侠中人剑合一的"化境"，乃是一种理想的生命状态、自由愉悦的精神体验，必经个体认识的转变（去知为道）、精神的无累（自然自在），才能体味。金庸《书剑恩仇录》第十七回结尾处：陈家洛"庖丁解牛掌"，也生动再现了一种化境在内心中完成之后的武功大增。从《庄子·养生主》我们也可以看出庄子的思想并非消极避世，而是寻求自我生命的内在超越和完善，但个体内在生命的生长并非要远离红尘、出世隐居，而是在日常事务中，完成自我修养，境界提升。在当今科学技术迅猛发展、物质追求最大化的时代语境下，人的精神生命生长的空间处在被挤压的状态，精神生命的生长被严重忽视，庄子的思想对现代人精神境界的提升具有重要的启发意义。

三、精神之火，生生不息

公文轩见右师而惊曰："是何人也？恶乎介也？天与？其人与？"曰："天也，非人也。天之生是使独也，人之貌有与也。以是知其天也，非人也。"泽雉十步一啄，百步一饮，不蕲畜乎樊中。神虽王，不善也。老聃死，秦失吊之，三号而出。弟子曰："非夫子之友邪？"曰："然。""然则吊焉若此可乎？"曰："然。始也吾以为其人也，而今非也。向吾入而吊焉，有老者哭之，如哭其子；少者哭之，如哭其母。彼其所以会之，必有不蕲言而言，不蕲哭而哭者，是遁天倍情。忘其所受，古者谓之遁天之刑。适来，夫子时也；适去，夫子顺也。安时而处顺，哀乐不能入也，古者谓是帝之县解。"指穷于为薪，火传也，不知其尽也。

此段作为《养生主》篇的后半部分，包含了四个层次：一是右师刖足。介，郭注："偏刖也。"右师遭刑断去一足，但仍作到右师这一官职。公文轩看到之后很惊讶地问，是谁造成的？是天，还是人？右师回答："是天，不是人造成的。"明明是人世间刑法对其形体造成了伤残，他没有怨恨，反而说这都是天意的安排。从中我们可以看出这位右师处世态度，面对无可奈何的境遇而安之若命，并不去怨恨计较，反而更多保存内在精神免于为既成之事所消耗，说明他更在乎自己的精神是否完整无缺，是否自由。外在的伤害自己并不能控制，但是内在的道却是由自己做主。不能不说他在形残而神全中更看重自己的神全，因而不能因为形残而进一步导致神损。

二是泽雉的寓言。生活在荒野大泽中的野鸡，可能境遇会非常艰苦，常常需要外出觅食，可能十步才能啄到一粒米，百步才能喝到一点水。但即使是这样，这只野鸡肯定也不愿意被养在樊笼之中，被养在樊笼之中，虽然饮食无忧，但生命因此而被限制，失去了原本的自由自在。"神虽王，不善也。"王，通旺。即使能保持神气的旺盛，但已失去自然之真、生命之理。成玄英疏曰："雉居山泽，饮啄自在，心神长王，志气盈豫。当此时也，忽然不觉善之为善。既遭樊笼，性情不适，方思昔日甚为清畅。鸟既如此，人亦宜然。欲明至适忘适，至善忘善。"泽雉的寓言依然围绕养生之主为说，最好的养生并非衣食奉养，反而是放之于自得之场，使其精神畅适。

三是关于老聃死的寓言。秦失（一作"佚"）当为一位有道之士。老聃死，他来吊唁。进去之后，哭号了几声就出来了。老聃的弟子奇怪地问，先生不是我们夫子的朋友吗？秦失说是夫子的朋友。那么这样违背吊唁之礼可以吗？秦失说：可以的。一开始我以为你们是老聃的弟子，现在看来你们还不是。刚才我进去，看到有老者在哭，就像哭他的孩子。有少者在哭，就像哭他的母亲。他们所以聚集在这，必然有发自内心的伤悲。但他们这样子，是遁离天理，并违背实情的呀！他们不知道人的生命秉受于自然大道；死后自当还归自然，哀哭太过，无异是因背离自然之道而遭受刑罚。时候到了，夫子自然出生，萧然死去，不过是夫子顺应自然之道返归而已。能够安于自然之道的变化，古代称之为自然之解脱。郭象注曰："以有系者为悬，则无系者悬解也。悬解而性命之情得矣。此养生之要也。"

篇末以"指穷于为薪，火传也，不知其尽也"三句告终，庄子以比喻的方式指明，人的形体譬如烛薪，人的精神譬如火。前面的薪柴烧尽了，后面的薪柴继续将火传下去，这样火的传递就会永远都没有穷尽。因此，死亡只是形体的消散，还有死而不死者存，如能养生之主，则形虽亡而神不灭，可与天地并生不尽，如此说来，死有何哀？

以上四个层次，都指向了人的内在精气神，甚至更深层次的元神。在生命长河生死流转当中，禀受于自然之道的根本精神，才是人应当奉养的生命之主，才是与天地并生、超越生死的根本性存在。

第十二章　秋水

——敞开生命的格局

《庄子·秋水》为外篇的第十篇，此篇虽在外篇，但无论从内容还是文笔看，都颇类内篇，可称为内篇《逍遥游》《齐物论》的继续推衍。因此也作为本书的重点阅读篇目。

一、河伯的望洋兴叹

秋水时至，百川灌河，泾流之大，两涘（sì）渚崖之间不辩牛马。于是焉河伯欣然自喜，以天下之美为尽在己。顺流而东行，至于北海，东面而视，不见水端。于是焉河伯始旋其面目，望洋向若而叹曰："野语有之曰：'闻道百（bó），以为莫己若'者，我之谓也。且夫我尝闻少（shǎo）仲尼之闻而轻伯夷之义者，始吾弗信，今我睹子之难穷也，吾非至于子之门则殆矣，吾长见笑于大方之家。"

泾，通也，干流。涘，岸也。渚，洲也，水中之可居曰洲也。河伯，河神也，姓冯名夷。旋，转也，回也。望洋，不分明貌，仰视貌。若，北海若，海神也。百，喻多也。莫己若，别人都不如自己。少，以……为少。轻，以……为轻。殆，危险也。大方，大道也。

开篇描绘的是一幅秋水暴涨、浩浩荡荡的壮观画面。成玄英曰："大水生于春而旺于秋，素秋阴气猛盛，多致霖雨，故秋时而水至也。既而凡百川谷，皆灌注黄河。通流盈满，其水甚大。涯岸旷阔，洲渚迢遥。遂使隔水远看，不辩牛之与马也。"接下来以拟人化的手法描绘河水之神河伯的心理，他看到河水之大，不禁欣然自喜，以为天下最壮美的景象就在自己的眼前。然而当他顺流而东行，来到北海边，一望无际的汪洋大海呈现在眼前的时候，他才意识到，原来自己的秋水和汪洋大海比起来，是那么微不足道。他也意识到了如果不是亲眼见到大海，自己可能一直都会自以为最大，从而被大方之家所笑话。由此产生了"望洋兴叹""贻笑大方"等令人耳熟能详的成语。

这则寓言实则指向人类当中的夜郎自大者，但也提出了一个转换的问题。当河伯顺流而东行，面向大海的时候，他的格局就由原来的百川灌河而扩大到没有边际的汪洋大海，由原来的有限敞开到了无限的境地。再回头看自己当初的自大，不禁深有感触，深以为羞。或许，这就是境界的提升，格局的敞开。

二、学道者宜大其识量

北海若曰："井蛙不可以语于海者，拘于墟也；夏虫不可以语于冰者，笃于时也；曲士不可以语于道者，束于教也。今尔出于崖涘，观于大海，乃知尔丑，尔将可与语大理矣。天下之水莫大于海，万川归之，不知何时止而不盈；尾闾泄之，不知何时已而不虚。春秋不变，水旱不知。此其过江河之流，不可为量数。而吾未尝以此自多者，自以比形于天地，而受气于阴阳，吾在于天地之间，犹小石小木之在大山也。方存乎见少，又奚以自多！计四海之在天地之间也，不似礨空之在大泽乎？计中国之在海内，不似稊米之在太仓乎？号物之数为之万，人处一焉；人卒九州，谷食之所生，舟车之所通，人处一焉。此其比万物也，不似豪末之在于马体乎？五帝之所连，三王之所争，仁人之所忧，任士之所劳，尽此矣！伯夷辞之以为名，仲尼语之以为博。此其自多也，不似尔向之自多于水乎？"

笃于时，局限于时也。曲士，只知一偏一部分的人。尾闾，泄海水之所（成玄英疏）。晶空，小孔穴。

北海若进一步解释说，跟井底之蛙描述大海，跟夏生秋死的小虫描绘冰，跟一曲之士谈论大道，它们都只会茫然不知何物。并不是因为大海、冰、大道不存在，而是因为井底之蛙、夏虫、曲士都受到了自己眼界和环境的局限，无法超脱其外。现在河伯至少从原来的环境中超脱出来，亲眼见到了大海的冥漠无涯，也深刻认识到了自己的无知和自以为是，正好可以谈一谈大道之理了。什么是大道之理呢？从世间的角度衡量，海可谓大，万川归之，从无停止却从来都不会满溢；尾闾的地方一直向外泄流，从无停止也不会将大海的水流完。不论是春秋还是水旱，都是一样。大海超过江河之水，简直无法衡量。但我海若也不敢因此而自大。我自以为和天地相比，不过像小石小木在大山中一样。四海在天地之间，也不过像大泽中的一个孔穴。中国在四海之内，也不过像太仓中的一粒米。万物之多，人为其中一类。人类聚集在九州，谷物种植的地方，舟车能通到的地方，人类之渺小，与万物相比，不正像毫毛的末端与整匹马一样吗？站在这个角度看五帝的连接揖让、三王的那些争夺、仁人的那些忧虑、任士的那些劳碌，又能算得了什么呢？伯夷的求名和仲尼的博学，是他们所骄傲的，不正像你当初自以为壮观为尽在于己吗？

此段所言无非说明，识量之大小，决定了人会如何看待自己。以自我所知为极致者，自然不知山外有山，天外有天。而能够站在无穷大道的立场上看待自己，就不会在大而笑小，也不会在小而羡大。无论是笑，还是羡，都是由于自我识见不足而加于自身的牵绊或者遮蔽。相反，站在无限大道的立场上看待万物和自我，则无小大之辩，只有顺道无己之为。

三、大智者的见识

河伯曰："然则吾大天地而小豪末，可乎？"北海若曰："否。夫物，量无穷，时无止，分无常，终始无故。是故大知观于远近，故小而不寡，大而不多，知量无穷；证曏今故，故遥而不闷，掇而不跂，

知时无止；察乎盈虚，故得而不喜，失而不忧，知分之无常也；明乎
坦途，故生而不悦，死而不祸，知终始之不可故也。计人之所知，不
若其所不知；其生之时，不若未生之时。以其至小，求穷其至大之域，
是故迷乱而不能自得也。由此观之，又何以知豪末之足以定至细之倪，
又何以知天地之足以穷至大之域？"

量无穷，器量、局量之大小，没有穷尽；大物也有其小的一面，小物
也有其大的一面。时无止，时间的长短、先后，都是相对而命名的，长也
为短，先也为后。分无常，郭象曰："得与失皆分。"林云铭曰："分，谓此
生之得失。"① 则谓人生的得失都是没有一定的。得也是失，失也是得。终
始无故，郭象注："日新也。"结束也是开始，开始也是结束。变化日新，
未尝守故。证曩今故，犹证明古今。

此段通过河伯与北海若的一问一答，来阐释得道的大智慧者对于宇宙
的观照。河伯问：那么我以天地为大，以毫毛末端为小，可以吗？北海若
说：不可以的。世间万物的大小用规定的量度来量是无法穷尽的，时间用
长短先后来衡量也是没有一定的，得失以多少是非的判定也没有什么准则。
结束和开始也不是固定的。所以大智慧的得道之人能够观照远近，所以能
小而不以为少，大而不以为多，知道器量是相对且无穷的缘故。能够观照
今古，所以能对于长的时间不会感觉郁闷，对于短暂的也不会去强求其长。
这是因为他知道时序的相对与不定的缘故。他能观照盈满与虚空，所以可
以得而不欢喜，失去而不忧愁，这是因为他知道人的得失本来并非恒常固
定的缘故。他能够观照死生本来是一条平坦的道路，所以生也不会欢悦，
死也不会认为是祸事降临。是因为他知道终始实无终始的缘故。人所能知
道的，远不如他所不知道的多。人活着的时间，远不如他没有活着的时间
长。用这样短暂的人生，却想要去认识无穷的至大之域，所以一定会处于
混乱的境地而不能入于真实之境。从这个角度看，我们又怎能通过毫末确

---

① （清）林云铭：《庄子因》，华东师范大学出版社2011年版，第172页。

定事物的最小，而认为天地就足以称为最大的事物呢？

所以大知通达之人会认识到，我们所谓的"小"，并不是真正的"小"。我们所谓的"大"，也并不是真正绝对的"大"。就像一粒沙中有一个天堂，一片树叶放大万倍，也像一个浩瀚的星空一样。对于远、近，得、失，生、死一样可以做到通达地看，遥而不闷，近而不跂。得而不喜，失而不忧。生而不悦，死而不祸。由此我们可以看出，庄子所说的并非如通常大家所解读的是相对论，而是基于整体宇宙之道维度的认识方式，是对于人世维度认识方式的超脱，应该说是源于思维层次提升之后的对于原本理性逻辑判断的重新思考。更高的思维层次，即道的思维层次，突破自我认识的局限和对自我认识水平的执着，进入到一个更为完整真实宏阔的人生格局之中。

三千大千世界，无量恒河沙数。一花一世界，一叶一如来。由此，我们需要重新认识生命的时间与空间。宇宙之大，人居其中，渺如微尘，得失荣辱，何必挂碍？宇宙之恒，人居其中，生而有灵，此心即道，刹那永恒。

四、以道观之

> 河伯曰："若物之外，若物之内，恶至而倪贵贱？恶至而倪小大？"北海若曰："以道观之，物无贵贱；以物观之，自贵而相贱；以俗观之，贵贱不在己。以差观之，因其所大而大之，则万物莫不大；因其所小而小之，则万物莫不小。知天地之为稊米也，知毫末之为丘山也，则差数睹矣。以功观之，因其所有而有之，则万物莫不有；因其所无而无之，则万物莫不无。知东西之相反而不可以相无，则功分定矣。以趣观之，因其所然而然之，则万物莫不然；因其所非而非之，则万物莫不非。"

倪，分也。以趣观之，以意趣、意向观之。

此段当中北海若设计了六种观物的方式，从道的角度观照，则物无分别。从物的角度观照，则以自己为贵而以他物为贱。从世俗的角度观照，贵贱是由外部界定而不在自身决定。从差别的角度看待，因其相对大而以为其是大的，则万物莫不是大的；因其相对小而以为其是小的，则万物莫不小。能知天地也如稊米一般小，知毫毛末端也像山丘一样大，就能看到差别本身是相对无定的了。马其昶曰："天地之外，正复无穷。豪末之内，亦复无穷。此言等差无定。"① 又从功用的角度看，因其有而认为是有，则万物莫不是有。因其无而认为是无，则万物莫不是无。如果能知东和西虽然相反却是在相对中存在的，没有东也就无所谓西，没有无也就无所谓有，那么有无功用就是可以确定的了。以意趣、意向来观察，因其对的就认为是对的，则万物莫不对。因其错的就认为是错的，则万物莫不是错。

庄子不厌其烦地列举的六种观照方式之中，以物观之，以俗观之，以差观之，以功观之，以趣观之，无不有个己意在其中。有个己意在其中，则凡己见为然，则万物无不可为然。己见为非，则万物无不可为非。唯有以道观之的角度，观物而无来自主观的分别，完全呈现其本来的面目。马其昶曰："此言是非叠起，情趣万殊，唯知道者解此，故大同而通于一也。"②

五、反道之真，至德应世

河伯曰："然则何贵于道邪？"北海若曰："知道者必达于理，达于理者必明于权，明于权者不以物害己。至德者，火弗能热，水弗能溺，寒暑弗能害，禽兽弗能贼。非谓其薄之也，言察乎安危，宁于祸福，谨于去就，莫之能害也。故曰：'天在内，人在外，德在乎天。'知天人之行，本乎天，位乎得，蹢躅而屈伸，反要而语极。"曰："何谓天？何谓人？"北海若曰："牛马四足，是谓天；落马首，穿牛鼻，是谓人。

①② （清）马其昶《庄子故》"秋水篇句下注"，清光绪二十年集虚草堂刊本。

故曰：'无以人灭天，无以故灭命，无以得殉名。谨守而勿失，是谓反其真。'"

权，权智。成玄英曰："达深玄之实理者，必明于应物之权智。"

薄，迫也。宁，定也。

"天在内，人在外。"《淮南子·原道篇》："循天者，与道游者也。随人者，与俗交者也。"成玄英疏曰："天然之性，韫之内心。人事所顺，涉乎外迹。"

"德在乎天"，至德之美在乎天然，若恣人任智，则流荡失性。

"知天人之行"，当作"知夫人之行"。

蹢躅，即踟蹰。成玄英疏："进退不定之貌。"

"反要而语极"，返回本要，即道；而谈论道的极致之理。

故，人事也。命，天理也。

此段上文说万物自化，"物之生也，若骤若驰，无动而不变，无时而不移，何为乎？何不为乎？夫固将自化"。所以此段有河伯的发问："那么道有什么可贵的呢？"林希逸曰："此一问又好，言既听造化之所为，则人亦不必学道矣。朱文公问答书中，廖德明亦曾有此问，文公皆不曾答，想难言也。庄子到这里说个权字，自是作家。又有不以物害己一句，愈自分晓，看来庄子见道自是亲切。"① 庄子借北海若之口给出的答案是，"知道者必达于理，达于理者必明于权，明于权者不以物害己"，意思是能知大道者必深达道之真实之理；能深达大道真实之理者必然明于应物的权变之智；既明权变之智，必然能"安排而去化，死生无变于己"（成玄英疏），从而不让外物伤害自己。关于"道""理""权"的关系，林希逸解释说："道，总言也。理，事物各有之理也。权，用之在我者。有道之全体，而后有此大用

---

① （宋）林希逸：《庄子鬳斋口义》卷六《庄子外篇秋水第十七》，中国国家图书馆藏宋刻本。

也。明于权者，不以物害已，知轻重也。"①

至德者，指那些得至道之人。火、水、寒暑、禽兽都不能伤害到他。为什么不会受到伤害呢？并非因为已经迫近水、火、猛兽、寒暑而能不受到伤害，而是指在道、理基础上的应用权变，可以使人察乎安危，宁于祸福，以合道的方式谨慎地去就取舍，所以物莫能伤。之所以物莫能伤，归纳起来说，就是天机至道蕴藏于内，世俗人事随顺于外。至德之美在于天然。应知人之所行本乎天道，再在世间进退。反归要言妙道方可明了至道的作用。此或可解释《逍遥游》中的"定乎内外之分"。河伯又问，什么是"天"，什么是"人"？北海若回答曰："牛马长四只脚，就是天然。给马头套上辔头，给牛鼻穿上环以加上缰绳，就是人为。所以说，不要用人为去消灭天然，不要用人事造作去毁灭天理，不要因贪得而求声名。谨守这些道理而不丧失，这就叫反其天真本性。"

返归内在的天道本性，自然可以突破主观的局限与执着，以敞开的心灵，从整体立场上观照万物并应顺世事。

六、天机之动

夔怜蚿，蚿怜蛇，蛇怜风，风怜目，目怜心。夔谓蚿曰："吾以一足趻踔而行，予无如矣。今子之使万足，独奈何？"蚿曰："不然。子不见夫唾者乎？喷则大者如珠，小者如雾，杂而下者不可胜数也。今予动吾天机，而不知其所以然。"蚿谓蛇曰："吾以众足行，而不及子之无足，何也？"蛇曰："夫天机之所动，何可易邪？吾安用足哉！"蛇谓风曰："予动吾脊胁而行，则有似也。今子蓬蓬然起于北海，蓬蓬然入于南海，而似无有，何也？"风曰："然，予蓬蓬然起于北海而入于南海也，然而指我则胜我，鰌我亦胜我。虽然，夫折大木，蜚大屋者，

---

① （宋）林希逸：《庄子鬳斋口义》卷六《庄子外篇秋水第十七》，中国国家图书馆藏宋刻本。

唯我能也。"故以众小不胜为大胜也。为大胜者,唯圣人能之。

怜,成玄英疏曰:"爱尚之名。"又解:"怜,哀愍也。"

夔,一足兽。《山海经·大荒东经》:"东海中有流波山,入海七千里。其上有兽,状如牛,苍身而无角,一足,出入水则必风雨,其光如日月,其声如雷,其名曰夔。"①

蚿(xián),又名马陆,百足虫也。(成玄英疏)

趻(chěn)踔(chuō),跳跃而行。

独脚夔羡慕百足虫蚿,百足虫蚿羡慕无足的蛇,无足的蛇羡慕风,风羡慕眼睛,眼睛羡慕心。夔对蚿说:"我一只脚跳跃而行,没有谁比我更简便的了。现在你使用一万只脚,怎么个走法呢?"蚿说:"不对。你没见过唾沫吗?喷出时,大的像珠,小的像雾,混杂而落下,数都数不清。现在我是天机自动,根本不会去想如何去动。"蚿又对蛇说:"我用这么多的脚行走,还不如你没有脚走得快,是为什么呢?"蛇说:"天机自然而动,什么都代替不了,我哪里还用脚呢!"蛇对风说:"我运动我的脊背和肋下行走,像有脚一样。现在你蓬蓬然从北海刮起来,而吹到南海,像没有行迹一样,你又是如何远行万里的呢?"风说:"是的,我蓬蓬然从北海吹到南海,然而人如果用手指挥动风,风也不能吹折手指。用脚履踏风,风也不能折断人的脚。这是小的不能战胜。然而当暴风吹起,腾旋而上,则大厦也能吹飞,粗壮的树也能吹折。这就是大的胜利。"所以虽然有众多小不能胜却能完成大胜的,只有圣人能做到。

个体局限于自身的认知,无法理解不同形态的其他物体,故而发出种种疑问。然最终归结在"心"。众多的有行迹之物,虽有天机驱使发动,然而也都有一定的局限,惟"心"含天机,以神运智,可谓大胜。陆长庚曰:"夔一足,蚿百足,蛇无足,皆能自行,然犹有形。似风则无形而自行,目则不行而能至,犹以形用也。心则以神用,而古今宇宙,无不周遍。"②

---

① 袁珂:《山海经校注》,北京联合出版公司2014年版,第307页。
② (明)陆西星:《南华真经副墨》澹字集《外篇秋水第十七》,万历戊寅刊本。

这段生动的对话寓言背后隐含了深刻的寓意。成玄英解释说："譬达观之士，晦迹扬波，混愚智于群小之间，泯是非于嚣尘之内，此众小不胜也。而亭毒苍生，造化区宇，同二仪之覆载，等三光之照烛，此大胜也。"此不小胜而大胜之说，正应合《老子》以为无为、以柔胜刚之说。

七、子非我，安知我不知鱼之乐

庄子与惠子游于濠梁之上。庄子曰："儵鱼出游从容，是鱼乐也。"惠子曰："子非鱼，安知鱼之乐？"庄子曰："子非我，安知我不知鱼之乐？"惠子曰："我非子，固不知子矣；子固非鱼也，子之不知鱼之乐，全矣。"庄子曰："请循其本。子曰'汝安知鱼乐'云者，既已知吾知之而问我，我知之濠上也。"

濠，水名，在淮南钟离县，今见有庄子之墓。石绝水为梁，亦言是濠水之桥。（成玄英疏）儵鱼，当作"鲦鱼"。

请循其本，请让我们追寻问题的本源。

《秋水》篇以寓言"濠梁观鱼"收束全文，可以说别具深意。成玄英疏曰："夫鱼游于水，鸟栖于陆，各率其性，物皆逍遥。而庄子善达物情所以，故知鱼乐也。"林希逸曰："庄惠濠梁之论，言物我之性本同，以形间而不相知耳。会知以性，则其乐彼与此同，即人之所安而知鱼之乐，固无足怪，而兢言辩之末，忘性命之本者，斯为可怪矣。"[1]

从人类的视角出发，万物各自分别，各自不同，此物并无法了解彼物。而从道的整体维度来看，万物本自相通，正如庄子梦中可以化为蝴蝶一样。这则寓言体现了两种思维方式的碰撞。惠施代表理性思维，按照已有的知识进行分析、推理判断；庄周代表立足大道的直观体悟，以大道为根本，人心直达外物，注重当下的心灵体验。换一种格局，换一种思维方式，或

---

[1] （宋）褚伯秀：《南华真经义海纂微》卷五十五，见《中华道藏》第十四册，华夏出版社2004年版，第300页。

许更接近于大道本身。

八、引申思考：关于生命的重新认识

《秋水》全篇的宗旨，正如褚伯秀所说："是篇以秋水命题，设河伯海若问答，喻细大精粗之理，明道物功趣之观，各本自然，无贵无贱，成败得失，时适然耳。翻覆辩难，卒归于无以人灭天，无以故灭命。则求之性分之内而足，是谓反其真。"[①] 所以说到底，是关于真正的生命之主的思考。当以大道赋予的人的本性为生命之主时，人的观照和应物的方式便也转换到自然大道，就像擦亮胸中的明镜，就像蕴含胸中的枢机，此时视野覆盖古今宇宙，无不周遍。

关于个体生命的空间。每一个个体生命，以分别之形来看，身处茫茫人海；人之一类，又生存于浩瀚万物之中。浩瀚万物与整个宇宙相比，又芸芸扰扰，微不足道。那么，人类生存于宇宙，仿佛鱼儿在江湖之中。如果再局限于自己的眼界视野，从自己的视角看问题，那就相当于鱼游涸泉。《庄子·大宗师》中有："泉涸，鱼相与处于陆，相呴以湿，相濡以沫，不如相忘于江湖。与其誉尧而非桀也，不如两忘而化其道。夫大块载我以生，劳我以形，佚我以老，息我以死，故善吾生者，乃所以善吾死也。"恰好为人类的生命空间还原了真实的状态。庄子从人的认识，到人的心灵解放，到人的生命主宰，再到以道观物之生命大格局的建立，可以说正是为了化解个体生命的局限和遮蔽状态。

关于个体生命的时间。《庄子·至乐》篇曰：

> 庄子妻死，惠子吊之，庄子则方箕踞鼓盆而歌。惠子曰："与人居长子，老身死，不哭亦足矣，又鼓盆而歌，不亦甚乎！"庄子曰："不然。是其始死也，我独何能无慨然！察其始而本无生，非徒无生也，

---

① （宋）褚伯秀：《南华真经义海纂微》卷五十五，见《中华道藏》本第十四册，第300页。

而本无形，非徒无形也，而本无气。杂乎芒芴之间，变而有气，气变而有形，形变而有生，今又变而之死，是相与为春秋冬夏四时行也。人且偃然寝于巨室，而我嗷嗷然随而哭之，自以为不通乎命，故止也。"

通过庄子妻死这个事件，重新审视一个普通的个体生命的来龙去脉。从本无气、杂乎芒芴之间，到变而有气，但本无形，再气变而有形，形变而有生，又到变而之死，仿佛气消散一般回归宇宙的芒芴之中。从生到死，并不是一个封闭的过程。正如一年四季的春夏秋冬一样，只不过变换了形态。正如海洋中涌起的浪花，让我们看到了生命绽放的一瞬，但却不知它从海洋中来，亦回归于海洋。生命从宇宙大道中来，又回归宇宙大道。庄子的思考消解了人们对于生死的恐惧，打开了生命永恒的世界，正如陶渊明在《拟挽歌辞三首》中所说："死去何所道，托体同山阿。"

关于个体生命的意义。既然人的生命在广袤的空间世界如此微不足道，在永恒的时间世界只如浪花一瞬绽放，那么生命又有何意义？这其实是庄子关注的根本问题。如果说庄子的答案是生命毫无意义，那便落入了虚无主义的窠臼。事实上，庄子通过很多寓言去传达积极的生命境界。比如《养生主》之庖丁解牛、《达生》之佝偻承蜩等。再比如《达生》篇中的"呆若木鸡"寓言。

　　纪渻子为王养斗鸡。十日而问：鸡已乎？曰：未也，方虚恃而恃气。十日又问，曰：未也。犹应向景。十日又问，曰：未也。犹疾视而盛气。十日又问，曰：几矣。鸡虽有鸣者，已无变矣，望之若木鸡矣，其德全矣，异鸡无敢应者，反走矣。

再比如《达生》篇：

　　关尹曰：是纯气之守也，非知巧果敢之列……壹其性，养其气，合其德，以通乎物之所造。夫若是者，其天守全，其神无郤，物奚自入焉。夫醉者之坠车，虽疾不死。骨节与人同而犯害与人异，其神全也。乘亦不知也，坠亦不知也，死生惊惧不入乎其胸中，是故忤物而不惧。彼得全于酒而犹若是，而况得全于天乎。圣人藏于天，故莫之能伤也……以瓦注者巧，以钩注者惮，以黄金注者殙。其巧一也，而有所矜，则重外也。凡外重者内拙。

所谓"注"，指作为赌注。这些寓言无非都传达了一种相通的理念，即"用志不分，乃凝于神"，凝神才能激发生命的潜能，达于不可思议的超常发挥的合道境界。这种境界在庄子的心目中无异于最有意义的生命境界。相比来说，世间人的生存状态却是可悲的，如说：

> 一受其成形，不亡以待尽。与物相刃相靡，其行尽如驰，而莫之能止，不亦悲乎！终身役役而不见其成功，苶然疲役而不知其所归，可不哀邪！人谓之不死，奚益？其形化，其心与之然，可不谓大哀乎？人之生也，固若是芒乎！其我独芒，而人亦有不芒者乎！"

(《齐物论》)

总之，庄子哲学的目标在于改变人生不理想的精神状态，树立内圣（超越）外王的生命追求和人生目标，打开个体精神空间和时间的格局，引领心灵回到凝神专注、物我两忘的当下，最大程度地发挥生命的潜能，以最畅适的状态最好地完成世间的事业。

附录 2：

《庄子·逍遥游》《庄子·齐物论》
《庄子·养生主》《庄子·秋水》
（选自郭庆藩《庄子集释》，《诸子集成》本）

逍遥游

北冥有鱼，其名为鲲。鲲之大，不知其几千里也。化而为鸟，其名为鹏。鹏之背，不知其几千里也。怒而飞，其翼若垂天之云。是鸟也，海运则将徙于南冥。南冥者，天池也。

《齐谐》者，志怪者也。《谐》之言曰："鹏之徙于南冥也，水击三千里，抟扶摇而上者九万里，去以六月息者也。"野马也，尘埃也，生物之以息相吹也。天之苍苍，其正色邪？其远而无所至极邪？其视下也，亦若是则已矣。

且夫水之积也不厚，则负大舟也无力。覆杯水于坳堂之上，则芥为之舟。置杯焉则胶，水浅而舟大也。风之积也不厚，则其负大翼也无力。故九万里则风斯在下矣，而后乃今培风；背负青天而莫之夭阏者，而后乃今将图南。

蜩与学鸠笑之曰："我决起而飞，抢榆枋，时则不至而控于地而已矣，奚以之九万里而南为？"适莽苍者，三餐而反，腹犹果然；适百里者，宿舂粮；适千里者，三月聚粮。之二虫又何知！

小知不及大知，小年不及大年。奚以知其然也？朝菌不知晦朔，蟪蛄不知春秋，此小年也。楚之南有冥灵者，以五百岁为春，五百岁为秋；上古有大椿者，以八千岁为春，八千岁为秋。而彭祖乃今以久特闻，众人匹之，不亦悲乎！

汤之问棘也是已：穷发之北，有冥海者，天池也。有鱼焉，其广数千里，未有知其修者，其名为鲲。有鸟焉，其名为鹏，背若太山，翼若垂天之云，抟扶摇羊角而上者九万里，绝云气，负青天，然后图南，且适南冥也。斥鴳笑之曰："彼且奚适也？我腾跃而上，不过数仞而下，翱翔蓬蒿之间，此亦飞之至也，而彼且奚适也？"此小大之辩也。

故夫知效一官，行比一乡，德合一君，而征一国者，其自视也，亦若此矣。而宋荣子犹然笑之。且举世而誉之而不加劝，举世而非之而不加沮，定乎内外之分，辩乎荣辱之境，斯已矣。彼其于世，未数数然也。虽然，犹有未树也。

夫列子御风而行，泠然善也，旬有五日而后反。彼于致福者，未数数然也。此虽免乎行，犹有所待者也。

若夫乘天地之正，而御六气之辩，以游无穷者，彼且恶乎待哉！故曰：至人无己，神人无功，圣人无名。

尧让天下于许由，曰："日月出矣，而爝火不息，其于光也，不亦难乎！时雨降矣，而犹浸灌，其于泽也，不亦劳乎！夫子立而天下治，而我犹尸之，吾自视缺然。请致天下。"许由曰："子治天下，天下既已治也，而我犹代子，吾将为名乎？名者，实之宾也，吾将为宾乎？鹪鹩巢于深林，不过一枝；偃鼠饮河，不过满腹。归休乎君，予无所用天下为！庖人虽不治庖，尸祝不越樽俎而代之矣。"

肩吾问于连叔曰："吾闻言于接舆，大而无当，往而不反。吾惊怖其言犹河汉而无极也，大有径庭，不近人情焉。"连叔曰："其言谓何哉？""曰'藐姑射之山，有神人居焉。肌肤若冰雪，绰约若处子；不食五谷，吸风饮露；乘云气，御飞龙，而游乎四海之外；其神凝，使物不疵疠而年谷熟。'吾以是狂而不信也。"连叔曰："然，瞽者无以与乎文章之观，聋者无以与乎钟鼓之声。岂唯形骸有聋盲哉？夫知亦有之。是其言也，犹时女也。之人也，之德也，将旁礴万物以为一，世蕲乎乱，孰弊弊焉以天下为事！之人也，物莫之伤，大浸稽天而不溺，大旱金石流、土山焦而不热。是其尘垢粃穅，将犹陶铸尧舜者也，孰肯以物为事！"宋人资章甫而适诸越，越人断发文身，无所用之。尧治天下之民，平海内之政。往见四子藐姑射之山，汾水之阳，窅然丧其天下焉。

惠子谓庄子曰："魏王贻我大瓠之种，我树之成而实五石。以盛水浆，其坚不能自举也。剖之以为瓢，则瓠落无所容。非不呺然大也，吾为其无用而掊之。"庄子曰："夫子固拙于用大矣。宋人有善为不龟手之药者，世世以洴澼絖为事。客闻之，请买其方百金。聚族而谋曰：'我世世为洴澼絖，不过数金。今一朝而鬻技百金，请与之。'客得之，以说吴王。越有难，吴王使之将。冬，与越人水战，大败越人，裂地而封之。能不龟手一也，或以封，或不免于洴澼絖，则所用之异也。今子有五石之瓠，何不虑以为大樽而浮乎江湖，而忧其瓠落无所容？则夫子犹有蓬之心也夫！"

惠子谓庄子曰："吾有大树，人谓之樗。其大本拥肿而不中绳墨，其小枝卷曲而不中规矩。立之途，匠者不顾。今子之言，大而无用，众所同去也。"庄子曰："子独不见狸狌乎？卑身而伏，以候敖者；东西跳梁，不避高下；中于机辟，死于罔罟。今夫斄牛，其大若垂天之云。此能为大矣，而不能执鼠。今子有大树，患其无用，何不树之于无何有之乡，广莫之野，彷徨乎无为其侧，逍遥乎寝卧其下。不夭斤斧，物无害者，无所可用，安所困苦哉！

齐 物 论

南郭子綦隐几而坐，仰天而嘘，嗒焉似丧其耦。颜成子游立侍乎前，曰："何居乎？形固可使如槁木，而心固可使如死灰乎？今之隐几者，非昔之隐几者也？"子綦曰："偃，不亦善乎，而问之也！今者吾丧我，汝知之乎？汝闻人籁而未闻地籁，汝闻地籁而未闻天籁夫！"

子游曰："敢问其方。"子綦曰："夫大块噫气，其名为风。是唯无作，作则万窍怒呺。而独不闻之翏翏乎？山林之畏佳，大木百围之窍穴，似鼻，似口，似耳，似枅，似圈，似臼，似洼者，似污者。激者、謞者、叱者、吸者、叫者、譹者、宎者，咬者，前者唱于而随者唱喁，泠风则小和，飘风则大和，厉风济则众窍为虚。而独不见之调调之刁刁乎？"

子游曰："地籁则众窍是已，人籁则比竹是已，敢问天籁。"子綦曰："夫吹万不同，而使其自己也。咸其自取，怒者其谁邪？"

大知闲闲，小知间间。大言炎炎，小言詹詹。其寐也魂交，其觉也形开。与接为构，日以心斗。缦者、窖者、密者。小恐惴惴，大恐缦缦。其发若机栝，其司是非之谓也；其留如诅盟，其守胜之谓也；其杀若秋冬，以言其日消也；其溺之所为之，不可使复之也；其厌也如缄，以言其老洫也；近死之心，莫使复阳也。喜怒哀乐，虑叹变慹，姚佚启态。乐出虚，蒸成菌。日夜相代乎前而莫知其所萌。已乎，已乎！旦暮得此，其所由以生乎！

非彼无我，非我无所取。是亦近矣，而不知其所为使。若有真宰，而特不得其眹。可行己信，而不见其形，有情而无形。百骸、九窍、六藏、赅而存焉，吾谁与为亲？汝皆悦之乎？其有私焉？如是皆有为臣妾乎？其臣妾不足以相治乎？其递相为君臣乎？其有真君存焉！如求得其情与不得，无益损乎其真。一受其成形，不亡以待尽。与物相刃相靡，其行尽如驰而莫之能止，不亦悲乎！终身役役而不见其成功，苶然疲役而不知其所归，可不哀邪！人谓之不死，奚益！其形化，其心与之然，可不谓大哀乎？人之生也，固若是芒乎？其我独芒，而人亦有不芒者乎？

夫随其成心而师之，谁独且无师乎？奚必知代而心自取者有之？愚者与有焉！未成乎心而有是非，是今日适越而昔至也。是以无有为有。无有为有，虽有神禹且不能知，吾独且奈何哉！

夫言非吹也，言者有言。其所言者特未定也。果有言邪？其未尝有言邪？其以为异于鷇音，亦有辩乎？其无辩乎？道恶乎隐而有真伪？言恶乎隐而有是非？道恶乎往而不存？言恶乎存而不可？道隐于小成，言隐于荣华。故有儒墨之是非，以是其所非而非其所是。欲是其所非而非其所是，则莫若以明。

物无非彼，物无非是。自彼则不见，自知则知之。故曰：彼出于是，是亦因彼。彼是方生之说也。虽然，方生方死，方死方生；方可方不可，方不可方可；因是因非，因非因是。是以圣人不由而照之于天，亦因是也。是亦彼也，彼亦是也。彼亦一是非，此亦一是非，果且有彼是乎哉？果且无彼是乎哉？彼是莫得其偶，谓之道枢。枢始得其环中，以应无穷。是亦一无穷，非亦一无穷也。故曰：莫若以明。

以指喻指之非指，不若以非指喻指之非指也；以马喻马之非马，不若以非马喻马之非马也。天地一指也，万物一马也。

可乎可，不可乎不可。道行之而成，物谓之而然。恶乎然？然于然。恶乎不然？不然于不然。物固有所然，物固有所可。无物不然，无物不可。故为是举莛与楹，厉与西施，恢诡谲怪，道通为一。

其分也，成也；其成也，毁也。凡物无成与毁，复通为一。唯达者知通为一，为是不用而寓诸庸。庸也者，用也；用也者，通也；通也者，得也。适得而几矣。因是已，已而不知其然谓之道。劳神明为一而不知其同也，谓之"朝三"。何谓"朝三"？狙公赋芧，曰："朝三而暮四。"众狙皆怒。曰："然则朝四而暮三。"众狙皆悦。名实未亏而喜怒为用，亦因是也。是以圣人和之以是非而休乎天均，是之谓两行。

古之人，其知有所至矣。恶乎至？有以为未始有物者，至矣，尽矣，不可以加矣！其次以为有物矣，而未始有封也。其次以为有封焉，而未始有是非也。是非之彰也，道之所以亏也。道之所以亏，爱之所以成。果且有成与亏乎哉？果且无成与亏乎哉？有成与亏，故昭氏之鼓琴也；无成与亏，故昭氏之不鼓琴也。昭文之鼓琴也，师旷之枝策也，惠子之据梧也，三子之知几乎。皆其盛者也，故载之末年。唯其好之也，以异于彼，其好之也，欲以明之。彼非所明而明之，故以坚白之昧终。而其子又以文之纶终，终身无成。若是而可谓成乎，虽我亦成也；若是而不可谓成乎，物与我无成也。是故滑疑之耀，圣人之所图也。为是不用而寓诸庸，此之谓"以明"。

今且有言于此，不知其与是类乎？其与是不类乎？类与不类，相与为类，则与彼无以异矣。虽然，请尝言之：有始也者，有未始有始也者，有未始有夫未始有始也者；有有也者，有无也者，有未始有无也者，有未始有夫未始有无也者。俄而有无矣，而未知有无之果孰有孰无也。今我则已有谓矣，而未知吾所谓之其果有谓乎？其果无谓乎？

天下莫大于秋豪之末，而太山为小；莫寿于殇子，而彭祖为夭。天地与我并生，而万物与我为一。既已为一矣，且得有言乎？既已谓之一矣，且得无言乎？一与言为二，二与一为三。自此以往，巧历不能得，而况其凡乎！故自无适有，以至于三，而况自有适有乎！无适焉，因是已！

夫道未始有封，言未始有常，为是而有畛也。请言其畛：有左有右，有伦有义，有分有辩，有竞有争，此之谓八德。六合之外，圣人存而不论；六合之内，圣人论而不议；春秋经世先王之志，圣人议而不辩。

故分也者，有不分也；辩也者，有不辩也。曰："何也？""圣人怀之，众人辩之以相示也。故曰：辩也者，有不见也。"夫大道不称，大辩不言，大仁不仁，大廉不嗛，大勇不忮。道昭而不道，言辩而不及，仁常而不成，廉清而不信，勇忮而不成。五者园而几向方矣！故知止其所不知，至矣。孰知不言之辩，不道之道？若有能知，此之谓天府。注焉而不满，酌焉而不竭，而不知其所由来，此之谓葆光。

故昔者尧问于舜曰："我欲伐宗脍、胥、敖，南面而不释然。其故何也？"舜曰："夫三子者，犹存乎蓬艾之间。若不释然何哉！昔者十日并出，万物皆照，而况德之进乎日者乎！"

啮缺问乎王倪曰："子知物之所同是乎？"曰："吾恶乎知之！""子知子之所不知邪？"曰："吾恶乎知之！""然则物无知邪？"曰："吾恶乎知之！虽然，尝试言之：庸讵知吾所谓知之非不知邪？庸讵知吾所谓不知之非知邪？且吾尝试问乎汝：民湿寝则腰疾偏死，鳅然乎哉？木处则惴栗恂惧，猨猴然乎哉？三者孰知正处？民食刍豢，麋鹿食荐，蝍蛆甘带，鸱鸦耆鼠，四者孰知正味？猨猵狙以为雌，麋与鹿交，鳅与鱼游。毛嫱丽姬，人之所美也；鱼见之深入，鸟见之高飞，麋鹿见之决骤，四者孰知天下之正色哉？自我观之，仁义之端，是非之途，樊然殽乱，吾恶能知其辩！"啮缺曰："子不知利害，则至人固不知利害乎？"王倪曰："至人神矣！大泽焚而不能热，河汉沍而不能寒，疾雷破山、风振海而不能惊。若然者，乘云气，骑日月，而游乎四海之外，死生无变于己，而况利害之端乎！"

瞿鹊子问乎长梧子曰："吾闻诸夫子：圣人不从事于务，不就利，不违害，不喜求，不缘道，无谓有谓，有谓无谓，而游乎尘垢之外。夫子以为孟浪之言，而我以为妙道之行也。吾子以为奚若？"

长梧子曰："是黄帝之所听荧也，而丘也何足以知之！且汝亦大早计，见卵而求时夜，见弹而求鸮炙。予尝为汝妄言之，汝以妄听之。奚旁日月，挟宇宙，为其脗合，置其滑涽，以隶相尊？众人役役，圣人愚芚，参万岁而一成纯。万物尽然，而以是相蕴。

予恶乎知悦生之非惑邪！予恶乎知恶死之非弱丧而不知归者邪！丽之姬，艾封人之子也。晋国之始得之也，涕泣沾襟。及其至于王所，与王同匡牀，食刍豢，而后悔其泣也。予恶乎知夫死者不悔其始之蕲生乎？梦饮酒者，旦而哭泣；梦哭泣者，旦而田猎。方其梦也，不知其梦。梦之中又占其梦焉，觉而后知其梦也。且有大觉而后知此其大梦也，而愚者自以为觉，窃窃然知之。"君乎！牧乎！"固哉！丘也与汝皆梦也，予谓汝梦亦梦也。是其言也，其名为吊诡。万世之后而一遇大圣，知其解者，是旦暮遇之也。

既使我与若辩矣，若胜我，我不若胜，若果是也？我果非也邪？我胜若，若不吾胜，我果是也？而果非也邪？其或是也？其或非也邪？其俱是也？其俱非也邪？我与若不能相知也。则人固受其黮闇，吾谁使正之？使同乎若者正之，既与若同矣，恶能正之？使同乎我者正之，既同乎我矣，恶能正之？使异乎我与若者正之，既异乎我与若矣，恶能正之？使同乎我与若者正之，既同乎我与若矣，恶能正之？然则我与若与人俱不能相知也，而待彼也邪？"

"何谓和之以天倪？"曰："是不是，然不然。是若果是也，则是之异乎不是也亦无辩；然若果然也，则然之异乎不然也亦无辩。化声之相待，若其不相待。和之以天倪，因之以曼衍，所以穷年也。忘年忘义，振于无竟，故寓诸无竟。"

罔两问景曰："曩子行，今子止；曩子坐，今子起。何其无特操与？"景曰："吾有待而然者邪？吾所待又有待而然者邪？吾待蛇蚹蜩翼邪？恶识所以然？恶识所以不然？"

昔者庄周梦为胡蝶，栩栩然胡蝶也。自喻适志与！不知周也。俄然觉，则蘧蘧然周也。不知周之梦为胡蝶与？胡蝶之梦为周与？周与胡蝶则必有分矣。此之谓物化。

养生主

吾生也有涯，而知也无涯。以有涯随无涯，殆已！已而为知者，殆而已矣！

为善无近名，为恶无近刑，缘督以为经，可以保身，可以全生，可以养亲，可以尽年。

庖丁为文惠君解牛，手之所触，肩之所倚，足之所履，膝之所踦，砉然向然，奏刀騞然，莫不中音，合于桑林之舞，乃中经首之会。

文惠君曰："嘻，善哉！技盖至此乎？"庖丁释刀对曰："臣之所好者道也，进乎技矣。始臣之解牛之时，所见无非全牛者；三年之后，未尝见全牛也；方今之时，臣以神遇而不以目视，官知止而神欲行。依乎天理，批大郤，导大窾，因其固然。技经肯綮之未尝，而况大軱乎！良庖岁更刀，割也；族庖月更刀，折也；今臣之刀十九年矣，所解数千牛矣，而刀刃若新发于硎。彼节者有间而刀刃者无厚，以无厚入有间，恢恢乎其于游刃必有余地矣。是以十九年而刀刃若新发于硎。虽然，每至于族，吾见其难为，怵然为戒，视为止，行为迟，动刀甚微，謋然已解，如土委地。提刀而立，为之四顾，为之踌躇满志，善刀而藏之。"文惠君曰："善哉！吾闻庖丁之言，得养生焉。"

公文轩见右师而惊曰："是何人也？恶乎介也？天与？其人与？"曰："天也，非人也。天之生是使独也，人之貌有与也。以是知其天也，非人也。"

泽雉十步一啄，百步一饮，不蕲畜乎樊中。神虽王，不善也。

老聃死，秦失吊之，三号而出。弟子曰："非夫子之友邪？"曰："然。""然则吊焉若此可乎？"曰："然。始也吾以为其人也，而今非也。向吾入而吊焉，有老者哭之，如哭其子；少者哭之，如哭其母。彼其所以会之，必有不蕲言而言，不蕲哭而哭者。是遁天倍情，忘其所受，古者谓之遁天之刑。适来，夫子时也；适去，夫子顺也。安时而处顺，哀乐不能入也，古者谓是帝之县解。"

指穷于为薪，火传也，不知其尽也。

秋水

秋水时至，百川灌河。泾流之大，两涘渚涯之间，不辩牛马。于是焉河伯欣然自喜，以天下之美为尽在己。顺流而东行，至于北海，东面而视，不见水端。于是焉河伯始旋其面目，望洋向若而叹曰："野语有之曰'闻道百，以为莫己若者'，我之谓也。且夫我尝闻少仲尼之闻而轻伯夷之义者，始吾弗信。今我睹子之难穷也，吾非至于子之门则殆矣，吾长见笑于大方之家。"

北海若曰："井蛙不可以语于海者，拘于墟也；夏虫不可以语于冰者，笃于时也；曲士不可以语于道者，束于教也。今尔出于涯涘，观于大海，乃知尔丑，尔将可与语大理矣。天下之水，莫大于海：万川归之，不知何时止而不盈；尾闾泄之，不知何时已而不虚；春秋不变，水旱不知。此其过江河之流，不可为量数。而吾未尝以此自多者，自以比形于天地，而受气于阴阳，吾在于天地之间，犹小石小木之在大山也。方存乎见少，又奚以自多！计四海之在天地之间也，不似礨空之在大泽乎？计中国之在海内，不似稊米之在大仓乎？号物之数谓之万，人处一焉；人卒九州，谷食之所生，舟车之所通，人处一焉。此其比万物也，不似豪末之在于马体乎？五帝之所连，三王之所争，仁人之所忧，任士之所劳，尽此矣！伯夷辞之以为名，仲尼语之以为博。此其自多也，不似尔向之自多于水乎？"

河伯曰："然则吾大天地而小豪末,可乎?"北海若曰:"否。夫物,量无穷,时无止,分无常,终始无故。是故大知观于远近,故小而不寡,大而不多:知量无穷。证曏今故,故遥而不闷,掇而不跂:知时无止。察乎盈虚,故得而不喜,失而不忧:知分之无常也。明乎坦途,故生而不悦,死而不祸:知终始之不可故也。计人之所知,不若其所不知;其生之时,不若未生之时;以其至小,求穷其至大之域,是故迷乱而不能自得也。由此观之,又何以知豪末之足以定至细之倪,又何以知天地之足以穷至大之域!"

河伯曰:"世之议者皆曰:'至精无形,至大不可围。'是信情乎?"北海若曰:"夫自细视大者不尽,自大视细者不明。夫精,小之微也;垺,大之殷也:故异便。此势之有也。夫精粗者,期于有形者也;无形者,数之所不能分也;不可围者,数之所不能穷也。可以言论者,物之粗也;可以意致者,物之精也;言之所不能论,意之所不能察致者,不期精粗焉。是故大人之行:不出乎害人,不多仁恩;动不为利,不贱门隶;货财弗争,不多辞让;事焉不借人,不多食乎力,不贱贪污;行殊乎俗,不多辟异;为在从众,不贱佞谄;世之爵禄不足以为劝,戮耻不足以为辱;知是非之不可为分,细大之不可为倪。闻曰:'道人不闻,至德不得,大人无己。'约分之至也。"

河伯曰:"若物之外,若物之内,恶至而倪贵贱? 恶至而倪小大?"北海若曰:"以道观之,物无贵贱;以物观之,自贵而相贱;以俗观之,贵贱不在己。以差观之,因其所大而大之,则万物莫不大;因其所小而小之,则万物莫不小。知天地之为稊米也,知豪末之为丘山也,则差数睹矣。以功观之,因其所有而有之,则万物莫不有;因其所无而无之,则万物莫不无。知东西之相反而不可以相无,则功分定矣。以趣观之,因其所然而然之,则万物莫不然;因其所非而非之,则万物莫不非。知尧、桀之自然而相非,则趣操睹矣。

昔者尧、舜让而帝,之、哙让而绝;汤、武争而王,白公争而灭。由此观之,争让之礼,尧、桀之行,贵贱有时,未可以为常也。梁丽可以冲城而不可以窒穴，言殊器也；骐骥骅骝一日而驰千里，捕鼠不如狸狌，言殊技也；鸱鸺夜撮蚤，察豪末，昼出瞋目而不见丘山，言殊性也。故曰：盖师是而无非，师治而无乱乎？是未明天地之理，万物之情也。是犹师天而无地，师阴而无阳，其不可行明矣！然且语而不舍，非愚则诬也！帝王殊禅，三代殊继。差其时，逆其俗者，谓之篡夫；当其时，顺其俗者，谓之义之徒。默默乎河伯，汝恶知贵贱之门，小大之家！"

河伯曰："然则我何为乎？何不为乎？吾辞受趣舍，吾终奈何？"北海若曰："以道观之，何贵何贱，是谓反衍；无拘而志，与道大蹇。何少何多，是谓谢施；无一而行，与道参差。严严乎若国之有君，其无私德；繇繇乎若祭之有社，其无私福；泛泛乎其若四方之无穷，其无所畛域。兼怀万物，其孰承翼？是谓无方。万物一齐，孰短孰长？道无终始，物有死生，不恃其成。一虚一满，不位乎其形。年不可举，时不可止。消息盈虚，终则有始。是所以语大义之方，论万物之理也。物之生也，若骤若驰。无动而不变，无时而不移。何为乎，何不为乎？夫固将自化。"

河伯曰："然则何贵于道邪？"北海若曰："知道者必达于理，达于理者必明于权，明于权者不以物害己。至德者，火弗能热，水弗能溺，寒暑弗能害，禽兽弗能贼。非谓其薄之也，言察乎安危，宁于祸福，谨于去就，莫之能害也。故曰：'天在内，人在外，德在乎天。'知天人之行，本乎天，位乎得，蹢躅而屈伸，反要而语极。"曰："何谓天？何谓人？"北海若曰："牛马四足，是谓天；落马首，穿牛鼻，是谓人。故曰：无以人灭天，无以故灭命，无以得殉名。谨守而勿失，是谓反其真。"

夔怜蚿，蚿怜蛇，蛇怜风，风怜目，目怜心。夔谓蚿曰："吾以一足趻踔而行，予无如矣。今子之使万足，独奈何？"蚿曰："不然。子不见夫唾者乎？喷则大者如珠，小者如雾，杂而下者不可胜数也。今予动吾天机，而不知其所以然。"蚿谓蛇曰："吾以众足行，而不及子之无足，何也？"蛇曰："夫天机之所动，何可易邪？吾安用足哉！"蛇谓风曰："予动吾脊胁而行，则有似也。今子蓬蓬然起于北海，蓬蓬然入于南海，而似无有，何也？"风曰："然，予蓬蓬然起于北海而入于南海也，然而指我则胜我，鰌我亦胜我。虽然，夫折大木，蜚大屋者，唯我能也。"故以众小不胜为大胜也。为大胜者，唯圣人能之。

孔子游于匡，宋人围之数匝，而弦歌不辍。子路入见，曰："何夫子之娱也？"孔子曰："来，吾语汝。我讳穷久矣，而不免，命也；求通久矣，而不得，时也。当尧、舜而天下无穷人，非知得也；当桀、纣而天下无通人，非知失也：时势适然。夫水行不避蛟龙者，渔父之勇也；陆行不避兕虎者，猎夫之勇也；白刃交于前，视死若生者，烈士之勇也；知穷之有命，知通之有时，临大难而不惧者，圣人之勇也。由，处矣！吾命有所制矣！"无几何，将甲者进，辞曰："以为阳虎也，故围之；今非也，请辞而退。"

公孙龙问于魏牟曰："龙少学先王之道，长而明仁义之行；合同异，离坚白；然不然，可不可；困百家之知，穷众口之辩：吾自以为至达已。今吾闻庄子之言，汒焉异之。不知论之不及与？知之弗若与？今吾无所开吾喙，敢问其方。"公子牟隐机大息，仰天而笑曰："子独不闻夫埳井之蛙乎？谓东海之鳖曰：'吾乐与！吾跳梁乎井干之上，入休乎缺甃之崖。赴水则接腋持颐，蹶泥则没足灭跗。还虷蟹与科斗，莫吾能若也。且夫擅一壑之水，而跨跱埳井之乐，此亦至矣。夫子奚不时来入观乎？'东海之鳖左足未入，而右膝已絷矣。于是逡巡而却，告之海曰：'夫千里之远，不足以举其大；千仞之高，不足以极其深。禹之时，十年九潦，而水弗为加益；汤之时，八年七旱，而崖不为加损。夫不为顷久推移，不以多少进退者，此亦东海之大乐也。'于是埳井之蛙闻之，适适然惊，规规然自失也。且夫知不知是非之境，而犹欲观于庄子之言，是犹使蚊虻负山，商蚷驰河也，必不胜任矣。且夫知不知论极妙之言，而自适一时之利者，是非埳井之蛙与？且彼方跐黄泉而登大皇，无南无北，奭然四解，沦于不测；无东无西，始于玄冥，反于大通。子乃规规然而求之以察，索之以辩，是直用管窥天，用锥指地也，不亦小乎？子往矣！且子独不闻夫寿陵余子之学行于邯郸与？未得国能，又失其故行矣，直匍匐而归耳。今子不去，将忘子之故，失子之业。"公孙龙口呿而不合，舌举而不下，乃逸而走。

庄子钓于濮水。楚王使大夫二人往先焉，曰："愿以境内累矣！"庄子持竿不顾，曰："吾闻楚有神龟，死已三千岁矣。王巾笥而藏之庙堂之上。此龟者，宁其死为留骨而贵乎？宁其生而曳尾于涂中乎？"二大夫曰："宁生而曳尾涂中。"庄子曰："往矣！吾将曳尾于涂中。"惠子相梁，庄子往见之。或谓惠子曰："庄子来，欲代子相。"于是惠子恐，搜于国中三日三夜。庄子往见之，曰："南方有鸟，其名为鹓鹐，子知之乎？夫鹓鹐发于南海而飞于北海，非梧桐不止，非练实不食，非醴泉不饮。于是鸱得腐鼠，鹓鹐过之，仰而视之曰：'吓！'今子欲以子之梁国而吓我邪？"

庄子与惠子游于濠梁之上。庄子曰："儵鱼出游从容，是鱼乐也。"惠子曰："子非鱼，安知鱼之乐？"庄子曰："子非我，安知我不知鱼之乐？"惠子曰"我非子，固不知子矣；子固非鱼也，子之不知鱼之乐，全矣！"庄子曰："请循其本。子曰'汝安知鱼乐'云者，既已知吾知之而问我。我知之濠上也。"

第三单元　其他道家经典导读

第十三章 列子贵虚

——体道的人生

一、列子其人其书

列子，郑国人，姓列，名御寇。与郑缰（xū）公同时，大约生活在孔子之后，孟子之前的春秋战国之际。当为学道修道者，在庄子之先，庄子书中称之。其间的传承扬弃关系，亦相当密切。西汉刘向整理《列子》书八篇，其叙录言：

> 新校中书列子五篇，臣向谨与长社尉臣参校雠。太常书三篇，太史书四篇，臣向书六篇，臣参书两篇，内外书凡二十篇，以校除复重十二篇，定著八篇。中书多，外书少。章乱布在诸篇中。或字误，以尽为进，以贤为形，如此者众。①

校定工作完成于西汉成帝永始三年（公元前14年）。班固《汉书·艺文志》道家类也载录《列子》八篇。班固注曰："名圄寇，先庄子，庄子称之。"

《列子》书的第二次大的整理记录是东晋张湛。张湛为最早给《列子》作注的人，其所作《列子序》，对于其所注《列子》书的底本也有一定的交代，他说：

---

① （宋）林希逸：《列子鬳斋口义·列子序》，中国国家图书馆藏元初刻本。

先君所录书中有《列子》八篇。及至江南，仅有存者。《列子》唯余《杨朱》《说符》、目录三卷。比乱，正舆为扬州刺史，先来过江，复在其家得四卷。寻从辅嗣女婿赵季子家得六卷。参校有无，始得全备。①

说明他手头当时所根据的是几个《列子》书残本，"参校有无，始得全备"。

唐代柳宗元撰《辨列子》一文，认为其书"亦多增窜，非其实"。"虽不概于孔子道，然其虚泊寥阔，居乱世，远于利祸，不得逮乎身，而其心不穷易之，遁世无闷者其近是欤。余故取焉。其文辞类《庄子》而尤质厚，少伪作。好文者可废耶！"②

至宋代林希逸作《列子鬳斋口义》提出更多怀疑，认为既然此书"孝景帝时颇行于世，若其书果出于景帝时，太史公因何未见？果见之，不应遗《列子》而不入传也"。又曰："其间又有绝到之语，绝非秦汉而下作者所可及。愚意此书必为晚出，或者因其散轶不完，故杂出己意，且模仿《庄子》以附益之，然其真伪之分，朦如玉石，亦所不可乱也。"③

至清代如钱大昕、姚鼐、李慈铭、梁启超等皆认为其书不仅是伪书，而且出于东晋以后，盖为张湛所伪造，自编自注。近代马叙伦则撰《列子伪书考》一文，举证二十事以证明其为伪书。杨伯峻撰《列子集释》，但也相信列子为伪书，撰《从汉语史的角度来鉴定中国古籍写作年代的一个实例——〈列子〉著述年代考》提出：

《列子》是部伪书，这已经为一般学者所肯定，它是一部魏晋时代

---

① （东晋）张湛：《列子注》，《诸子集成》本第三册，中华书局 2006 年第 2 版，第 1 页。下所引列子原文皆出于此本，不另注。

② （唐）柳宗元：《柳河东集》卷四，《四库全书》集部别集类。

③ （宋）林希逸：《列子鬳斋口义·列子序》，中国国家图书馆藏元初刻本。

的伪书，也已经为大多数学者所肯定。①

同时引录季羡林先生《列子与佛典》一文补充说："《汤问》篇偃师之巧的故事和西晋竺法护所译的《生经》卷三里的一个故事'内容几乎完全相同'，因而证明这一故事是'《列子》钞袭佛典恐怕也就没有什么疑问了'"。

与之相反，反对《列子》为东晋人伪书的有日本武义内雄《列子冤词》，原载江侠庵编译的《先秦经籍考》②，主要的观点是"向序非伪，《列子》八篇非御寇之笔，且多经后人删改。然大体上尚存向校定时面目，非王弼之徒所伪作"。岑仲勉亦有《列子非晋人伪作》一文，又有《再论〈列子〉的真伪》，继续驳斥杨伯峻等将从语言史角度的辨伪作为全书皆伪的草率。

20世纪80年代以来，学术的研究，尤其是对待先秦古籍的态度，逐渐回归理性的审视。加之出土文献的佐证，使得《鹖冠子》《文子》等被怀疑的古书内容的真实性，以及史料的价值都得到了新的证明。《列子》一书的研究中，为刘向、张湛辩诬，为《列子》翻案的呼声越来越高，对20世纪初的极端疑古进行了新的反思，严灵峰、萧登福、许抗生、陈广忠、马达、权光镐等学者分别从不同的角度对《列子》伪造说进行了深入的检讨和批判。认为"《列子》基本上是一部先秦道家典籍，基本保存了列子及其后学的思想"③"列子成书当在战国三家分晋之后，并羼杂有后人文字及他残卷

---

① 杨伯峻撰：《列子集释·附录三·辨伪文字辑略》，中华书局1979年版，第327页。
② 江侠庵编译：《先秦经籍考》，商务印书馆1931年版，第360—373页。
③ 许抗生：《列子考辨》，见陈鼓应主编《道家文化研究》第一辑，上海古籍出版社1992年版，第344—358页。

和错简"① 等看法日渐得到更多学者的认可。②

在此基础上，我们认为《列子》确非伪书。③《列子》书中虽然出现不少晚出的内容和晚出的词汇，但并不能因此否认《列子》一书的史料价值。正如庄子多处称引列子；《韩非子·喻老》篇中引："列子闻之曰：'使天地三年而成一叶，则物之有叶者寡矣。'"说明《列子》在战国时代是流传于世的。故而，我们参照今传本《列子》，并综合其他典籍中所记载的列子，共同作为考察列子思想取向的参考文献。

今传本《列子》书包括《天瑞》第一、《黄帝》第二、《周穆王》第三、《仲尼》第四、《汤问》第五、《力命》第六、《杨朱》第七、《说符》第八。

二、关于列子的思想

关于列子之学，刘向概括说：

> 其学本于黄帝、老子，号曰道家，道家者，秉要执本，清虚无为。及其治身接物，务崇不兢，合于六经。而《穆王》《汤问》二篇，迂诞恢诡，非君子之言也。至于力命篇，一推分命。杨子之篇，唯贵放逸。二义乖背，不似一家之书。然各有所明，亦有可观者。孝景皇帝时贵黄老术，此书颇行于世。及后遗落，散在民间，未有传者。且多寓言，与庄周相类。④

张湛《列子序》概括说：

---

① 严灵峰：《列子辩诬及其中心思想·自序》，时报文化出版事业有限公司 1983 年版，第 12 页。

② 周书灿：《再论中国古典学的重建问题——以列子时代考订与〈列子〉八篇真伪之辨为例》，《浙江社会科学》2017 年第 8 期。

③ 刘固盛：《论老学史中的杨朱思想——兼论〈列子〉书非伪》，《湖南大学学报》2018 年第 1 期。

④ （宋）林希逸：《列子鬳斋口义·列子序》，中国国家图书馆藏元初刻本。

其书大略明群有以至虚为宗，万品以终灭为验。神惠以凝寂常全，想念以著物自丧。生觉与化梦等情，巨细不限一域，穷达无假智力。治身贵于肆任顺性，则所之皆适，水火可蹈，忘怀则无幽不照，此其旨也。然所明往往与佛经相参，大归同于老庄。①

再参照《列子》一书、《庄子·列御寇》篇及其他庄子所引列子的内容，我们重新来梳理列子的思想主张，可见如下几个方面：

第一，贵虚。列子之学本于老、庄，仍以老、庄自然之道为学说之根本，然列子更趋于对宇宙自然之道中"虚无"本质的探讨。正如《吕氏春秋·审分览·不二》有"子列子贵虚"的评价。《列子·天瑞》篇有：

或谓子列子，子奚贵虚？列子曰：虚者无贵也。子列子曰：非其名也。莫如静，莫如虚。静也虚也，得其居矣。取也与也，失其所矣。事之破碼（毁）而后有舞仁义者，弗能复也。

这段话中先有"列子曰"，后有"子列子曰"，似经后人整理缀合而成。其中至少包含了两重含义：一者凡贵必有所去取，故无所贵方为真虚，即消解贵贱的分别之念。二者如张湛注曰："夫虚静之理，非心虑之表，形骸之外；求而得之，即我之性。内安诸己，则自然真全矣。故物以全者，皆由虚静，故得其所安。所以败者，皆由动求，故失其所处。"总之，列子学说以体悟内在的虚静自然为主要意旨，反对外在的动求，反对破坏虚静而追求仁义教化。

我们看《老子》关于"虚静"的表达，直接言虚静的有第十六章："至虚极，守静笃。万物并作，吾以观其复。"间接言虚静的有《老子》第一章："常无欲，以观其妙。"无欲当为虚静之义。再就是《老子》第五章：

---

① （东晋）张湛：《列子注》,《诸子集成》本第三册，中华书局 2006 年版，第 1 页。

"虚而不屈，动而愈出。"总之，老子的虚静说始终建立在整体宇宙观的基础之上，讲无欲必兼顾有欲，讲虚极静笃必兼顾万物并作之运动变化，讲虚而不屈，必兼顾动而欲出。《广雅·释诂》三："虚，空也。"《西京赋》"有凭虚公子者"注："虚，无也。"但老子的虚静并非单纯强调虚无的一面，而列子则走向了虚无的极端。正如朱谦之所言：

> 虚无之说，自是后人沿庄列而误，老子无此也。"虚而不屈，动而愈出"，此乃老子得《易》之变通屈伸者。劭雍曰"老子得易之体"，正谓此也。"致虚极"即秉要执本，清虚自守之说，亦即《论语》"修己以安百姓"。王通曰："清虚长而晋室乱，非老子之罪。"正谓此也。①

即强调老子之学与列子贵虚之间的不同及影响的不同所在。

然而值得注意的是，列子的贵虚尚无，其实更指向对于形而上学的本真之道的观照。他通过否定人的作用与经验的方式，力图呈现"道"的真虚，"虚者无贵也"，"非其名也"，则去贵之心，也去虚之名。如《老子》第一章所说："名可名，非常名。""莫如静，莫如虚。静也虚也，得其居矣。"虚、静，则无人为的任何痕迹，无名无迹，正为道，亦为人当所居之地。正如《列子·天瑞》篇引"黄帝书曰：谷神不死，是谓玄牝，玄牝之门，是谓天地之根。绵绵若存，用之不勤。"此条"黄帝书"实出自于《老子》言道之虚的内容。张湛注曰："夫谷虚而宅有，亦如庄子之称环中。至虚无物，故谓谷神。本自无主，故曰不死。"列子引此可见其对老子学说中道体至虚的关注。

《列子》试图将本体虚静与万物之生化分别开来，《列子·天瑞》"有生不生，有化不化"，张湛注曰："不生，生物而不自生者也。""不化，化物而不自化者也。""故生物者不生，化物者不化。自生自化，自形自色，自智自力，自消自息，谓之生化形色智力消息者非也。"张湛注曰："生物者

---

① 朱谦之：《老子校释》，中华书局 1984 年版，第 65 页。

不生，言其不容心于生也。化物者不化，言其不容力于化也。盈天地之间，无非自然而然。"万物之生化亦属自生自化，虽虚无之道为其宗主，但无与有二者的关系并非母与子的关系。故曰："黄帝书曰：形动不生形而生影，声动不生声而生响。无动不生无而生有。"（《列子·天瑞》）而是形与影、声与响的关系。其说可谓超越于老子关于"橐籥""玄牝""有生于无"将无作为化生万物母体的认识。既然作为母体，必然又落于行迹之中。张湛以虚静的"无"作为道之本体，则进一步消解本体之道的行迹与言筌，因此说道既不自生，又不容心于生，更强调其超验绝象的特质。

第二，重化。对于有形有生的世界，列子更注重其"化"的特征。《列子·天瑞》引："鬻熊曰：运转亡已，天地密移，畴觉之哉。"天地始终在运动变化，只不过我们很难觉察。其化生的过程："有太易，有太初，有太始，有太素。太易者，未见气也。太初者，气之始也。太始者，形之始也。太素者，质之始也。气形质具而未相离，故曰浑沦。浑沦者，言万物相浑沦而未相离也。"此言变化之初始形态。又曰："人自生至终，大化有四，婴孩也，少壮也，老耄也，死亡也。""凡一气不顿进，一形不顿亏，亦不觉其成，不觉其亏。亦如人自世至老，貌色智态，亡日不异，皮肤爪发，随世随落，非婴孩时，有停而不易也。间不可觉，俟至后知。"此言生命都是在不知不觉中运动变化，由少至老的。

第三，重修道实践，乃当时重体道实践的修道体道得道之士。如《庄子·逍遥游》曰："夫列子御风而行，泠然善也，旬有五日而后反。彼于致福者，未数数然也。此虽免乎行，犹有所待者也。"《列子》卷第二《黄帝》篇也有：

列子师老商氏，友伯高子，进二子之道，乘风而归。

对此，他自己描述说：

自吾之事夫子，友若人也，三年之后，心不敢念是非，口不敢言利害，始得夫子一盼而已。五年之后，心庚念是非，口庚言利害，夫子始一解颜而笑。七年之后，从心之所念，庚无是非。从口之所言，庚无利害。夫子始一引吾并席而坐。九年之后，横心之所念，横口之所言，亦不知我之是非利害与，亦不知彼之是非利害与。亦不知夫子之为我师，若人之为我友。内外进矣。而后眼如耳，耳如鼻，鼻如口，无不同也。心凝形释，骨肉都融，不觉形之所倚，足之所履，随风东西，犹木叶干壳，竟不知风乘我邪，我乘风乎。

从其所自述修道过程来看，经历九年才进入"心凝形释，骨肉都融"的忘我忘物而心合于道的状态。《庄子·让王》中说：客有言之于郑子阳者，曰：列御寇，盖有道之士也，居君之国而穷，君无乃为不好士乎？"列子对道的体会主要是落实在实践的功夫之上，以至于可以御风而行，真有飘飘欲仙之感。由此，我们也可以了解其立学的方向之所在。

第四，自隐无名。《庄子·列御寇》篇中记载列御寇的事迹："列御寇之齐，中道而反，遇伯昏无人。"据下文可知，他本打算到齐国去谋职，然走到半路就返回来了，原因是他在路途中口渴想要去卖浆之家买东西喝，突然发现竟然有五家卖浆者竞相向他献浆，他不禁大惊，反省自己内心尚未解道，更不能和光同尘，由外在的仪表风度引起路人的追捧。由此联想到，万乘之主如果也是这样，必然让自己身劳于国而智尽于事，任之以事，邀之以功，到时自己必将徇外忘内，逐伪忘真，因此心惊。他的想法得到了老师伯昏无人的赞赏。后来伯昏无人再来看列子，发现"户外之履满矣"，意思是有很多人闻名而来向列子请教，以致门口堆满了到访者的鞋子。伯昏无人默默站了一会儿，一句话没说就走了。有人告诉了列子，列子赶紧光着脚提着鞋子追出来，请老师指教提点。老师亦指出他未能韬光养晦，反而显迹于外，导致众人追捧。而前来追捧的众人，"莫觉莫悟，何相孰也。巧者劳而智者忧，无能者无所求，饱食而遨游，泛若不系之舟，虚而遨游者也。"彼此迷途，不能互相觉悟，谁能独晓得真正的道而告诉他人呢？言教不如身教，说道不如悟道，虚己以游世。再到《列子·天瑞》：

"子列子居郑圃四十年，人无识者。国君卿大夫视之犹众庶也。"我们可以看到他由一个学道者到隐士的行迹的转化。

第五，由贵虚重化体道一如所形成的旷达之观。《列子·周穆王》中有"蕉鹿"的故事，曰：

> 郑人有薪于野者，遇骇鹿，御而击之，毙之。恐人见之也，遽而藏诸隍中，覆之以蕉。不胜其喜。俄而遗其所藏之处，遂以为梦焉。顺涂而咏其事。傍人有闻者，用其言而取之。既归，告其室人曰：向薪者梦得鹿而不知其处；吾今得之，彼直真梦者矣。室人曰：若将是梦见薪者之得鹿邪？讵有薪者邪？今真得鹿，是若之梦真邪？夫曰：吾据得鹿，何用知彼梦我梦邪？薪者之归，不厌失鹿。其夜真梦藏之之处，又梦得之之主。爽旦，案所梦而寻得之。遂讼而争之，归之士师。士师曰：若初真得鹿，妄谓之梦；真梦得鹿，妄谓之实。彼真取若鹿，而与若争鹿。室人又谓梦认人鹿，无人得鹿。今据有此鹿，请二分之。以闻郑君。郑君曰：嘻！士师将复梦分人鹿乎？访之国相。国相曰：梦与不梦，臣所不能辨也。欲辨觉梦，唯黄帝孔丘。今亡黄帝孔丘，孰辨之哉？且恂士师之言可也。

蕉与樵同。蕉鹿，即用柴草覆盖的鹿。这则故事后人多用以比喻梦幻之境。如宋辛弃疾《水调歌头·呈南涧》词："笑年来，蕉鹿梦，画蛇杯。"张湛注曰："因喜怒而迷惑，犹不复辨觉梦之虚实，况本无觉梦也。"

又《列子·周穆王》中有：

> 燕人生于燕，长于楚，及老而还本国。过晋国，同行者诳之，指城曰：此燕国之城。其人愀然变容。指社曰：此若里之社。乃喟然而叹。指舍曰：此若先人之庐，乃涓然而泣。指垄曰：此若先人之冢，其人哭不自禁。同行者哑然大笑曰：予昔绐（音殆，欺也）若，此晋国耳。其人大惭。及至燕，真见燕国之城社，真见先人之庐冢，悲心

更微。

此段用寓言的方式指出人的情感，实际生发于自己的理解，并非源于真实。宋林希逸曰："此段盖言人心无真见，则或以妄者为是而真者为非也。微，无也。悲心更微，言反不悲也。据此一篇，语极到，必列子之本书。"① 唐卢重元感叹曰："今之君子咸妄执晋国之城社也，宁知养神反本之至道哉。"②

---

① （宋）林希逸：《列子鬳斋口义·周穆王第三》，中国国家图书馆藏元初刻本。
② （唐）卢重元：《列子注》卷三，清嘉庆八年秦恩复石研斋刻本。

附录3：

《列子·杨朱》《列子·说符》
（以元初刻本《列子虞斋口义》为底本）

《列子》第七章《杨朱》

杨朱游于鲁，舍于孟氏。孟氏问曰："人而已矣，奚以名为？"曰："以名者为富。""既富矣，奚不已焉？"曰："为贵。""既贵矣，奚不已焉？"曰："为死。""既死矣，奚为焉？"曰："为子孙。""名奚益于子孙？"曰："名乃苦其身，燋其心。乘其名者，泽及宗族，利兼乡党；况子孙乎？""凡为名者必廉，廉斯贫；为名者必让，让斯贱。"曰："管仲之相齐也，君淫亦淫，君奢亦奢，志合言从，道行国霸，死之后，管氏而已。田氏之相齐也，君盈则已降，君敛则已施，民皆归之，因有齐国；子孙享之，至今不绝。""若实名贫，伪名富。"曰："实无名，名无实；名者，伪而已矣。昔者尧舜伪以天下让许由善卷，而不失天下，享祚百年。伯夷叔齐实以孤竹君让，而终亡其国，饿死于首阳之山。实、伪之辩，如此其省也。"

杨朱曰："百年，寿之大齐。得百年者，千无一焉。设有一者，孩抱以逮昏老，几居其半矣。夜眠之所弭，昼觉之所遗，又几居其半矣。痛疾哀苦，亡失忧惧，又几居其半矣。量十数年之中，逌然而自得，亡介焉之虑者，亦亡一时之中尔。则人之生也奚为哉？奚乐哉？为美厚尔，为声色尔。而美厚复不可常厌足，声色不可常玩闻。乃复为刑赏之所禁劝，名法之所进退；遑遑尔竞一时之虚誉，规死后之余荣；偊偊尔慎耳目之观听，惜身意之是非；徒失当年之至乐，不能自肆于一时。重囚累桎，何以异哉？太古之人，知生之暂来，知死之暂往；故从心而动，不违自然。所好当身之娱，非所去也。故不为名所劝，从性而游，不逆万物。所好死后之名，非所取也，故不为刑所及。名誉先后，年命多少，非所量也。"

杨朱曰："万物所异者生也，所同者死也。生则有贤愚、贵贱，所以异也；死则有臭腐消灭，是所同也。虽然，贤愚、贵贱，非所能也。臭腐、消灭，亦非所能也。故生非所生，死非所死，贤非所贤，愚非所愚，贵非所贵，贱非所贱。然而万物齐生齐死，齐贤齐愚，齐贵齐贱。十年亦死，百年亦死，仁圣亦死，凶愚亦死。生则尧舜，死则腐骨；生则桀纣，死则腐骨。腐骨一矣，孰知其异？且趣当生，奚遑死后？"

杨朱曰："伯夷非亡欲，矜清之邮，以放饿死。展季非亡情，矜贞之邮，以放寡宗。清贞之误善之若此。"

杨朱曰："原宪窭于鲁，子贡殖于卫。原宪之窭损生，子贡之殖累身。""然则窭亦不可，殖亦不可，其可焉在？"曰："可在乐生，可在逸身。故善乐生者不窭，善逸身者不殖。"

杨朱曰："古语有之：'生相怜，死相捐。'此语至矣。相怜之道，非唯情也；勤能使逸，饥能使饱，寒能使温，穷能使达也。相捐之道，非不相哀也；不含珠玉，不服文锦，不陈牺牲，不设明器也。"

晏平仲问养生于管夷吾。管夷吾曰："肆之而已，勿壅勿阏。"晏平仲曰："其目奈何？"夷吾曰："恣耳之所欲听，恣目之所欲视，恣鼻之所欲向，恣口之所欲言，恣体之所欲安，恣意之所欲行。夫耳之所欲闻者音声，而不得听，谓之阏聪；目之所欲见者美色，而不得视，谓之阏明；鼻之所欲向者椒兰，而不得嗅，谓之阏颤；口之所欲道者是非，而不得言，谓之阏智；体之所欲安者美厚，而不得从，谓之阏适；意之所欲为者放逸，而不得行，谓之阏性。凡此诸阏，废虐之主。去废虐之主，熙熙然以俟死，一日、一月、一年、十年，吾所谓养。拘此废虐之主，录而不舍，戚戚然以至久生，百年、千年、万年，非吾所谓养。"管夷吾曰："吾既告子养生矣，送死奈何？"晏平仲曰："送死略矣，将何以告焉？"管夷吾曰："吾固欲闻之。"平仲曰："既死，岂在我哉？焚之亦可，沈之亦可，瘞之亦可，露之亦可，衣薪而弃诸沟壑亦可，衮衣绣裳而纳诸石椁亦可，唯所遇焉。"管夷吾顾谓鲍叔黄子曰："生死之道，吾二人进之矣。"

子产相郑，专国之政，三年，善者服其化，恶者畏其禁，郑国以治。诸侯惮之。而有兄曰公孙朝，有弟曰公孙穆。朝好酒，穆好色。朝之室也，聚酒千钟，积麴成封，望门百步，醴浆之气逆于人鼻。方其荒于酒也，不知世道之安危，人理之悔吝，室内之有亡，九族之亲疏，存亡之哀乐也。虽水火兵刃交于前，弗知也。穆之后庭，比房数十，皆择稚齿婑媌者以盈之。方其耽于色也，屏亲昵，绝交游，逃于后庭，以昼足夜；三月一出，意犹未惬。乡有处子之娥姣者，必贿而招之，媒而挑之，弗获而后已。子产日夜以为戚，密造邓析而谋之，曰："侨闻治身以及家，治家以及国，此言自于近至于远也。侨为国则治矣，而家则乱矣。其道逆邪？将奚方以救二子？子其诏之！"邓析曰："吾怪之久矣！未敢先言。子奚不时其治也，喻以性命之重，诱以礼义之尊乎？"子产用邓析之言，因间以谒其兄弟而告之曰："人之所以贵于禽兽者，智虑。智虑之所将者，礼义。礼义成，则名位至矣。若触情而动，耽于嗜欲，则性命危矣。子纳侨之言，则朝自悔而夕食禄矣。"朝、穆曰："吾知之久矣，择之亦久矣，岂待若言而后识之哉？凡生之难遇，而死之易及；以难遇之生，俟易及之死，可孰念哉？而欲尊礼义以夸人，矫情性以招名，吾以此为弗若死矣。为欲尽一生之欢，穷当年之乐，唯患腹溢而不得恣口之饮，力惫而不得肆情于色，不遑忧名声之丑，性命之危也。且若以治国之能夸物，欲以说辞乱我之心，荣禄喜我之意，不亦鄙而可怜哉！我又欲与若别之。夫善治外者，物未必治，而身交苦；善治内者，物未必乱，而性交逸。以若之治外，其法可暂行于一国，未合于人心；以我之治内，可推之于天下，君臣之道息矣。吾常欲以此术而喻之，若反以彼术而教我哉？"子产忙然无以应之。他日以告邓析。邓析曰："子与真人居而不知也，孰谓子智者乎？郑国之治偶耳，非子之功也。"

卫端木叔者，子贡之世也。藉其先赀，家累万金。不治世故，放意所好。其生民之所欲为，人意之所欲玩者，无不为也，无不玩也。墙屋台榭，园圃池沼，饮食车服，声乐嫔御，拟齐楚之君焉。至其情所欲好，耳所欲听，目所欲视，口所欲尝，虽殊方偏国，非齐土之所产育者，无不必致之；犹藩墙之物也。及其游也，虽山川险阻，途迳修远，无不必之，犹人之行咫步也。宾客在庭者日百住，庖厨之下，不绝烟火；堂庑之上，不绝声乐。奉养之余，先散之宗族；宗族之余，次散之邑里；邑里之余，乃散之一国。行年六十，气干将衰，弃其家事，都散其库藏、珍宝、车服、妾媵。一年之中尽焉，不为子孙留财。及其病也，无药石之储；及其死也，无瘗埋之资。一国之人，受其施者，相与赋而藏之，反其子孙之财焉。禽骨厘闻之曰："端木叔，狂人也，辱其祖矣。"段干生闻之，曰："端木叔，达人也，德过其祖矣。其所行也，其所为也，众意所惊，而诚理所取。卫之君子多以礼教自持，固未足以得此人之心也。"

孟孙阳问杨子曰："有人于此，贵生爱身，以蕲不死，可乎？"曰："理无不死。""以蕲久生，可乎？"曰："理无久生。生非贵之所能存，身非爱之所能厚。且久生奚为？五情好恶，古犹今也；四体安危，古犹今也；世事苦乐，古犹今也；变易治乱，古犹今也。既闻之矣，既见之矣，既更之矣，百年犹厌其多，况人生之苦也乎？"孟孙阳曰："若然，速亡愈于久生；则践锋刃，入汤火，得所志矣。"杨子曰："不然；既生，则废而任之，究其所欲，以俟于死。将死，则废而任之，究其所之，以放于尽。无不废，无不任，何遽迟速于其间乎？"

杨子曰："伯成子高不以一毫利物，舍国而隐耕。大禹不以一身自利，一体偏枯。古之人，损一毫利天下，不与也，悉天下奉一身，不取也。人人不损一毫，人人不利天下，天下治矣。"禽子问杨朱曰："去子体之一毛，以济一世，汝为之乎？"杨子曰："世固非一毛之所济。"禽子曰："假济，为之乎？"杨子弗应。禽子出，语孟孙阳。孟孙阳曰："子不达夫子之心，吾请言之。有侵若肌肤获万金者，若为之乎？"曰："为之。"孟孙阳曰："有断若一节得一国。子为之乎？"禽子默然有间。孟孙阳曰："一毛微于肌肤，肌肤微于一节，省矣。然则积一毛以成肌肤，积肌肤以成一节。一毛固一体万分中之一物，奈何轻之乎？"禽子曰："吾不能所以答子。然则以子之言问老聃、关尹，则子言当矣；以吾言问大禹、墨翟，则吾言当矣。"

孟孙阳因顾与其徒说他事。

杨朱曰："天下之美归之舜、禹、周、孔，天下之恶归之桀纣。然而舜耕于河阳，陶于雷泽，四体不得暂安，口腹不得美厚；父母之所不爱，弟妹之所不亲。行年三十，不告而娶。乃受尧之禅，年已长，智已衰。商钧不才，禅位于禹，戚戚然以至于死：此天人之穷毒者也。鲧治水土，绩用不就，殛诸羽山。禹纂业事仇，惟荒土功，子产不字，过门不入；身体偏枯，手足胼胝。及受舜禅，卑宫室，美绂冕，戚戚然以至于死：此天人之忧苦者也。武王既终，成王幼弱，周公摄天子之政。邵公不悦，四国流言。居东三年，诛兄放弟，仅免其身，戚戚然以至于死：此天人之危惧者也。孔子明帝王之道，应时君之聘，伐树于宋，削迹于卫，穷于商周，围于陈蔡，受屈于季氏，见辱于阳虎，戚戚然以至于死：此天民之遑遽者也。凡彼四圣者，生无一日之欢，死有万世之名。名者，固非实之所取也。虽称之弗知，虽赏之不知，与株块无以异矣。桀藉累世之资，居南面之尊，智足以距群下，威足以震海内；恣耳目之娱，穷意虑之所为，熙熙然以至于死：此天民之逸荡者也。纣亦藉累世之资，居南面之尊；威无不行，志无不从；肆情于倾宫，纵欲于长夜；不以礼义自苦，熙熙然以至于诛：此天民之放纵者也。彼二凶也，生有从欲之欢，死被愚暴之名。实者，固非名之所与也，虽毁之不知，虽称之弗知，此与株块奚以异矣。彼四圣虽美之所归，苦以至终，同归于死矣。彼二凶虽恶之所归，乐以至终，亦同归于死矣。"

杨朱见梁王，言治天下如运诸掌。梁王曰："先生有一妻一妾而不能治；三亩之园，而不能芸，而言治天下如运诸掌，何也？"对曰："君见其牧羊者乎？百羊而群，使五尺童子荷箠而随之，欲东而东，欲西而西。使尧牵一羊，舜荷箠而随之，则不能前矣。且臣闻之：吞舟之鱼，不游枝流；鸿鹄高飞，不集污池。何则？其极远也。黄钟大吕，不可从烦奏之舞，何则？其音疏也。将治大者不治细，成大功者不成小，此之谓矣。"

杨朱曰："太古之事灭矣，孰志之哉？三皇之事，若存若亡；五帝之事，若觉若梦；三王之事，或隐或显，亿不识一。当身之事，或闻或见，万不识一。目前之事或存或废，千不识一。太古至于今日，年数固不可胜纪。但伏羲已来三十余万岁，贤愚、好丑、成败、是非，无不消灭，但迟速之间尔。矜一时之毁誉，以焦苦其神形，要死后数百年中余名，岂足润枯骨？何生之乐哉？"

杨朱曰："人肖天地之类，怀五常之性，有生之最灵者也。人者，爪牙不足以供守卫，肌肤不足以自捍御，趋走不足以逃利害，无毛羽以御寒暑，必将资物以为养性，任智而不恃力。故智之所贵，存我为贵；力之所贱，侵物为贱。然身非我有也，既生，不得不全之；物非我有也，既有，不得而去之。身固生之主，物亦养之主。虽全生身，不可有其身；虽不去物，不可有其物。有其物有其身，是横私天下之身，横私天下之物。其唯圣人乎！公天下之身，公天下之物，其唯至人矣！此之谓至至者也。"

杨朱曰："生民之不得休息，为四事故：一为寿，二为名，三为位，四为货。有此四者，畏鬼，畏人，畏威，畏刑，此谓之遁民也。可杀可活，制命在外。不逆命，何羡寿？不矜贵，何羡名？不要势，何羡位？不贪富，何羡货？此谓顺民也。天下无对，制命在内，故语有之曰：人不婚宦，情欲失半；人不衣食，君臣道息。周谚曰："田父可坐杀。晨出夜入，自以性之恒；啜菽茹藿，自以味之极；肌肉粗厚，筋节腠急，一朝处以柔毛绨幕，荐以粱肉兰橘，心痛体烦，内热生病矣。商鲁之君与田父侔地，则亦不盈一时而惫矣。故野人之所安，野人之所美，谓天下无过者。昔者宋国有田夫，常衣缊黂，仅以过冬。暨春东作，自曝于日，不知天下之有广厦隩室，绵纩狐貉。顾其妻曰：'负日之暄，人莫知者；以献吾君，将有重赏。'里之富室告之曰：'昔人有美戎菽，甘枲茎芹萍子者，对乡豪称之。乡豪取而尝之，蜇于口，惨于腹，众哂而怨之，其人大惭。子此类也。'"

杨朱曰："丰屋美服，厚味姣色，有此四者，何求于外？有此而求外者，无厌之性。无厌之性，阴阳之蠹也。忠不足以安君，适足以危身；义不足以利物，适足以害生。安上不由于忠，而忠名灭焉；利物不由于义，而义名绝焉。君臣兼安，物我兼利，古之道也。鬻子曰：'去名者无忧。'老子曰：'名者实之宾。'而悠悠者趋名不已。名固不可去？名固不可宾邪？

今有名则尊荣，亡名则卑辱；尊荣则逸乐，卑辱则忧苦。忧苦，犯性者也；逸乐，顺性者也，斯实之所系矣。名胡可去？名胡可宾？但恶夫守名而累实。守名而累实，将恤危亡之不救，岂徒逸乐忧苦之间哉？"

《列子》第八章《说符》

子列子学于壶丘子林。壶丘子林曰："子知持后，则可言持身矣。"列子曰："愿闻持后。"曰："顾若影，则知之。"列子顾而观影：形枉则影曲，形直则影正。然则枉直随形而不在影，屈伸任物而不在我，此之谓持后而处先。

关尹谓子列子曰："言美则响美，言恶则响恶；身长则影长，身短则影短。名也者，响也；身也者，影也。故曰：慎尔言，将有和之；慎尔行，将有随之，是故圣人见出以知入，观往以知来，此其所以先知之理也。度在身，稽在人。人爱我，我必爱之；人恶我，我必恶之。汤武爱天下，故王；桀纣恶天下，故亡，此所稽也。稽度皆明而不道也，譬之出不由门，行不从径也。以是求利，不亦难乎？尝观之神农有炎之德，稽之虞、夏、商、周之书，度诸法士贤人之言，所以存亡废兴而非由此道者，未之有也。"

严恢曰："所为问道者为富，今得珠亦富矣，安用道？"子列子曰："桀纣唯重利而轻道，是以亡。幸哉余未汝语也！人而无义，唯食而已，是鸡狗也。彊食靡角，胜者为制，是禽兽也。为鸡狗禽兽矣，而欲人之尊己，不可得也。人不尊己，则危辱及之矣。"

列子学射中矣，请于关尹子。尹子曰："子知子之所以中者乎？"对曰："弗知也。"关尹子曰："未可。"退而习之。三年，又以报关尹子。尹子曰："子知子之所以中乎？"列子曰："知之矣。"关尹子曰："可矣；守而勿失也。非独射也，为国与身，亦皆如之。故圣人不察存亡，而察其所以然。"

列子曰："色盛者骄，力盛者奋，未可以语道也。故不班白语道失，而况行之乎？故自奋则人莫之告。人莫之告，则孤而无辅矣。贤者任人，故年老而不衰，智尽而不乱。故治国之难在于知贤而不在自贤。"

宋人有为其君以玉为楮叶者，三年而成。锋杀茎柯，毫芒繁泽，乱之楮叶中而不可别也。此人遂以巧食宋国。子列子闻之，曰："使天地之生物，三年而成一叶，则物之有叶者寡矣。故圣人恃道化而不恃智巧。"

子列子穷，容貌有饥色。客有言之郑子阳者曰："列御寇盖有道之士也，居君之国而穷。君无乃为不好士乎？"郑子阳即令官遗之粟。子列子出，见使者，再拜而辞。使者去。子列子入，其妻望之而拊心曰："妾闻为有道者之妻子，皆得佚乐，今有饥色，君过而遗先生食。先生不受，岂不命也哉？"子列子笑谓之曰："君非自知我也。以人之言而遗我粟，至其罪我也，又且以人之言，此吾所以不受也。"其卒，民果作难，而杀子阳。

鲁施氏有二子，其一好学，其一好兵。好学者以术干齐侯；齐侯纳之，以为诸公子之傅。好兵者之楚，以法干楚王；王悦之，以为军正。禄富其家，爵荣其亲。施氏之邻人孟氏，同有二子，所业亦同，而窘于贫。美施氏之有，因从请进趋之方。二子以实告孟氏。孟氏之一子之秦，以术干秦王。秦王曰："当今诸侯力争，所务兵食而已。若用仁义治吾国，是灭亡之道。"遂宫而放之。其一子之卫，以法干卫侯。卫侯曰：'吾弱国也，而摄乎大国之间。大国吾事之，小国吾抚之，是求安之道。若赖兵权，灭亡可待矣。若全而归之，适于他国。为吾之患不轻矣。"遂刖之，而还诸鲁。既反，孟氏之父子叩胸而让施氏。施氏曰："凡得时者昌，失时者亡。子道与吾同，而功与吾异，失时者也，非行之谬也。且天下理无常是，事无常非。先日所用，今或弃之；今之所弃，后或用之。此用与不用，无定是非也。投隙抵时，应事无方，属乎智。智苟不足，使若博如孔丘，术如吕尚，焉往而不穷哉？"孟氏父子舍然无愠容，曰："吾知之矣，子勿重言！"

晋文公出会，欲伐卫，公子锄仰天而笑。公问何笑？曰："臣笑邻之人有送其妻适私家者，道见桑妇，悦而与言。然顾视其妻，亦有招之者矣。臣窃笑此也。"公寤其言，乃止。引师而还，未至，而有伐其北鄙者矣。

晋国苦盗，有郄雍者，能视盗之貌，察其眉睫之间而得其情。晋侯使视盗，千百无遗一焉。晋侯大喜，告赵文子曰："吾得一人，而一国盗为尽矣，奚用多为？"文子曰："吾君恃伺察而得盗，盗不尽矣，且郄雍必不得其死焉。"俄而群盗谋曰："吾所穷者郤雍也。"遂共盗而残之。晋侯闻而大骇，立召文子而告之曰："果如子言，郤雍死矣！然取盗何方？"文子曰："周谚有言：察见渊鱼者不祥，智料隐匿者有殃。且君欲无盗，莫若举贤而任之；使教明于上，化行于下，民有耻心，则何盗之为？"于是用随会知政，而群盗奔秦焉。

孔子自卫反鲁，息驾乎河梁而观焉。有悬水三十仞，圜流九十里，鱼鳖弗能游，鼋鼍弗能居，有一丈夫方将厉之。孔子使人并涯止之，曰："此悬水三十仞，圜流九十里，鱼鳖弗能游，鼋鼍弗能居也。意者难可以济乎？"丈夫不以错意，遂度而出。孔子问之曰："巧乎？有道术乎？所以能入而出者，何也？"丈夫对曰："始吾之入也，先以忠信；及吾之出也，又从以忠信。忠信错吾躯于波流，而吾不敢用私，所以能入而复出者，以此也。"孔子谓弟子曰："二三子识之！水且犹可以忠信诚身亲之，而况人乎？"

白公问孔子问："人可与微言乎？"孔子不应。白公问曰："若以石投水，何如？"孔子曰："吴之善没者能取之。"曰："若以水投水何如？"孔子曰："淄、渑之合，易牙尝而知之。"白公曰："人故不可与微言乎？"孔子曰："何为不可？唯知言之谓者乎！夫知言之谓者，不以言言也。争鱼者濡，逐兽者趋，非乐之也。故至言去言，至为无为。夫浅知之所争者，末矣。"白公不得已，遂死于浴室。

赵襄子使新稚穆子攻翟，胜之，取左人中人；使遽人来谒之。襄子方食而有忧色。左右曰："一朝而两城下，此人之所喜也；今君有忧色，何也？"襄子曰："夫江河之大也，不过三日；飘风暴雨不终朝，日中不须臾。今赵氏之德行，无所施于积，一朝而两城下，亡其及我哉！"孔子闻之曰："赵氏其昌乎！夫忧者所以为昌也，喜者所以为亡也。胜非其难者也；持之，其难者也。贤主以此持胜，故其福及后世。齐、楚、吴、越皆尝胜矣，然卒取亡焉，不达乎持胜也。唯有道之主为能持胜。"

孔子之劲，能拓国门之关，而不肯以力闻。墨子为守攻，公输般服，而不肯以兵知。故善持胜者以强为弱。

宋人有好行仁义者，三世不懈。家无故黑牛生白犊，以问孔子。孔子曰："此吉祥也，以荐上帝。"居一年，其父无故而盲，其牛又复生白犊。其父又复令其子问孔子。其子曰："前问之而失明，又何问乎？"父曰："圣人之言先迕后合。其事未究，姑复问之。"其子又复问孔子。孔子曰："吉祥也。"复教以祭。其子归致命。其父曰："行孔子之言也。"居一年，其子又无故而盲。其后楚攻宋，围其城；民易子而食之，析骸而炊之；丁壮者皆乘城而战，死者太半。此人以父子有疾皆免。及围解而疾俱复。

宋有兰子者，以技干宋元。宋元召而使见，其技以双枝长倍其身，属其胫，并趋并驰，弄七剑，迭而跃之，五剑常在空中。元君大惊，立赐金帛。又有兰子又能燕戏者，闻之，复以干元君。元君大怒曰："昔有异技干寡人者，技无庸，适值寡人有欢心，故赐金帛。彼必闻此而进，复望吾赏。"拘而拟戮之，经月乃放。

秦穆公谓伯乐曰："子之年长矣，子姓有可使求马者乎？"伯乐对曰："良马可形容筋骨相也。天下之马者，若灭若没，若亡若失，若此者绝尘弭辙。臣之子皆下才也，可告以良马，不可告以天下之马也。臣有所与共担缠薪菜者，有九方皋，此其于马，非臣之下也。请见之。"穆公见之，使行求马。三月而反，报曰："已得之矣，在沙丘。"穆公曰："何马也？"对曰："牝而黄。"使人往取之，牡而骊。穆公不说，召伯乐而谓之曰："败矣，子所使求马者！色物、牝牡尚弗能知，又何马之能知也？"伯乐喟然太息曰："一至于此乎！是乃其所以千万臣而无数者也。若皋之所观，天机也，得其精而忘其麤，在其内而忘其外；见其所见，不见其所不见；视其所视，而遗其所不视。若皋之相者，乃有贵乎马者也。"马至，果天下之马也。

楚庄王问詹何曰："治国奈何？"詹何对曰："臣明于治身而不明于治国也。"楚庄王曰："寡人得奉宗庙社稷，愿学所以守之。"詹何对曰："臣未尝闻身治而国乱者也，又未尝闻身乱而国治者也。故本在身，不敢对以末。"楚王曰："善。"

狐丘丈人谓叔孙敖曰："人有三怨，子知之乎？"叔孙敖曰："何谓也？"对曰："爵高者人妒之，官大者主恶之，禄厚者怨逮之。"叔孙敖曰："吾爵益高，吾志益下；吾官益大，吾心益小；吾禄益厚，吾施益博。以是免于三怨，可乎？"

叔孙敖疾，将死，戒其子曰："王亟封我矣，吾不受也，为我死，王则封汝。汝必无受利地！楚越之间有寝丘者，此地不利而名甚恶。楚人鬼而越人禨，可长有者唯此也。"叔孙敖死，果以美地封其子。子辞而不受，请寝丘。与之，至今不失。

牛缺者，上地之大儒也，下之邯郸，遇盗于耦沙之中，尽取其衣装车牛，步而去。视之欢然亡忧吝之色。盗追而问其故。曰："君子不以所养害其所养。"盗曰："嘻！贤矣夫！"既而相谓曰："以彼之贤，往见赵君。使以我为，必困我。不如杀之。"乃相与追而杀之。燕人闻之，聚族相戒，曰："遇盗，莫如上地之牛缺也！"皆受教。俄而其弟适秦，至关下，果遇盗；忆其兄之戒，因与盗力争；既而不如，又追而以卑辞请物。盗怒曰："吾活汝弘矣，而追吾不已，迹将着焉。既为盗矣，仁将焉在？"遂杀之，又傍害其党四五人焉。

虞氏者，梁之富人也，家充殷盛，钱帛无量，财货无訾。登高楼，临大路，设乐陈酒，击博楼上，侠客相随而行，楼上博者射明琼张中，反两㯱（tà）鱼而笑。飞鸢适坠其腐鼠而中之。侠客相与言曰："虞氏富乐之日久矣，而常有轻易人之志。吾不侵犯之，而乃辱我以腐鼠。此而不报，无以立懂于天下。请与若等戮力一志，率徒属，必灭其家为等伦。"皆许诺。至期日之夜，聚众积兵，以攻虞氏，大灭其家。

东方有人焉，曰爰旌目，将有适也，而饿于道。狐父之盗曰丘，见而下壶餐以铺之。爰旌目三铺而后能视，曰："子何为者也？"曰："我狐父之人丘也。"爰旌目曰："嘻！汝非盗耶？胡为而餐我？吾义不食子之食也。"两手据地而欧之，不出，喀喀然遂伏而死。狐父之人则盗矣，而食非盗也。以人之盗，因谓食为盗而不敢食，是失名实者也。

柱厉叔事莒敖公，自为不知己，去居海上。夏日则食菱芰，冬日则食橡栗。莒敖公有难，柱厉叔辞其友而往死之。其友曰："子自以为不知己，故去。今往死之，是知与不知无辨也。"柱厉叔曰："不然；自以为不知，故去。今死，是果不知我也。吾将死之，以丑后世之人主不知其臣者也。"

凡知则死之,不知则弗死,此直道而行者也。柱厉叔可谓怼以忘其身者也。

杨朱曰:"利出者实及,怨往者害来。发于此而应于外者唯请,是故贤者慎所出。"

杨子之邻人亡羊,既率其党,又请杨子之竖追之。杨子曰:"嘻! 亡一羊何追者之众?"邻人曰:"多歧路。"既反,问:"获羊乎?"曰:"亡之矣。"曰:"奚亡之?"曰:"歧路之中又有歧焉。吾不知所之,所以反也。"杨子戚然变容,不言者移时,不笑者竟日。门人怪之,请曰:"羊贱畜,又非夫子之有,而损言笑者何哉?"杨子不答。门人不获所命。弟子孟孙阳出,以告心都子。心都子他日与孟孙阳偕入,而问曰:"昔有昆弟三人,游齐鲁之间,同师而学,进仁义之道而归。其父曰:'仁义之道若何?'伯曰:'仁义使我爱身而后名。'仲曰:'仁义使我杀身以成名。'叔曰:'仁义使我身名并全。'彼三术相反,而同出于儒。孰是孰非邪?"杨子曰:"人有滨河而居者,习于水,勇于泅,操舟鬻渡,利供百口。裹粮就学者成徒,而溺死者几半。本学泅,不学溺,而利害如此。若以为孰是孰非?"心都子默然而出。孟孙阳让之曰:"何吾子问之迂,夫子答之僻? 吾惑愈甚。"心都子曰:"大道以多歧亡羊,学者以多方丧生。学非本不同,非本不一,而末异若是。唯归同反一,为亡得丧。子长先生之门,习先生之道,而不达先生之况也,哀哉!"

杨朱之弟曰布,衣素衣而出。天雨,解素衣,衣缁衣而反。其狗不知,迎而吠之。杨布怒,将扑之。杨朱曰:"子无扑矣! 子亦犹是也。向者使汝狗白而往,黑而来,岂能无怪哉?"杨朱曰:"行善不以为名,而名从之;名不与利期,而利归之;利不与争期,而争及之:故君子必慎为善。"

昔人有言有知不死之道者,燕君使人受之,不捷,而言者死。燕君甚怒其使者,将加诛焉。幸臣谏曰:"人所忧者莫急乎死,己所重者莫过乎生。彼自丧其生,安能令君不死也?"乃不诛。有齐子亦欲学其道,闻言者之死,乃抚膺而恨。富子闻而笑之曰:"夫所欲学不死,其人已死而犹恨之,是不知所以为学。"胡子曰:"富子之言非也。凡人有术,不能行者有矣,能行而无其术者亦有矣。卫人有善数者,临死,以诀喻其子。其子志其言而不能行也。他人问之,以其父所言告之。问者用其言而行其术,与其父无差焉。若然，死者奚为不能言生术哉？"

邯郸之民，以正月之旦献鸠于简子，简子大悦，厚赏之。客问其故。简子曰："正旦放生，示有恩也。"客曰："民知君之欲放之，故竞而捕之，死者众矣。君如欲生之，不若禁民勿捕。捕而放之，恩过不相补矣。"简子曰："然。"

齐田氏祖于庭，食客千人。中坐有献鱼雁者，田氏视之，乃叹曰："天之于民厚矣！殖五谷，生鱼鸟，以为之用。"众客和之如响。鲍氏之子年十二，预于次，进曰："不如君言。天地万物与我并生，类也。类无贵贱，徒以小大智力而相制，迭相食；非相为而生之。人取可食者而食之，岂天本为人生之？且蚊蚋噆肤，虎狼食肉，非天本为蚊蚋生人、虎狼生肉者哉？"

齐有贫者，常乞于城市。城市患其亟也，众莫之与。遂适田氏之厩，从马医作役而假食。郭中人戏之曰："从马医而食，不以辱乎？"乞儿曰："天下之辱莫过于乞。乞犹不辱，岂辱马医哉？"

宋人有游于道，得人遗契者，归而藏之，密数其齿。告邻人曰："吾富可待矣。"

人有枯梧树者，其邻父言枯梧之树不祥。其邻人遽而伐之。邻人父因请以为薪。其人乃不悦，曰："邻人之父徒欲为薪，而教吾伐之也。与我邻若此，其险岂可哉？"

人有亡鈇者，意者邻之子，视其行步，窃鈇也；颜色，窃鈇也；言语，窃鈇也；作动态度，无为而不窃鈇也。俄而抇其谷而得其鈇，他日复见其邻人之子，动作态度，无似窃鈇者。

白公胜虑乱，罢朝而立，倒杖策锐。上贯颐，血流至地而弗知也。郑人闻之曰："颐之忘，将何不忘哉？"意之所属者，其行足踬株埳，头抵植木而不自知也。

昔齐人有欲金者，清旦衣冠而之市，适鬻金者之所，因攫其金而去。吏捕得之，问曰："人皆在焉，子攫人之金何？"对曰："取金之时，不见人，徒见金。"

第十四章 《淮南子》的宇宙图式

淮南王刘安，约出生于公元前 179 年，即汉文帝元年。其父为高祖刘邦之子刘长，至刘安则为刘长长子，在汉初皇位继承权的争夺中，刘长、刘安始终心怀不满，意欲谋反。直到汉武帝建元二年（前 139），淮南王刘安四十一岁，"入朝，献所作《内篇》，新出，上爱秘之。"则《淮南子》这本著作即成书于此前不久。

《汉书·淮南王传》记载："淮南王安为人好书，鼓琴，不喜弋猎狗马驰骋，亦欲以行阴德拊循百姓，流名誉。招致宾客方术之士数千人，作为内书二十一篇，外书甚众，又有中篇八卷，言神仙黄白之术，亦二十余万言。时武帝方好艺文，以安属为诸父，辩博善为文辞，甚尊重之。每为报书及赐，常召司马相如等视草乃遣。"年仅十七八岁的汉武帝，面对叔父辈的刘安，自然充满了崇敬和忌惮。从刘安这个时候献上《淮南子·内篇》二十一篇，可以看出其书的编纂也正是意图为汉帝国构建更为完备的思想理论体系。

《汉书·艺文志》将包括《淮南子·内篇》二十一篇、《淮南子·外篇》三十三篇，都归入诸子略的杂家类，这显然是不合理的。自汉代高诱就认为其书：

> 旨近《老子》，淡泊无为，蹈虚守静，出入经道。言其大也，则焘天载地。说其细也，则沦于无垠。及古今治乱存亡祸福，世间诡异瑰奇之事。其义也着，其文也富，物事之类，无所不载，然其大较归之

于道，号曰《鸿烈》。鸿，大也。烈，明也。以为大明道之言也。①

即其书的根本在道家，而且宗旨亦近《老子》。作为《淮南子·内篇》二十一篇之总纲的《要略》一篇，也阐述了此书的宗旨。其叙述"孔子修成康之道，述周公之训""墨子学儒者之业，受孔子之术"，苏秦、张仪生"纵横修短之术"，申子则"刑名之书生焉"，秦国之俗"故商鞅之法生焉"。又称：

> 百家异说，各有所出。若夫墨、杨、申、商之于治道，犹盖之无一橑，而轮之无一辐，有之可以备数，无之未有害于用也。己自以为独擅之，不通之于天地之情也。②

尤其对儒家、墨家、法家学说都给与了严厉的批判，如说：

> 周室衰而王道废，儒、墨乃始列道而议，分徒而讼。于是博学以疑圣，华诬以胁众，弦歌鼓舞，缘饰诗书，以买名誉于天下。繁登降之礼，饰绂冕之服，聚众不足以极其变，积财不足以赡其费。③
>
> 孔、墨之弟子，皆以仁义之术教导于世，然而不免于僵，身犹不能行也，又况所教乎？是何则？其道外也。夫以末求返于本，许由不能行也，又况齐民乎？诚达于性命之情，而仁义固附矣，趋舍何足以滑心？④
>
> 今若夫申、韩、商鞅之为治也，挬拔其根，芜弃其本，而不穷究其所由生。何以至此也。凿五刑，为刻削，乃背道德之本，而争于锥

---

① （东汉）高诱：《淮南子叙目》，见何宁《淮南子集释》，中华书局 1998 年版，第 5 页。

② 何宁：《淮南子集释·俶真训》，中华书局 1998 年版，第 117 页。

③ 何宁：《淮南子集释·俶真训》，中华书局 1998 年版，第 138－139 页。

④ 何宁：《淮南子集释·俶真训》，中华书局 1998 年版，第 148－149 页。

刀之末，斩艾百姓，殚尽太半，而忻忻然常自以为治，是犹抱薪而救火，凿窦而出水。①

在总结了前代的各家之后，自述曰：

> 若刘氏之书，观天地之象，通古今之事，权事而立制，度形而施宜。原道德之心，合三王之风，以儲与扈冶。玄眇之中，精摇靡览。斟其淑静，以统天下，理万物，应变化，通殊类，非循一迹之路，守一隅之指，拘系牵连之物，而不与世推移也。②

其用意正如司马谈《论六家之要指》，在指出其他诸家"循一迹之路，守一隅之指，拘系牵连之物，而不与世推移"的同时，提出刘氏之书（即《淮南子》），观天地之象，通古今之事，同时"原道德之心"。《淮南子·精神训》篇有"深原道德之意"，则在"道德"之根本基础上，综合百家之长，根据西汉初年的历史现实，因时因地制宜，重建弘大的国家思想理论体系，这是《淮南子》一书与前代道家典籍的根本不同之处，我们也可以称其书为汉代黄老道家思想理论体系的集大成者。

第一节　对黄老道家理论的综合性继承

几乎与司马迁同时，《淮南子·要略》中也有"考验乎老庄之术"的提法了：

> 《道应》者，揽掇遂事之踪，追观往古之迹，察祸福利害之反，考验乎老庄之术，而以合得失之势者也。

---

① 何宁：《淮南子集释·览冥训》，中华书局 1998 年版，第 498—499 页。
② 何宁：《淮南子集释·要略》，中华书局 1998 年版，第 1462—1463 页。

有人怀疑此文是否后人窜入。① 从这句话的前后语句看，相互连贯，毫无可疑之处，当非窜入。那么，《淮南子·道应训》这一篇是如何考验"老庄之术"的呢？曾国藩云：

> 此篇虽杂征事实，而证之以老子道德之言。意以已验之事皆与昔之言道者相应也，故题曰《道应》。每节之末，皆引《老子》语证之，凡引五十二处。②

可见此篇首要以解释老子之说为目的。但细察篇中释老文字，广引众家，其中引庄子各篇之语约十余条，尤其是开篇引"太清问于无穷曰"一段，乃据《庄子·知北游》改编。虽然汉初《庄子》没有《老子》流行广，也没有被重视，但是刘安和他的门客中，必定有人钻研过《庄子》，《淮南子》有《庄子后解》《庄子要略》即可证。因此，"考验乎老庄之术"，当为《淮南子·要略》原文，而非窜入之文。淮南王及其门客经过研究，将老庄从主要思想方面联系起来。至于东汉人提到老庄，魏晋以降之老庄作为道家的代名词，都是以后的事，此为"老庄"合称的渊源。

一、以"道"为本的整体理论构建

众所周知，在中国哲学史上，把"道"提升到整体的高度的正是老子。《老子》书开篇就说："道可道，非常道。名可名，非常名。无名，天地之始。有名，万物之母。故常无欲，以观其妙。常有欲，以观其徼。此两者同出而异名，同谓之玄，玄之又玄，众妙之门。"不论是"无名"，还是"有名"，同出于整体之"玄"。这种整体的眼光，将人们的思想视野扩展到了无穷无极的宇宙深处，并站在宇宙的整体角度反观人类的生活。但老子

---

① 张维华：《释"黄老"之称》，《文史哲》1981年第4期。
② 刘文典：《淮南鸿烈集解·道应训》注引曾国藩言，中华书局1989年版，第378页。

的学说毕竟失之于简略，仿佛画龙只画出了龙头，而不见全体。《淮南子》则尽量试图站在一个整体的立场，来具体地观照现实的问题。《淮南子·内篇》除总纲《要略》篇之处其余二十篇分别为"原道""俶真""天文""坠形""时则""览冥""精神""本经""主术""缪称""齐俗""道应""泛论""诠言""兵略""说山""说林""人间""修务""泰族"，围绕"道"这一出发点，广泛涉及天文、地理、四时、精神、经术、风俗、军事、实务等等，形成了一种比较完备的从形而上到形而下的体系建构，这可以称得上是《淮南子》对于老子学说的一个新的发展。

我们首先来看《淮南子》关于"道"的阐述。

《淮南子》第一篇为"原道"，高诱注云："原，本也。本道根真，包裹天地，以历万物，故曰原道。"意思是道乃宇宙万物的本原。《老子》中最早明确说明了"道"是宇宙万物的本体和本原，两者紧密结合在一起，"道冲而用之，或不盈，渊兮，似万物之宗……吾不知其谁之子，象帝之先。"（《老子》第四章）"道"又化生了天地万物，所谓"道生一，一生二，二生三，三生万物"（《老子》第四十二章）。《老子》有一套比较完整的道论，后来的黄老之学和庄子都进一步发挥了《老子》的道论。《淮南子》对于作为宇宙本体、万物本原的道，则做了最总结性的描述。如其《原道训》开篇曰：

> 夫道者，覆天载地，廓四方，柝八极，高不可际，深不可测，包裹天地，禀授无形。原流泉浡，冲而徐盈，混混汨汨，浊而徐清。故植之而塞于天地，横之而弥于四海，施之无穷而无所朝夕。舒之幎于六合，卷之不盈于一握。约而能张，幽而能明，弱而能强，柔而能刚。横四维而含阴阳，纮宇宙而章三光。甚淖而凋，甚纤而微。山以之高，渊以之深，兽以之走，鸟以之飞，日月以之明，星历以之行，麟以之游，凤以之翔。泰古二皇，得道之柄，立于中央。神与化游，以抚四方。是故能天运地滞，转轮而无废，水流而不止，与万物终始。风兴云蒸，事无不应，雷声雨降，并应无穷。鬼出电入，龙兴鸾集，钧旋

毂转，周而复币。已雕已琢，还反于朴，无为为之而合于道，无为言之而通乎德，恬愉无矜而得于和，有万不同而便于性。神托于秋豪之末，而大与宇宙之总。其德优天地而和阴阳，节四时而调五行，呴谕覆育，万物群生，润于草木，浸于金石，禽兽硕大，豪毛润泽，羽翼奋也，角骼生也。兽胎不贕，鸟卵不毈，父无丧子之忧，兄无哭弟之哀，童子不孤，妇人不孀，虹蜺不出，贼星不行，含德之所致也。夫太上之道，生万物而不有，成化像而弗宰，跂行喙息，蠉飞蝡动，待而后生，莫之知德，待而后死，莫之能怨。得以利者不能誉，用而败者不能非，收聚畜积而不加富，布施禀授而不益贫，旋县而不可究，纤微而不可勤，累之而不高，堕之而不下，益之而不众，损之而不寡，斫之而不薄，杀之而不残，凿之而不深，填之而不浅。忽兮怳兮，不可为象兮。怳兮忽兮，用不屈兮。幽兮冥兮，应无形兮。遂兮洞兮，不虚动兮。与刚柔卷舒兮，与阴阳俯仰兮。

其对于"道"的作用特点的描述，可谓相当充分了。其说其实是在综合了《老子》《文子》《庄子》关于"道"的论述的基础上，所作的总结性描述。为了更好地对比，现将相关文本也摘录如下：

《文子·道原》开篇曰：

老子曰："有物混成，先天地生，惟象无形，窈窈冥冥，寂寥淡漠，不闻其声，吾强为之名，字之曰道。"夫道者，高不可极，深不可测，苞裹天地，禀受无形，原流泏泏，冲而不盈，浊以静之徐清。施之无穷，无所朝夕。表之不盈一握，约而能张，幽而能明，柔而能刚，含阴吐阳，而章三光。山以之高，渊以之深，兽以之走，鸟以之飞，麟以之游，凤以之翔，星历以之行。以亡取存，以卑取尊，以退取先。古者三皇，得道之统，立于中央，神与化游，以抚四方。是故能天运地滞，轮转而无废，水流而不止，与物终始。风兴云蒸，雷声雨降，并应无穷，已雕已琢，还复于朴。无为为之而合乎生死，无为言之而通乎德，恬愉无矜而得乎和，有万不同而便乎生。和阴阳，节四时，调五行，润乎草木，浸乎金石，禽兽硕大，毫毛润泽，鸟卵不败，兽胎不殰。父无丧子之忧，兄无哭弟之哀，童子不孤，妇人不孀，虹蜺不见，盗贼不行，含德之所致也。天常之道，生物而不有，成化而不宰，万物恃之而生，莫之知德。恃之而死，莫之能怨。收藏畜积而不加富，布施禀受而不益贫。忽兮怳兮，不可为象兮。怳兮忽兮，用不诎兮。窈兮冥兮，应化无形兮。遂兮通兮，不虚动兮。与刚柔卷舒兮，与阴阳俯仰兮。

比较而言，《文子》这段话已经用铺排的方式来赞美"道"是宇宙的本原，是宇宙间最伟大的力量，其文既明引《老子》，也化用《老子》之文，如开篇引用《老子》第二十五章之文。篇中又化用了《老子》第十五章的"孰能浊以静之徐清"；第四章的"道冲而用之或不盈，渊兮似万物之宗"；第十章的"生之、畜之，生而不有，为而不恃，长而不宰，是谓玄德"；第二十一章的"孔德之容，惟道是从。道之为物，惟恍惟惚。惚兮恍兮，其中有象；恍兮惚兮，其中有物。窈兮冥兮，其中有精；其精甚真，其中有信"。至《淮南子》则大部分照抄了《文子》的文句，同时又加以修改、补充和发挥，对"道"的本体和本原地位进行了更加强化的铺排式表达。尤其值得注意的是，更融入了《庄子》及其他黄老学著作，使得论道更为丰满详尽。如其"夫道者"句下，"覆天载地，廓四方，柝八极"，则来源于《庄子·大宗师》："吾师乎！吾师乎！赍万物而不为义，泽及万世而不为仁，长于上古而不为老，覆载天地，刻雕众形而不为巧。"再如其"故植之而塞于天地，横之而弥于四海，施之无穷而无所朝夕"，则以铺排的方式，描述"道"充满时空，无所不在，无时不在，更体现了《淮南子》自己的发挥和诗意的文辞风格，较之《庄子·知北游》中讲道"无所不在"要更显理论化和文采斐然。

全书其他篇章如《俶真》《天文》《精神》《缪称》《道应》《诠言》《说山》等也多有与此一致的描述，此不一一赘述。从书中可见，凡属涉及根本性的问题，皆以"道"为出发点，因为"道"不仅无所不在，而且无所不能。

同时，对于"道"化生万物，《淮南子》则进行了更为详尽的推演。如《俶真训》篇曰：

> 有始者，有未始有有始者，有未始有夫未始有有始者。有有者，有无者，有未始有有无者，有未始有夫未始有有无者。

这几句话来自《庄子·齐物论》，显然是对宇宙万物形成本源的描述。与《庄子》不同的是，《淮南子》对宇宙万物的演化生成做了更具体的描述：

> 所谓有始者，繁愤，未发萌兆牙蘖，未有形埒垠㙤，无无蠕蠕，将欲生兴而未成物类。有未始有有始者，天气始下，地气始上，阴阳错合，相与优游竞畅于宇宙之间，被德含和，缤纷茏苁，欲与物接而未成兆朕。有未始有夫未始有有始者，天含和而未降，地怀气而未扬，虚无寂寞，萧条霄霏，无有仿佛，气遂而大通冥冥者也。有有者，言万物掺落，根茎枝叶，青葱苓茏，萑蔰炫煌，蠉飞蠕动，蚑行哙息，可切循把握而有数量。有无者，视之不见其形，听之不闻其声，扪之不可得也，望之不可极也，储与扈冶，浩浩瀚瀚，不可隐仪揆度而通光耀者。有未始有有无者，包裹天地，陶冶万物，大通混冥，深闳广大，不可为外，析豪剖芒，不可为内，无环堵之宇而生有无之根。有未始有夫未始有有无者，天地未剖，阴阳未判，四时未分，万物未生，汪然平静，寂然清澄，莫见其形，若光耀之间于无有，退而自失也，曰："予能有无，而未能无无也。及其为无无，至妙何从及此哉！"

从"未发萌兆，未有形埒"，到"阴阳错合""欲与物接"，到"虚无寂寞""气遂大通"，到"万物掺落""可切循把握而有数量"，可谓对于从无到有，无中生有过程的一个具体而微的描述。在气化宇宙论的理论中，作者还强调"有有者"的同时，必然"有无者"，就是天地万物虽然化生，但蕴含在万象万形之中的是"视之不见其形，听之不闻其声，扪之不可得也，望之不可极也"的"道"。接下来"有未始有有无者""有未始有夫未始有有无者"，又进一步将"道"追溯至本体之根，甚至没有无，甚至连没有无也没有，是完全超言绝象的永恒存在，所谓"包裹天地，陶冶万物，大通混冥，深闳广大，不可为外，析豪剖芒，不可为内"，所谓"汪然平静，寂然清澄，莫见其形"。

总之，《老子》初步建立本体论、本原论合二为一的宇宙道论，《淮南子》不仅继承而且有了新的发展。

二、人君体道以修身为政治的关键

将"人君体道"作为现实政治的关键，这是从老子、庄子、《吕氏春秋》以来道家所纷纷提倡的。所不同的是，《淮南子》更加着重强调这一点，因此特别关注君主统治一国，究竟该如何握道而治，自己的生命究竟该如何据道而行等问题。《淮南子·俶真训》篇几乎整篇都在讨论这一主题。

> 若然者，偃其聪明，而抱其太素，以利害为尘垢，以死生为昼夜。是故目观玉辂琬象之状，耳听《白雪》清角之声，不能以乱其神。登千仞之溪，临蝯眩之岸，不足以滑其和。譬若钟山之玉，炊以炉炭，三日三夜而色泽不变，则至德天地之精也。是故生不足以使之，利何足以动之？死不足以禁之，害何足以恐之。明于死生之分，达于利害之变，虽以天下之大，易骭之一毛，无所概于志也。①

其说与老庄反对用"知"相似，如《老子》第三章："常使民无知无欲，使夫智者不敢为也。"第十九章："绝圣弃智。"（竹简本作"绝智弃

---

① 何宁：《淮南子集释·俶真训》，中华书局 1998 年版，第 109—111 页。

辩"）以及《庄子·大宗师》："堕肢体，黜聪明，离形去知，同于大通，此谓坐忘。"《淮南子》所论与老庄主旨是大体相同的。《淮南子》所说的"偄"，即停止，停止其聪明的作用。"太素"即纯朴，相当于《老子》所说的"抱一"，回归与道合一的纯朴。如此能够做到，利害不足以乱神，生死不足以劳神，万物无足以铙心。通过体道以达到精神的宁静专一，这也是黄老道家共同的精神追求。

> 是故圣人托其神于灵府，而归于万物之初。视于冥冥，听于无声。冥冥之中，独见晓焉；寂漠之中，独有照焉。其用之也以不用，其不用也而后能用之；其知也乃不知，其不知也而后能知之也。[①]

《老子》第七十一章有："知不知，上。"司马谈的总结中也提出："神大用则竭，形大劳则敝，形神离则死。死者不可复生，离者不可复反，故圣人重之。由此观之，神者生之本也，形者生之具也。"[②]君主治国，首先需要回归精神上的清静无为，专一凝神。

关键的问题是，如何能做到"心道合一""清静专一"？老庄道家否定人的知巧聪明的作用，甚至否定五音六律凡是让人精神扰动的外在条件，如《老子》第十二章："五色令人目盲，五音令人耳聋，五味令人口爽，驰骋畋猎令人心发狂，难得之货令人行妨。是以圣人为腹不为目，故去彼取此。"《淮南子》则进一步地思考这个问题，提出人的欲望，感于物而动，这是天生的部分，部分地肯定欲望的合理性。如其所说：

> 水之性真清而土汩之，人性安静而嗜欲乱之。夫人之所受于天者，耳目之于声色也，口鼻之于芳臭也，肌肤之于寒燠，其情一也。或通

---

① 何宁：《淮南子集释·俶真训》，中华书局1998年版，第123页。

② （汉）司马迁：《史记》卷一百三十《太史公自序》，中华书局1959年版，第3292页。

于神明，或不免于痴狂者，何也？其所为制者异也。①

需要做的就是从根本上意识到道性，从而自觉地节制外欲。这一点，《淮南子》的论述可谓非常丰富，如说：

> 夫鉴明者，尘垢弗能薶。神清者，嗜欲弗能乱。精神已越于外，而事复返之，是失之于本而求之于末也。②
>
> 若夫神无所掩，心无所载，通洞条达，恬漠无事，无所凝滞，虚寂以待，势利不能诱也，辩者不能说也，声色不能淫也，美者不能滥也，智者不能动也，勇者不能恐也，此真人之道也。若然者，陶冶万物，与造化者为人，天地之间，宇宙之内，莫能夭遏。③
>
> 静漠恬澹，所以养性也；和愉虚无，所以养德也。外不滑内，则性得其宜，性不动和，则德安其位。养生以经世，抱德以终年，可谓能体道矣。若然者，血脉无郁滞，五藏无蔚气，祸福弗能挠滑，非誉弗能尘垢，故能致其极。④

《淮南子》更进一步地系统阐释，如何通过修道，而达到精神之静漠恬淡、和愉虚无，自然可以体道而达道。这也是人君治国的生命基础。人君修道的关键是"原心反本"，故理想的君主应该如"真人""至人"，如《精神训》篇所说：

> 所谓真人者也，性合于道也。故有而若无，实而若虚，处其一不知其二，治其内不识其外。明白太素，无为复朴，体本抱神，以游于天地之樊。芒然彷徉于尘垢之外，而消摇于无事之业。浩浩荡荡乎，

---

① 何宁：《淮南子集释·俶真训》，中华书局 1998 年版，第 143 页。
② 何宁：《淮南子集释·俶真训》，中华书局 1998 年版，第 146—147 页。
③ 何宁：《淮南子集释·俶真训》，中华书局 1998 年版，第 149—150 页。
④ 何宁：《淮南子集释·俶真训》，中华书局 1998 年版，第 152 页。

机械之巧弗载于心。是故死生亦大矣，而不为变。

夫至人倚不拔之柱，行不关之途，禀不竭之府，学不死之师。无往而不遂，无至而不通。生不足以挂志，死不足以幽神，屈伸俯仰，抱命而婉转。祸福利害，千变万纷，孰足以患心！若此人者，抱素守精，蝉蜕蛇解，游于太清，轻举独往，忽然入冥。凤凰不能与之俪，而况斥鷃乎！势位爵禄，何足以概志也！

《淮南子》之所以大力强调"真人""至人"，并不是与世无关的修道，正如《庄子》以来的"内圣外王"，内在决定论是道家政治学说一个很重要的人格基础。对比儒家的礼学礼教，可以看出其中的差异所在。

衰世凑学，不知原心反本，直雕琢其性，矫拂其情，以与世交。故目虽欲之，禁之以度，心虽乐之，节之以礼，趋翔周旋，诎节卑拜，肉凝而不食，酒澄而不饮：外束其形，内总其德，钳阴阳之和，而迫性命之情，故终身为悲人。[1]

今夫儒者，不本其所以欲，而禁其所欲，不原其所以乐，而闭其所乐，是犹决江河之源而障之以手也。[2]

可见《淮南子》考虑的是如何从根本上解决欲望的问题，反对通过外部的约束来解决。而解决欲望问题，又是君主政治的根本之所在。

值得注意的是，《淮南子》之所以特别关注人君的体道问题，在于《淮南子》消解了前代道家"贵公"的精神，不再提"天下非一人之天下，天下之天下也"[3]，而将国家政治的关键系在了君主一人的身上。因此，君主能否有道，就直接关系到这个国家的安危。这也是建立在其气化宇宙论基

---

① 何宁：《淮南子集释·精神训》，中华书局1998年版，第547—548页。

② 何宁：《淮南子集释·精神训》，中华书局1998年版，第549页。

③ （战国）吕不韦著，陈奇猷校注：《吕氏春秋新校释·贵公》，上海古籍出版社2002年版，第45页。

础上的想法，如其所说："天地宇宙，一人之身也；六合之内，一人之制也。"① 这一点可以说超越了前代道家的范畴，而更适应于大一统之后的国家模式。

第二节　对黄老道家思想的创新性发展

一、气化宇宙论的深层推衍

除了将老庄道论具体展开，《淮南子》更致力于将"道"置于宇宙气化论的大境界之中来进行言说，如此则气化宇宙中的本体论、本原论共同构成了《淮南子》丰满立体的宇宙道论。

《淮南子》在"气"这个问题上的发挥，更明确、更加强了气化宇宙论的倾向。《老子》第四十二章中讲"道生一，一生二，二生三，三生万物"，"万物负阴而抱阳，冲气以为和"，"道"和"一"都是比较抽象的概念。"气"不论是阴阳两气，或者"冲气""和气"，就有一定的物理属性了。虽然也不容易看得见、摸得着，但不是绝对的虚无。《老子》没有进一步展开，其后有人作进一步论述，例如《庄子》就有了比较明确的说法：

> 比形于天地，而受气于阴阳。　（《庄子·秋水》）
>
> 察其始而本无生。非徒无生也，而本无形。非徒无形也，而本无气。杂乎芒芴之间，变而有气，气变而有形，形变而有生。今又变而之死。是相与为春秋冬夏四时行也。（《庄子·至乐》）

又例如《管子》《吕氏春秋》"气"就出现得更为广泛了。有"天地之气"，有天气、地气、阳气、阴气、寒气、春气、秋气等，也有"精气"，

---

① 何宁：《淮南子集释·本经训》，中华书局 1998 年版，第 567 页。

或简称"精"。《黄帝书》中"芒芒昧昧，从天之道，与玄同气"[①] 之说也被《淮南子》所引用。

《淮南子》中"气"和"道"一样，得到更为广泛的运用，据统计，"被使用的'气'字字数达二百零四次"[②]，而关于"气"在宇宙万物生成论中的作用，论述得比较明确，也相当充分。前引《俶真训》篇中讲到在《庄子》的"有始者"之后，所作的具体解释表明，在描述天地未开辟和正开辟、万物未形成和正萌芽的两个"开始"阶段，"气"的作用十分明显，天地之形成，是气的作用，这在《天文训》篇中论述较详：

> 道始于虚霩，虚霩生宇宙，宇宙生气。气有涯垠。清阳者薄靡而为天，重浊者凝滞而为地。清妙之合专易，重浊之凝竭难，故天先成而地后定。天地之袭精为阴阳，阴阳之专精为四时，四时之散精为万物。积阳之热气生火，火气之精者为日。积阴之寒气为水，水气之精者为月。日月之淫为精者为星辰，天受日月星辰，地受水潦尘埃。

《淮南子》所说的"气"是特定意义上的，当为"道气"或"元气""精气"。阴阳、四时、天地、日月星辰、万物的自然形成，实际上都是此"气"作用的结果。人和动物也是这个气的作用推动之下而生成的。《精神训》篇写道：

> 古未有天地之时，惟像无形，窈窈冥冥，芒芠漠闵，澒蒙鸿洞，莫知其门。有二神混生，经天营地，孔乎莫知其所终极，滔乎莫知其所止息。于是乃别为阴阳，离为八极，刚柔相成，万物乃形，烦气为虫，精气为人。

---

① 何宁：《淮南子集释·缪称训》，中华书局1998年版，第705页。

② 参阅［日］小野泽精一等编、李庆译《气的思想》第三章第一节，上海人民出版社1990年版。

高诱注曰："二神，阴阳二神也。混生，俱生也。"什么是"烦气"？什么是"精气"？字面上当然可以解释为，"烦，乱也"，"精，精微之气"等。然而更重要的是，在《淮南子》看来，天地自然、人物事象之中，一个最根本而又可言可形的东西，就是"气"。正如现代科学中说的"粒子"。

《淮南子》关于"气"的理论，在中国古代思想史上的意义不可忽视。

在气化宇宙论的基础上，《淮南子》继续发展出天人相通说。此说包括天人结构的统一性，如：

> 天地以设，分而为阴阳。阳生于阴，阴生于阳。阴阳相错，四维乃通。或死或生，万物乃成。蚑行喙息，莫贵于人。孔窍肢体，皆通于天。天有九重，人亦有九窍。天有四时以制十二月，人亦有四肢以使十二节。天有十二月以制三百六十日，人亦有十二肢以使三百六十节。故举事而不顺天者，逆其生者也。（《淮南子·天文训》）

这里所说的"天"，是站在道的基础上来说的，故开头说："天地以设，分而为阴阳。""天"作为"道"具体的代称，故天人相通，同在气化宇宙论的整体运行中。所说"孔窍肢体，皆通于天"，《黄帝内经·素问·生气通天论》亦云："生之本，本于阴阳。天地之间，六合之内，其气九州、九窍、五藏、十二节，皆通于天气。"也是从气的角度来看待天人贯通的。

包括"气感"说。如《淮南子·精神训》曰：

> 天地之合和，阴阳之陶化万物，皆乘人气者也。是故上下离心，气乃上蒸，君臣不和，五谷不为。
>
> 故圣人者，由近知远而万殊为一。古之人同气于天地，与一世而优游。

包括"精感"说。如《淮南子·览冥训》篇题下高诱注曰："览观幽冥变化之端，至精感天，通达无极，故曰'览冥'。"由于天人本身都存在于气化宇宙之中，也就客观上决定了一气相感的存在。具体落实到现实中，精诚所至，金石为开，就是经常被谈到的例子。《览冥训》篇中说：

> 夫瞽师、庶女，位贱尚菜，权轻飞羽，然而专精厉意，委务积神，上通九天，激厉至精。由此观之，上天之诛也，虽在圹虚幽闲，辽远隐匿，重袭石室，界障险阻，其无所逃之亦明矣。

在《淮南子》看来，精感、气感在宇宙万物中普遍存在，气共同的基础就是阴阳二气的强大作用。因此，不仅自然界，人类政治也同样遵循这样一种规律。

> 夫物类之相应，玄妙深微，知不能论，辩不能解，故东风至而酒湛溢，蚕咡丝而商弦绝，或感之也。画随灰而月运阙，鲸鱼死而彗星出，或动之也。故圣人在位，怀道而不言，泽及万民。君臣乖心，则背谲见于天，神气相应，征矣。（《淮南子·览冥训》）

《淮南子》吸收《庄子》《管子》《鹖冠子》《文子》等书中关于精气作用的表述，将之与现实政治中的无为而治联系起来，从而进一步发展了"无为而治"的内涵。《淮南子·览冥训》言：

> 故至阴飂飂，至阳赫赫，两者交接成和而万物生焉。众雄而无雌，又何化之所能造乎？所谓不言之辩，不道之道也。故召远者使无为焉，亲近者使无事焉，惟夜行者为能有之。

这一段话中，各句基本出自《庄子·田子方》《列子·黄帝》《庄子·大宗师》《庄子·齐物论》《管子·形势》《文子·精诚》篇目之中，有的甚至被前人反复引用，但《淮南子》将气化宇宙的思想与政治上的不言之辩、不道之道，以及无为、无事、夜行的思想联系起来，就体现了一种总体的综合。

包括"法天地"说。《精神训》篇曰：

> 是故圣人法天顺情，不拘于俗，不诱于人，以天为父，以地为母，阴阳为纲，四时为纪。天静以清，地定以宁，万物失之者死，法之者生。

《淮南子》以气化宇宙论为基础的政治理想，则表现为否定以智为治，否定主观决定，主张"通于太和而持自然之应"，如《览冥训》篇说：

> 故耳目之察，不足以分物理。心意之论，不足以定是非。故以智为治者，难以持国，唯通于太和而持自然之应者，为能有之。

能有之，即能有"持国之术"也。此更多从道术一体的角度所做的思考，亦非同于董仲舒的天人感应说。

二、本末一体的现实政治观

正如上文所说，《淮南子》撰著的目的就在于给现实政治提供完备的意识形态依据，而构建一个宏大的理论体系，也是其思想特色之一。我们梳理一下《淮南子》思想体系的构成，就可以发现，系统总结前代的"道论"，是其书首要的理论。在此基础上，再将道、物、术、事，纳入相互关联的系统中进行立论，形成所谓本末一体、有无一体的全息宇宙有机整体观。正如《淮南子·要略》中所说：

> 今画龙首，观者不知其何兽也。具其形，则不疑矣。今谓之道则多，谓之物则少，谓之术则博，谓之事则浅，推之以论，则无可言者，

所以为学者，固欲致之不言而已也。①

单独说"道"，或者说"术""事"等，都不足以见道论之大体，故应回归到整体之道的境界上来。《淮南子·人间训》曰：

> 见本而知末，观指而睹归，执一而应万，握要而治详，谓之术。居知所为，行知所之，事知所秉，动知所由，谓之道。

所以，不管"道"还是"术"，背后都指向了一种思维，即"见本而知末，观指而睹归，执一而应万，握要而治详"，即能够透过现象看到本质，通过知其然，而能知其所以然。这便是讨论道论的意义所在。

这种道术、本末一体的思想，可谓贯穿了整部《淮南子》，如《俶真训》篇言：

> 夫道有经纪条贯，得一之道，连千枝万叶。是故贵有以行令，贱有以忘卑，贫有以乐业，困有以处危……是故以道为竿，以德为纶，礼乐为钩，仁义为饵，投之于江，浮之于海，万物纷纷，孰非其有。

《淮南子》批评儒、墨、名、法诸家，但并不反对仁、义、礼、乐、法，这一点可以说是对原始老学的突破，是对战国末期以来黄老道家融合思想的继承。需要辨析的是，《淮南子》的整合则是站在本末一体的立场上来完成的。如《淮南子·本经训》篇曰：

> 夫仁者，所以救争也。义者，所以救失也。礼者，所以救淫也。乐者，所以救忧也。神明定于天下而心反其初。心反其初而民性善，民性善而天地阴阳从而包之，则财足而人澹矣，贪鄙忿争不得生焉。

---

① 何宁：《淮南子集释·要略》，中华书局1998年版，第1455页。

由此观之，则仁义不用矣。道德定于天下而民纯朴，则目不营于色，耳不淫于声，坐俳而歌谣，被发而浮游，虽有毛嫱、西施之色，不知说也。掉羽、武象，不知乐也，淫泆无别不得生焉。由此观之，礼乐不用也。是故德衰然后仁生，行沮然后义立，和失然后声调，礼淫然后容饰。是故知神明然后知道德之不足为也，知道德然后知仁义之不足行也。知仁义然后知礼乐之不足修也。今背其本而求其末，释其要而索之于详，未可与言至也。

《淮南子》强调的是，归其本而其末自然从之。所谓"末"正是上文所说仁义礼乐之类。如果刻意强调其末节，而忽视其本体，那无疑是对仁义礼乐的歪曲理解，即《淮南子·齐俗训》篇所说的"世之明事者，多离道德之本，曰：'礼义足以治天下'，此未可与言术也。"从这一点来说，《淮南子》所秉承的正是道家先本后末的整体观特色，而更趋于完善缜密。

在本末一体的现实政治理论体系中，《淮南子》的贡献还在于尊重层次和界限的不同，从而提倡"贵贱不失其体而天下治矣"（《淮南子·本经训》），意思就是不同层次应根据自身的条件去寻找最适宜的政治方式，所谓：

帝者体太一，王者法阴阳，霸者则四时，君者用六律。秉太一者，牢笼天地，弹厌山川，含吐阴阳，伸曳四时，纪纲八极，经纬六合，覆露照导，普泛无私，蠉飞蠕动，莫不仰德而生。阴阳者，承天地之和，形万殊之体，含气化物，以成垺类，赢缩卷舒，沦于不测，终始虚满，转于无原。四时者，春生夏长，秋收冬藏，取予有节，出入有时，开阖张歙，不失其叙，喜怒刚柔，不离其理。六律者，生之与杀也，赏之与罚也，予之与夺也，非此无道也。故谨于权衡准绳，审乎轻重，足以治其境内矣。是故体太一者，明于天地之情，通于道德之伦，聪明耀于日月，精神通于万物，动静调于阴阳，喜怒和于四时，德泽施于方外，名声传于后世。法阴阳者，德与天地参，明与日月并，精与鬼神总，戴圆履方，抱表怀绳，内能治身，外能得人，发号施令，天下莫不从风。则四时者，柔而不脆，刚而不鞼，宽而不肆，肃而不悖，优柔委从，以养群类。其德含愚而容不肖，无所私爱。用六律者，伐乱禁暴，进贤而退不肖，扶拨以为正，坏险以为平，矫枉以为直，明于禁舍开闭之道，乘时因势以服役人心也。帝者体阴阳则侵，王者法四时则削，霸者节六律则辱，君者失准绳则废。故小而行大，则滔窕而不亲。大而行小，则狭隘而不容。贵贱不失其体而天下治矣。

（《淮南子·本经训》）

在政治的不同层次中，不存在对错之分，关键在于是否适宜。帝者体太一之道，王者法阴阳之道，霸者则四时变化规律，一般的君主则只用六律之生杀赏罚，就是适宜的。对比《老子》第十七章所说："太上，下知有之。其次，亲而誉之。其次，畏之。其次，侮之。信不足焉，有不信焉。悠兮其贵言。功成事遂，百姓皆谓我自然。"其言说是站在"道"的立场，主张"帝者体太一"的，其他皆是等而下之的。《淮南子》的"贵贱不失其体"则站在现实政治的立场上，来总体观照政治之道，将老子的政治之道落实到了政治现实之中。

再来看《淮南子》对于"术"的论述，也与法家所讲的法、术、势之"术"有所区别。《淮南子·主术训》篇说：

人主之术，处无为之事，而行不言之教。清静而不动，一度而不摇，因循而任下，责成而不劳。是故心知规而师傅谕导，口能言而行人称辞，足能行而相者先导，耳能听而执正进谏。是故虑无失策，谋无过事，言为文章，行为仪表于天下。进退应时，动静循理，不为丑美好憎，不为赏罚喜怒，名各自名，类各自类，事犹自然，莫出于己。故古之王者，冕而前旒，所以蔽明也。黈纩塞耳，所以掩聪。天子外屏，所以自障。故所理者远，则所在者迩。所治者大，则所守者小。

269

首先,《淮南子》的"术"与《老子》的"不言之教""无为之事"相联系。《老子》第二章曰:"是以圣人处无为之事,行不言之教,万物作焉而不辞,生而不有,为而不恃,功成而弗居。夫唯弗居,是以不去。"《老子》第四十三章曰:"不言之教,无为之益,天下希及之。"《淮南子》进一步阐释所谓的"不言之教,无为之事",就是"君主不言""君主无为",从而发挥臣下各自所具备的长处,来言,来为。这样就可以避免君主的主观臆断,使得君主"虑无失策,谋无过事,言为文章,行为仪表"。同时,《淮南子》的"术"也和《老子》的反对"知巧聪明"相联系,所谓的"所理者远,则所在者迩。所治者大,则所守者小",从而保持君主的神不费,形不劳,清静合道。说得更清楚一点,就是:

> 夫乘众人之智,则无不任也;用众人之力,则无不胜也。千钧之重,乌获不能举也;众人相一,则百人有余力矣。是故任一人之力者,则乌获不足恃;乘众人之制者,则天下不足有也。(《淮南子·主术训》)

> 是故不出户而知天下,不窥牖而知天道,乘众人之智,则天下之不足有也。专用其心,则独身不能保也。是故人主覆之以德,不行其智,而因万人之所利。(《淮南子·主术训》)

> 人主者,以天下之目视,以天下之耳听,以天下之智虑,以天下之力争。是故号令能下究,而臣情得上闻。(《淮南子·主术训》)

这是一个层面。另一个层面就是君主的"术"还表现在任"法"而无为。《淮南子·主术训》曰:

> 故法律度量者,人主之所以执下,释之而不用,是犹无辔衔而驰也,群臣百姓反弄其上。是故有术则制人,无术则制于人。吞舟之鱼,荡而失水,则制于蝼蚁,离其居也。猿狖失木,而禽于狐狸,非其处也。君人者释所守而与臣下争,则有司以无为持位,守职者以从君取

容。是以人臣藏智而弗用，反以事转任其上矣。

　　这一点吸收了《文子》《鹖冠子》《韩非子》的思想，然而融入到本末一体、无为而治的君主政治理论体系中，就成为其丰富内涵的一个部分。

　　第三个层面，君主之"术"还体现在"循名责实"而无为。比较《吕氏春秋·知度》和《淮南子·主术训》对同一段话的表达，我们可以看出其中的差别所在。

　　　　故有道之主，因而不为，责而不诏，去想去意，静虚以待，不伐之言，不夺之事，督名审实，官使自司，以不知为道，以奈何为实。

　　　　　　　　　　　　　　　　　　　　　　　　　（《吕氏春秋·知度》）

　　　　故有道之主，灭想去意，清虚以待，不伐之言，不夺之事，循名责实，使有司，任而弗诏，责而弗教，以不知为道，以奈何为宝。如此，则百官之事，各有所守矣。（《淮南子·主术训》）

　　《淮南子·主术训》重在强调"灭想去意，清虚以待"，强调"如此，则百官之事，各有所守矣"，亦即君主无为而臣下有为的政治方法，显然较《吕氏春秋》表达得更为清晰明确。

附录 4:

《淮南子》卷一《原道训》

（据张双棣《淮南子校释》^①）

　　夫道者，覆天载地，廓四方，析八极，高不可际，深不可测，包裹天地，禀授无形。原流泉浡，冲而徐盈。混混汩汩，浊而徐清。故植之而塞于天地，横之而弥于四海。施之无穷而无所朝夕。舒之幎于六合，卷之不盈于一握。约而能张，幽而能明，弱而能强，柔而能刚。横四维而含阴阳，纮宇宙而章三光。

　　甚淖而滒，甚纤而微。山以之高，渊以之深，兽以之走，鸟以之飞，日月以之明，星历以之行，麟以之游，凤以之翔。泰古二皇，得道之柄，立于中央。神与化游，以抚四方。是故能天运地滞，轮转而无废，水流而不止，与万物终始。风兴云蒸，事无不应，雷声雨降，并应无穷。鬼出电入，龙兴鸾集，钧旋毂转，周而复币。已雕已琢，还反于朴，无为为之而合于道，无为言之而通乎德，恬愉无矜而得于和，有万不同而便于性。神托于秋豪之末，而大与宇宙之总。其德优天地而和阴阳，节四时而调五行，呴谕覆育，万物群生，润于草木，浸于金石，禽兽硕大，豪毛润泽，羽翼奋也，角䚡生也。兽胎不贕，鸟卵不毈，父无丧子之忧，兄无哭弟之哀，童子不孤，妇人不孀，虹蜺不出，贼星不行，含德之所致也。

　　夫太上之道，生万物而不有，成化像而弗宰，跂行喙息，蠉飞蝡动，待而后生，莫之知德，待而后死，莫之能怨。得以利者不能誉，用而败者

---

　　① 张双棣撰：《淮南子校释》，北京大学出版社 1997 年版。

不能非，收聚畜积而不加富，布施禀授而不益贫。旋县而不可究，纤微而不可勤，累之而不高，堕之而不下，益之而不众，损之而不寡，斫之而不薄，杀之而不残，凿之而不深，填之而不浅。忽兮怳兮，不可为象兮。怳兮忽兮，用不屈兮。幽兮冥兮，应无形兮。遂兮洞兮，不虚动兮。与刚柔卷舒兮，与阴阳俯仰兮。

昔者冯夷大丙之御也，乘云车，入云蜺，游微雾，骛怳忽，历远弥高以极往。经霜雪而无迹，照日光而无景。扶摇抮抱羊角而上，经纪山川，蹈腾昆仑，排阊阖，沦天门。末世之御，虽有轻车良马，劲策利锻，不能与之争先。是故大丈夫恬然无思，澹然无虑，以天为盖，以地为舆，四时为马，阴阳为御，乘云陵霄，与造化者俱。纵志舒节，以驰大区。可以步而步，可以骤而骤。令雨师洒道，使风伯扫尘；电以为鞭策，雷以为车轮。上游于霄霓之野，下出于无垠之门，刘览遍照，复守以全。经营四隅，还反于枢。故以天为盖，则无不覆也；以地为舆，则无不载也；四时为马，则无不使也；阴阳为御，则无不备也。是故疾而不摇，远而不劳，四支不动，聪明不损，而知八纮九野之形埒者何也？执道要之柄，而游于无穷之地。是故天下之事不可为也，因其自然而推之；万物之变不可究也，秉其要归之趣。夫镜水之与形接也，不设智故，而方圆曲直弗能逃也。是故响不肆应，而景不一设，呼叫仿佛，默然自得。

人生而静，天之性也；感而后动，性之害也；物至而神应，知之动也；知与物接，而好憎生焉。好憎成形，而知诱于外，不能反己，而天理灭矣。故达于道者，不以人易天，外与物化，而内不失其情，至无而供其求，时骋而要其宿。小大修短，各有其具，万物之至，腾踊肴乱而不失其数。是以处上而民弗重，居前而众弗害，天下归之，奸邪畏之，以其无争于万物也，故莫敢与之争。

夫临江而钓，旷日而不能盈罗，虽有钩箴芒距、微纶芳饵，加之以詹何、娟嬛之数，犹不能与网罟争得也。射者扞乌号之弓，弯棋卫之箭，重之羿、逢蒙子之巧，以要飞鸟，犹不能与罗者竞多。何则？以所持之小也。张天下以为之笼，因江海以为罟，又何亡鱼失鸟之有乎？故矢不若缴，缴不若无形之像。夫释大道而任小数，无以异于使蟹捕鼠，蟾蜍捕蚤，不足以禁奸塞邪，乱乃逾滋。

昔者夏鲧作三仞之城，诸侯背之，海外有狡心。禹知天下之叛也，乃坏城平池，散财物，焚甲兵，施之以德，海外宾伏，四夷纳职，合诸侯于涂山，执玉帛者万国。故机械之心藏于胸中，则纯白不粹，神德不全。在身者不知，何远之所能怀？是故革坚则兵利，城成则冲生。若以汤沃沸，乱乃逾甚。是故鞭噬狗，策蹄马，而欲教之，虽伊尹造父弗能化。欲害之心亡于中，则饥虎可尾，何况狗马之类乎？故体道者逸而不穷，任数者劳而无功。夫峭法刻诛者，非霸王之业也；箠策繁用者，非致远之术也。离朱之明，察箴末于百步之外，而不能见渊中之鱼；师旷之聪，合八风之调，而不能听十里之外。故任一人之能，不足以治三亩之宅也。修道理之数，因天地之自然，则六合不足均也。是故禹之决渎也，因水以为师；神农之播谷也，因苗以为教。夫萍树根于水，木树根于土，鸟排虚而飞，兽蹠实而走，蛟龙水居，虎豹山处，天地之性也。两木相摩而然，金火相守而流，员者常转，窾者主浮，自然之势也。是故春风至则甘雨降，生育万物，羽者妪伏，毛者孕育，草木荣华，鸟兽卵胎；莫见其为者，而功既成矣。秋风下霜，倒生挫伤，鹰鹯搏鸷，昆虫蛰藏，草木注根，鱼鳖凑渊；莫见其为者，灭而无形。木处榛巢，水居窟穴，禽兽有茄，人民有室，陆处宜牛马，舟行宜多水，匈奴出秽裘，干越生葛绤。各生所急，以备燥湿；各因所处，以御寒暑；并得其宜，物便其所。由此观之，万物固以自然，圣人又何事焉？

九疑之南，陆事寡而水事众，于是民人被发文身，以像鳞虫；短绻不绔，以便涉游；短袂攘卷，以便刺舟；因之也。雁门之北，狄不谷食，贱长贵壮，俗尚气力；人不弛弓，马不解勒，便之也。故禹之裸国，解衣而入，衣带而出；因之也。今夫徙树者，失其阴阳之性，则莫不枯槁。故橘树之江北，则化而为枳；鸲鹆不过济；貈渡汶而死；形性不可易，势居不可移也。是故达于道者，反于清净；究于物者，终于无为。以恬养性，以漠处神，则入于天门。

所谓天者，纯粹朴素，质直皓白，未始有与杂糅者也。所谓人者，偶睫智故，曲巧伪诈，所以俛仰于世人，而与俗交者也。故牛岐蹄而戴角，马被髦而全足者，天也；络马之口，穿牛之鼻者，人也。循天者，与道游者也；随人者，与俗交者也。夫井鱼不可与语大，拘于隘也；夏虫不可与语寒，笃于时也；曲士不可与语至道，拘于俗、束于教也。故圣人不以人滑天，不以欲乱情，不谋而当，不言而信，不虑而得，不为而成，精通于灵府，与造化者为人。

夫善游者溺，善骑者堕，各以其所好，反自为祸。是故好事者未尝不中，争利者未尝不穷也。昔共工之力，触不周之山，使地东南倾。与高辛争为帝，遂潜于渊，宗族残灭，继嗣绝祀。越王翳逃山穴，越人熏而出之，遂不得已。由此观之，得在时，不在争；治在道，不在圣。土处下，不争高，故安而不危；水下流，不争先，故疾而不迟。昔舜耕于历山，期年而田者争处垲埆，以封壤肥饶相让；钓于河滨，期年而渔者争处湍濑，以曲隈深潭相予。当此之时，口不设言，手不指麾，执玄德于心，而化驰若神。使舜无其志，虽口辩而户说之，不能化一人。是故不道之道，莽乎大哉！夫能理三苗，朝羽民，徒裸国，纳肃慎，未发号施令，而移风易俗者，其唯心行者乎？法度刑罚，何足以致之也！

是故圣人内修其本，而不外饰其末，保其精神，偃其智故。漠然无为而无不为也；澹然无治也而无不治也。所谓无为者，不先物为也；所谓无不为者，因物之所为。所谓无治者，不易自然也；所谓无不治者，因物之相然也。万物有所生，而独知守其根；百事有所出，而独知守其门。故穷无穷，极无极，照物而不眩，响应而不乏。此之谓天解。

故得道者，志弱而事强，心虚而应当。所谓志弱者，柔毳安静，藏于不敢，行于不能，恬然无虑，动不失时，与万物回周旋转，不为先唱，感而应之。是故贵者必以贱为号，而高者必以下为基。托小以包大，在中以制外，行柔而刚，用弱而强，转化推移，得一之道，而以少正多。所谓其事强者，遭变应卒，排患扞难，力无不胜，敌无不凌，应化揆时，莫能害之。是故欲刚者，必以柔守之；欲强者，必以弱保之。积于柔则刚，积于弱则强；观其所积，以知祸福之乡。强胜不若己者，至于若己者而同；柔胜出于己者，其力不可量。故兵强则灭，木强则折，革固则裂，齿坚于舌而先之敝。是故柔弱者，生之干也；而坚强者，死之徒也。先唱者，穷之路也；后动者，达之原也。

何以知其然也？凡人中寿七十岁，然而趋舍指凑，日以月悔也，以至于死。故蘧伯玉年五十，而有四十九年非。何者？先者难为知，而后者易为攻。先者上高，则后者攀之；先者蹄下，则后者蹑之；先者隤陷，则后者以谋；先者败绩，则后者违之。由此观之，先者则后者之弓矢质的也。犹镦之与刃，刃犯难而镦无患者何也？以其托于后位也。此俗世庸民之所公见也，而贤知者弗能避也。所谓后者，非谓其底滞而不发，凝结而不流，贵其周于数而合于时也。夫执道理以耦变，先亦制后，后亦制先。是何则？不失其所以制人，人不能制也。时之反侧，间不容息，先之则太过，后之则不逮。夫日回而月周，时不与人游。故圣人不贵尺之璧，而重寸之阴，时难得而易失也。禹之趋时也，履遗而弗取，冠挂而弗顾，非争其先也，而争其得时也。是故圣人守清道而抱雌节，因循应变，常后而不先。柔弱以静，舒安以定，攻大磨坚，莫能与之争。

天下之物，莫柔弱于水，然而大不可极，深不可测，修极于无穷，远沦于无涯，息耗减益，通于不訾。上天则为雨露，下地则为润泽；万物弗得不生，百事不得不成。大包群生，而无好憎；泽及蚑蛲，而不求报；富赡天下而不既，德施百姓而不费；行而不可得穷极也，微而不可得把握也。击之无创，刺之不伤，斩之不断，焚之不然，淖溺流遁，错缪相纷，而不可靡散。利贯金石，强济天下。动溶无形之域，而翱翔忽区之上；遭回川谷之间，而滔腾大荒之野。有余不足，与天地取与，禀授万物而无所前后。是故无所私而无所公，靡滥振荡，与天地鸿洞；无所左而无所右，蟠委错纷，与万物始终。是谓至德。夫水所以能成其至德于天下者，以其淖溺润滑也。故老聃之言曰："天下至柔，驰骋于天下之至坚，出于无有，入于无间。吾是以知无为之有益。"

夫无形者，物之大祖也；无音者，声之大宗也。其子为光，其孙为水。

皆生于无形乎！夫光可见而不可握，水可循而不可毁。故有像之类，莫尊于水。出生入死，自无踬有，自有踬无，而以衰贱矣！

是故清静者，德之至也；而柔弱者，道之要也；虚无恬愉者，万物之用也。肃然应感，殷然反本，则沦于无形矣。所谓无形者，一之谓也。所谓一者，无匹合于天下者也。卓然独立，块然独处，上通九天，下贯九野。员不中规，方不中矩。大浑而为一，叶累而无根。怀囊天地，为道关门。穆态隐闵，纯德独存，布施而不既，用之而不勤。是故视之不见其形，听之不闻其声，循之不得其身；无形而有形生焉，无声而五音鸣焉，无味而五味形焉，无色而五色成焉。是故有生于无，实出于虚，天下为之圈，则名实同居。音之数不过五，而五音之变，不可胜听也；味之和不过五，而五味之化，不可胜尝也；色之数不过五，而五色之变，不可胜观也。故音者，宫立而五音形矣；味者，甘立而五味亭矣；色者，白立而五色成矣；道者，一立而万物生矣。

是故一之理，施四海；一之解，际天地。其全也，纯兮若朴；其散也，混兮若浊。浊而徐清，冲而徐盈。澹兮其若深渊，汎兮其若浮云；若无而有，若亡而存。万物之总，皆阅一孔；百事之根，皆出一门。其动无形，变化若神；其行无迹，常后而先。是故至人之治也，掩其聪明，灭其文章，依道废智，与民同出于公。约其所守，寡其所求，去其诱慕，除其嗜欲，损其思虑。约其所守则察，寡其所求则得。夫任耳目以听视者，劳形而不明；以知虑为治者，苦心而无功。是故圣人一度循轨，不变其宜，不易其常，放准循绳，曲因其当。

夫喜怒者，道之邪也；忧悲者，德之失也；好憎者，心之过也；嗜欲者，性之累也。人大怒破阴，大喜坠阳，薄气发瘖，惊怖为狂。忧悲多恚，病乃成积；好憎繁多，祸乃相随。故心不忧乐，德之至也；通而不变，静之至也；嗜欲不载，虚之至也；无所好憎，平之至也；不与物散，粹之至也。能此五者，则通于神明；通于神明者，得其内者也。是故以中制外，百事不废；中能得之，则外能收之。

中之得则五藏宁，思虑平，筋力劲强，耳目聪明；疏达而不悖，坚强而不鞪，无所大过，而无所不逮。处小而不逼，处大而不窕。其魂不躁，其神不娆，澍滞寂寞，为天下枭。大道坦坦，去身不远，求之近者，往而复反。迫则能应，感则能动，物穆无穷，变无形像，优游委纵，如响之与景。登高临下，无失所秉，履危行险，无忘玄伏，能存之此，其德不亏。万物纷糅，与之转化，以听天下，若背风而驰，是谓至德。至德则乐矣。

古之人有居岩穴而神不遗者，末世有势为万乘而日忧悲者。由此观之，圣亡乎治人，而在于得道；乐亡乎富贵，而在于德和。知大己而小天下，则几于道矣。

所谓乐者，岂必处京台章华，游云梦沙丘，耳听九韶、六莹，口味煎熬芬芳。驰骋夷道，钓射鹔鹴之谓乐乎？吾所谓乐者，人得其得者也。夫得其得者，不以奢为乐，不以廉为悲，与阴俱闭，与阳俱开。故子夏心战而臞，得道而肥。圣人不以身役物，不以欲滑和，是故其为欢不忻忻，其为悲不惵惵，万方百变，消摇而无所定，吾独慷慨遗物，而与道同出。是故有以自得也，乔木之下，空穴之中，足以适情；无以自得也，虽以天下为家，万民为臣妾，不足以养生也。能至于无乐者，则无不乐；无不乐，则至极乐矣！

夫建钟鼓，列管弦，席旃茵，傅旄象，耳听朝歌北鄙靡靡之乐，齐靡曼之色，陈酒行觞，夜以继日，强弩弋高鸟，走犬逐狡兔，此其为乐也。炎炎赫赫，怵然若有所诱慕。解车休马，罢酒彻乐，而心忽然若有所丧，怅然若有所亡也。是何则？不以内乐外，而以外乐内。乐作而喜，曲终而悲。悲喜转而相生，精神乱营，不得须臾平。察其所以不得其形，而日以伤生，失其得者也。是故内不得于中，禀授于外而以自饰也。不浸于肌肤，不浃于骨髓，不留于心志，不滞于五藏。故从外入者，无主于中不止；从中出者，无应于外不行。故听善言便计，虽愚者知说之；称至德高行，虽不肖者知慕之。说之者众，而用之者鲜；慕之者多，而行之者寡。所以然者何也？不能反诸性也。夫内不开于中而强学问者，不入于耳，而不著于心，此何以异于聋者之歌也！效人为之，而无以自乐也。声出于口，则越而散矣。夫心者，五藏之主也，所以制使四支，流行血气，驰骋于是非之境，而出入于百事之门户者也。是故不得于心，而有经天下之气，是犹无耳而欲调钟鼓，无目而欲喜文章也。亦必不胜其任矣！

故天下神器，不可为也。为者败之，执者失之。夫许由小天下而不以己易尧者，志遗于天下也。所以然者何也？因天下而为天下也。天下之要，不在于彼而在于我，不在于人而在于我身，身得则万物备矣！彻于心术之论，则嗜欲好憎外矣！是故无所喜而无所怒，无所乐而无所苦，万物玄同也。无非无是，化育玄燿，生而如死。夫天下者亦吾有也，吾亦天下之有也，天下之与我，岂有间哉！

夫有天下者，岂必摄权持势，操杀生之柄，而以行其号令邪？吾所谓有天下者，非谓此也，自得而已。自得则天下亦得我矣。吾与天下相得，则常相有已，又焉有不得容其间者乎？

所谓自得者，全其身者也。全其身则与道为一矣。故虽游于江浔海裔，驰要褭，建翠盖，目观掉羽、武象之乐，耳听滔朗奇丽激抮之音，扬郑卫之浩乐，结激楚之遗风，射沼滨之高鸟，逐苑囿之走兽，此齐民之所以淫泆流湎。圣人处之，不足以营其精神，乱其气志，使心怅然失其情性。处穷僻之乡，侧溪谷之间，隐于榛薄之中，环堵之室，茨之以生茅，蓬户瓮牖，揉桑为枢，上漏下湿，润浸北房，雪霜滚灖，浸潭苽蒋，逍遥于广泽之中，而彷洋于山峡之旁，此齐民之所为形植黎累，忧悲而不得志也。圣人处之，不为愁悴怨怼，而不失其所以自乐也。是何也？则内有以通于天机，而不以贵贱贫富劳逸失其志德者也。故夫乌之哑哑，鹊之唶唶，岂尝为寒暑燥湿变其声哉！是故夫得道已定，而不待万物之推移也。非以一时之变化，而定吾所以自得也。

吾所谓得者，性命之情，处其所安也。夫性命者，与形俱出其宗。形备而性命成，性命成而好憎生矣。故士有一定之论，女有不易之行，规矩不能方圆，钩绳不能曲直。天地之永，登丘不可为修，居卑不可为短。是故得道者，穷而不慑，达而不荣，处高而不机，持盈而不倾，新而不朗，久而不渝，入火不焦，入水不濡。是故不待势而尊，不待财而富，不待力而强，平虚下流，与化翱翔。若然者，藏金于山，藏珠于渊，不利货财，不贪势名。是故不以康为乐，不以慊为悲，不以贵为安，不以贱为危，形神气志，各居其宜，以随天地之所为。

夫形者，生之舍也；气者，生之充也；神者，生之制也。一失位则三者伤矣。是故圣人使人各处其位，守其职，而不得相干也。故夫形者，非其所安也而处之则废，气不当其所充而用之则泄，神非其所宜而行之则昧。此三者，不可不慎守也。

夫举天下万物，蚑蛲贞虫，蠕动蚑作，皆知其所喜憎利害者何也？以其性之在焉而不离也。忽去之，则骨肉无伦矣。今人之所以眭然能视，营然能听，形体能抗，而百节可屈伸，察能分白黑、视丑美，而知能别同异、明是非者何也？气为之充，而神为之使也。何以知其然也？凡人之志，各有所在，而神有所系者，其行也，足蹪趎埳、头抵植木，而不自知也，招之而不能见也，呼之而不能闻也。耳目非去之也，然而不能应者何也？神失其守也。故在于小则忘于大，在于中则忘于外，在于上则忘于下，在于左则忘于右。无所不充，则无所不在。是故贵虚者，以毫末为宅也。

今夫狂者之不能避水火之难，而越沟渎之险者，岂无形神气志哉？然而用之异也。失其所守之位，而离其外内之舍，是故举错不能当，动静不能中，终身运枯形于连嵝列埒之门，而蹪蹈于污壑穽陷之中。虽生俱与人钧，然而不免为人戮笑者何也？形神相失也。故以神为主者，形从而利；以形为制者，神从而害。

贪饕多欲之人，漠睧于势利，诱慕于名位，冀以过人之智，植于高世，则精神日以耗而弥远，久淫而不还，形闭中距，则神无由入矣。是以天下时有盲妄自失之患。此膏烛之类也，火逾然而消逾亟。

夫精神气志者，静而日充者以壮，躁而日耗者以老。是故圣人将养其神，和弱其气，平夷其形，而与道沉浮俛仰。恬然则纵之，迫则用之。其纵之也若委衣，其用之也若发机。如是，则万物之化无不遇，而百事之变无不应。

后 记

读研期间，在导师傅道彬老师的指导下，反复研读一整套的《诸子集成》，虽然还不能吃透很多内容，但读着读着，就感觉到莫名的感动。感动于古人思想的丰富多元，感动于文字带给自己的心灵启迪。读博期间，导师熊铁基先生是老学史的前辈，也跟着老师点校了老学史上的一些注本，虽然同样不能都明白书中的意指，耳濡目染，却也跟先秦诸子尤其是道家结下了不解之缘。现在借着学校支持的机缘，编写这样一本通识教材，希望能让自己的读书心得同样引导后辈的学生，所谓薪火相传，很希望自己也能够做一根传递火种过程中的木材。

本书的特点一是附录重要原文，以方便上课的时候学生能配合解读自学文本。二是对《老子》《庄子》《列子》《淮南子》这四本道家著作加以总说，以便学生对于道家思想有总体上的了解。三是在《老子》《庄子》二书总说之下分专题导读，重点举要其精华思想，联系现实，希望能够引发学生的兴趣，进一步自主深入阅读。

道家思想的精义微妙本来不可言说，拉拉杂杂说了这么多，实在是尴尬，但幸好老子说"道可道，非常道""正言若反"，庄子说你自可"得鱼忘筌，得意忘言"。

徐 华

癸卯孟春于华侨大学

图书在版编目（CIP）数据

道家经典导读/徐华编著. —福州：福建教育出
版社，2023.11
　ISBN 978-7-5334-9758-3

　Ⅰ．①道… Ⅱ．①徐… Ⅲ．①道家 Ⅳ．①B223

中国国家版本馆 CIP 数据核字（2023）第 197076 号

Daojia Jingdian Daodu
道家经典导读

徐　华　编著

出版发行	**福建教育出版社**
	（福州市梦山路 27 号　邮编：350025　网址：www.fep.com.cn
	编辑部电话：0591-83786915
	发行部电话：0591-83721876　87115073　010-62024258）
出 版 人	**江金辉**
印　　刷	**福建东南彩色印刷有限公司**
	（福州市金山工业区　邮编：350002）
开　　本	710 毫米×1000 毫米　1/16
印　　张	18
字　　数	259 千字
插　　页	1
版　　次	2023 年 11 月第 1 版　　2023 年 11 月第 1 次印刷
书　　号	ISBN 978-7-5334-9758-3
定　　价	45.00 元

如发现本书印装质量问题，请向本社出版科（电话：0591-83726019）调换。